青岛市社会科学规划研究项目（QDSKL1501055）

构建劳资合作关系新常态的路径选择
——基于政府行为选择的视角

许清清 ◎ 著

中国社会科学出版社

图书在版编目(CIP)数据

构建劳资合作关系新常态的路径选择：基于政府行为选择的视角 / 许清清著 . —北京：中国社会科学出版社，2016.10

ISBN 978 - 7 - 5161 - 9322 - 8

Ⅰ.①构… Ⅱ.①许… Ⅲ.①劳资合作 - 研究 - 中国 Ⅳ.①F249.26

中国版本图书馆 CIP 数据核字(2016)第 273209 号

出　版　人	赵剑英
责任编辑	任　明
特约编辑	李晓丽
责任校对	朱妍洁
责任印制	李寡寡

出　　版	中国社会科学出版社
社　　址	北京鼓楼西大街甲 158 号
邮　　编	100720
网　　址	http://www.csspw.cn
发 行 部	010 - 84083685
门 市 部	010 - 84029450
经　　销	新华书店及其他书店
印刷装订	北京市兴怀印刷厂
版　　次	2016 年 10 月第 1 版
印　　次	2016 年 10 月第 1 次印刷
开　　本	710×1000　1/16
印　　张	19.25
插　　页	2
字　　数	279 千字
定　　价	75.00 元

凡购买中国社会科学出版社图书，如有质量问题请与本社营销中心联系调换
电话：010 - 84083683
版权所有　侵权必究

摘　要：企业是现代市场经济中最重要的细胞，是市场经济体系的微观基础；企业的兴衰在相当程度上决定着一个国家或地区的经济活力。劳资作为企业中两大利益主体，他们之间的冲突与合作决定着企业是否良好运行，决定着经济是否平稳发展。因此，中共中央提出"构建社会主义和谐社会"的构想也是顺应这一经济规律的。这一指导性纲领的出台不仅激起了学界研究劳资关系的热潮，并且也促使地方政府开始重视劳资冲突的解决。2008年我国施行了新《劳动合同法》，虽然加大了对劳动者个人劳权的保护力度，对减少劳资冲突起到了一定的作用，但从总体来看，劳资冲突的增长趋势仍然没有得到有效抑制。劳资冲突已经从个体冲突演变为激烈的群体冲突，由偶发性集体行为演变为有组织的罢工。同时，地方政府对待劳资冲突所表现出的态度不一，解决劳资冲突的处理方式也不一样，因此政府在劳资冲突到劳资合作的转化过程中所起的作用与角色定位都不明确。所以，本书试图寻找一种解决劳资冲突的有效方式和促进劳资合作的有效途径，并对政府在劳资关系"转化"过程中的行为方式提出政策建议。

本书以劳资关系为研究对象，首先对劳资相关理论进行梳理，明晰了劳资冲突的本质，解释了劳资合作的原因；那么劳资关系怎样从冲突走向合作？本书用博弈方法分析得出，通过"谈判"达成有利于双方的合约这一路径是劳资关系从冲突走向合作的最佳的选择。怎样的谈判才能达成这样的合约？于是，本书深入到谈判内部，具体研究谈判的过程，发现谈判力与谈判结构是影响谈判的重要因素；并分析了劳资谈判力平衡与失衡的两种劳资谈判会导致不同的演进路径和均衡结果。"谈判力平衡的劳资谈判"的演化路径是在大部分情况下最终会收敛于劳资双方都采用"合作"策略；"谈判力失衡的劳资谈判"的演化路径是在大部分情况下最终会收敛于"冲突"策略。因此，谈判力失衡的劳资谈判无法解决劳资冲突，谈判力平衡的谈判才是有效的谈判。怎样才能达到劳资谈判力的平衡？由于劳资自主演进形成谈判力平衡的过程充满劳资冲突；因此，本书认为需要由第三方政府来构建使劳资双方谈判力平衡的制度，从而引导劳资谈判力的平衡。这个假说能否得到实践的印证？我们从历史中去寻找答案。本书通过比较分析法分析了美国、德国、日本为什么会存在不同的谈判模式、谈判级别、谈判结构，最后笔者发现这些国家政府虽然采取的措施不同，但其有一个共性，即政府选择不同的谈判模式、谈判级别、谈判结构是为了引导劳资谈判力的平衡，这一发现也支持了本书的假说。接下去，本书对我国劳资谈判力失衡的原因进行了系统的分析，并认为由于我国政府的行为偏差以至于没能建立起有效平衡劳资谈判力的制度安排，因此我国的劳资谈判处于失衡的状态，劳资冲突愈演愈烈也就成了必然。最后，针对政府的行为偏差与我国实际情况，对政府构造谈判力平衡的制度框架提出政策建议。

本书可能的创新点如下：第一，本书把企业看成是一个 N 人联盟。在研究劳资关系时，坚持了以劳资双方为主线的研究传统，同时把劳资关系扩展到劳方的分化与联盟情况，资方的分化与联盟情况，以及与其他要素主体的联盟情况；并把合作博弈的联盟思想作为集体谈判中谈判结构研究的理论基础，系统的解释了为什么不同的谈判结构会导致不同的谈判结果，从而完善了集体谈判的理论体系。

第二，本书补充说明了"囚徒困境"和"重复博弈"作为研究劳资关系的理论前提，修正了学界套用这两个模型不考虑模型假设的做法。通过建立"动态复制模型"分析谈判力平衡与失衡两种情况下劳资谈判的演化结果，从而提出了解决劳资冲突必须构造"谈判力平衡的劳资谈判"这一结论。沿着这一思路，本书分析了我国政府在干预劳资关系时所存在的行为偏差，提出了政府应"构建劳资谈判力平衡的制度安排"这一政策建议。由于平衡劳资谈判力是一个系统工程，仅靠一部劳动法是不够的，还应包括更为广泛的制度安排，从而弥补了学界研究的不足。

第三，本书把公司治理结构看成是形成要素主体不同联盟的机制。由于公司治理结构可以影响劳资谈判结构，因此合理的公司治理结构是平衡劳资谈判力的有效机制。从平衡劳资谈判力的角度，得出了美国、德国、日本虽然采取不同的公司治理结构，但共性是形成适合的公司治理结构来平衡劳资谈判力的结论。

第四，本书从平衡劳资谈判力这一角度，得出了我国公司治理结构应采取共同治理的结论。虽然学界普遍认为利益相关者理论是共同治理的基础，但是本书从企业内部劳资冲突入手，把共同治理作为平衡劳资谈判力的手段，从促进企业合作效率的角度推导出我国应该采取共同治理模式的结论具有更深的意义。

限于理论素养与知识积累的不足，本书存在若干有待改进的地方：对西方主流企业理论的反思深度不足；对现代经济学中博弈工具的运用还不熟练，特别是博弈论的前沿"动态博弈"的理解还不够深入，造成文中许多观点未能进行更深一层的阐释。运用动态博弈对劳资谈判时点选取的分析，是本书以后研究努力的方向。

关键词：劳资合作　合作博弈　政府行为　集体谈判　谈判力　谈判结构　演化

Abstract: The enterprise is the most important element in the modern market economy, the microscopic foundation of the market economy; the rise and fall of enterprises will, to a great extent, determine the economic viability of a country or region. Labor and management, as the two major stakeholders in the enterprise, and their conflict and cooperation between them will determine whether the enterprise can run well, and whether the economy can maintain a stable development.

The "Harmonious society", a guiding principle put forward by the CPC Central Committee, has not only aroused the craze of academic study on labor – management relations but also made the local government attach great concern to the solution of labor – management conflicts. In 2008, China implemented the new "Labor Contract Law" to enhance the protection of the labor rights of individual workers, which plays a role in reducing labor – management conflicts. On the whole, the growing trend of labor – management conflicts has still not been effectively curbed. Labor – management conflicts evolve from individual conflicts to fierce group conflicts, from occasional collective behaviors to organized strikes. At same time, local governments' attitudes labor – management conflicts vary and their ways to resolve the conflicts differ, giving rise to the unclear roles of governments in leading labor – management conflicts to labor – management cooperation. Therefore, this paper attempts to find an effective way to solve labor – management conflicts and facilitate labor – management cooperation, and propose policies on the role of the government in the transformation of labor – management relations.

Therefore, this paper, with labor – management relations as its object, clarifies the nature of their conflict, explains the cause of their cooperation and then explores how labor – management relations can be led from conflict to cooperation. Based on game method, it points out an optimal choice—to reach a contract favorable to both sides through negotiations—which can lead labor – management relations from conflict to cooperation.

So, by going deep into negotiations to specifically study the process of negotiations, we find that negotiations with either balanced or imbalanced collective bargaining power will lead to two different paths and balanced results. The evolution path of the negotiation with balanced bargaining power, in most cases, will eventually result in both labor and managment taking a "cooperation strategy" while the evolution path of the negotiation with the imbalanced bargaining power, in most cases, will eventually result in management using "conflict strategy", and labor "cooperation strategy". Negotiations with imbalanced bargaining power can't solve the labor – management conflict while negotiations with balanced bargaining power are effective negotiations. To achieve such balance, due to the process of the formation of labor – management balance of negotiating power by the independent evolution of labor is full of labor conflicts; therefore, we recognize the need of a third – party government to guide the balance of bargaining power so as to reach labor – management negotiations with balanced bargaining power. Whether this hypothesis can be confirmed by the practice? We will find the answer from history.

Through a comparative analysis of different negotiation modes, levels and structures of the United States, Germany and Japan, we eventually find out one common point out of the different measures taken by those governments: the governments choose different negotiation modes, levels and structures for the same goal of leading the collective bargaining power to balance. This finding also supports our hypothesis. Finally, a systematic analysis of the causes of imbalanced collective bargaining power in China is made to give policy recommendations to the government on the collective bargaining framework with balanced bargaining power.

The possible innovations of this paper are as follows: First, this paper regards the enterprise as alliances of N people, so in the study of labor relations, adhere to the tradition of the main line to the interests of both parties and conflict, and labor relations extended to the differentiation of labor and alliances, employers differentiation and alliances, as well as the alliance of other major labor factors, This paper describes the use of "Prisoner's Dilemma" and "repeated game" as the study of labor relations theory premise, Meanwhile, this paper perfects the theory of the collective bargaining system and explains why the different structure of the negotiations will lead to a different outcome of the negotiations.

Second, this paper adds the theoretical premise to the use of "Prisoner's Dilemma" and "repeated games", and amends that scholars apply these two models do not consider the model assumes; as well as puts forward the point of view of the balance of bargaining power. This paper analyzes the evolution results of the balanced and imbalanced bargaining powers, comes to the conclusion that balanced labor talks should be constructed to lead labor – management relations from conflict to cooperation and then analyzes the flaws of the current labor – management law in the wake of this thinking. This paper Suggests the government should "build the institutional arrangements of the balanced collective bargaining power".

Third, this paper views the corporate governance structure as a mechanism for different alliances of major labor factors and thus affects the labor – management negotiation structure. Reasonable corporate governance structure is an effective mechanism for balancing labor negotiation power.

Fourth, this paper starts from the internal labor conflicts, takes co – governance as a means of balancing labor negotiating power, and therefore deduces that China should adopt a co – governance model from the perspective of promoting business cooperation efficiency.

This paper still has room to improve due to the author's limitation in theoretical attainment and knowledge accumulation: the lack of depth of reflection on the Western mainstream theories, the unskilled employment of the game tools of modern economics, especially the lack of in – depth understanding of a cutting – edge game theory— "dynamic game", cause many viewpoints fail to be explained further. The use of "dynamic game" to analyze the choice of time and place for labor – management negotiations is the direction of follow – up research of this paper.

Key Words: Labor Cooperation; Government Behavior; Collective Bargaining; Bargaining Power; Negotiations Structure; Cooperative Game; Evolution

目　　录

第一篇　绪论

第一章　研究背景及意义 ……………………………………（3）
　第一节　研究背景 …………………………………………（3）
　第二节　研究意义 …………………………………………（5）
第二章　研究思路及主要内容 ………………………………（7）
　第一节　研究思路 …………………………………………（7）
　第二节　主要内容 …………………………………………（8）
第三章　国内外研究现状 ……………………………………（16）
　第一节　国外研究现状 ……………………………………（16）
　　一　从现代管理理论角度研究解决劳资冲突 ……………（16）
　　二　从博弈论角度研究劳资冲突到合作的转化 …………（16）
　　三　通过集体谈判机制达成劳资冲突向合作的转化 ……（17）
　　四　评论 ……………………………………………………（19）
　第二节　国内研究现状 ……………………………………（20）
　　一　对国有企业的劳资关系的研究 ………………………（20）
　　二　对私营企业的劳资冲突的研究 ………………………（21）
　　三　对劳资关系中政府行为的研究 ………………………（22）
　　四　采用定量的方法来研究劳资关系 ……………………（23）
　　五　对劳资合作的研究 ……………………………………（23）
　　六　对劳资关系从冲突到合作转化机制的研究 …………（24）
　　七　评论 ……………………………………………………（25）

第四章 研究的主要方法及创新 ……………………… (27)
第一节 研究的主要方法 ……………………………… (27)
第二节 可能的创新点与不足 ………………………… (28)

第二篇 劳资关系相关理论综述

第一章 西方主流劳资关系理论及评析 …………………… (33)
第一节 理论回溯 ………………………………………… (33)
一 古典企业理论 ……………………………………… (33)
二 新古典经济学 ……………………………………… (34)
三 新制度经济学 ……………………………………… (36)
四 管理主义学派 ……………………………………… (40)
五 正统多元论学派 …………………………………… (40)
第二节 理论评析 ………………………………………… (41)
一 "股东利润最大化"目标的悖论 ………………… (41)
二 对劳资之间利益冲突的研究模糊 ………………… (42)
三 对合作的研究不足 ………………………………… (45)
四 对要素主体之间联盟与分化的研究不足 ………… (46)
第二章 马克思主义劳资关系理论 ………………………… (47)
第一节 主要内容 ………………………………………… (47)
第二节 理论评析 ………………………………………… (49)
第三章 其他相关研究视角 ………………………………… (50)
第一节 对"冲突"的研究 ……………………………… (50)
一 从社会学的角度研究冲突 ………………………… (50)
二 从博弈论角度研究 ………………………………… (51)
第二节 对"合作"的研究 ……………………………… (52)
一 从合作经济学的角度研究 ………………………… (52)
二 从博弈论的角度研究 ……………………………… (52)
三 从利益相关者角度研究 …………………………… (53)

第三篇 劳资冲突到合作的转化途径

第一章 劳资冲突 ……………………………………………… (57)
 第一节 劳资冲突的原因：利益目标的分歧 ……………… (57)
  一 马克思的观点 ……………………………………… (58)
  二 主流企业理论的观点 ……………………………… (59)
 第二节 劳资双方利益目标的解析 ………………………… (60)
 第三节 劳资双方与企业内其他要素主体的联盟与分化 … (61)
  一 管理者 ……………………………………………… (61)
  二 债权人 ……………………………………………… (63)
  三 小股东 ……………………………………………… (63)

第二章 劳资合作 ……………………………………………… (65)
 第一节 劳资利益的帕累托改进：整体利益与剩余 ……… (66)
  一 剩余的来源 ………………………………………… (67)
  二 劳资合作与经济增长 ……………………………… (69)
 第二节 劳资利益的帕累托改进：个体利益与分配 ……… (70)
  一 边际生产力分配理论 ……………………………… (70)
  二 马克思分配理论 …………………………………… (71)
  三 对分配理论的评析 ………………………………… (72)

第三章 劳资关系从冲突到合作转化的博弈分析 …………… (74)
 第一节 劳资冲突：囚徒困境的一般性与局限性 ………… (74)
  一 一般性 ……………………………………………… (74)
  二 局限性 ……………………………………………… (76)
 第二节 解决劳资冲突的途径 ……………………………… (77)
  一 重复博弈模型中的劳资合作解 …………………… (77)
  二 通过谈判达成有利双方的合约 …………………… (80)
 第三节 集体谈判的转化作用 ……………………………… (81)

第四章 组织均衡与效率 ……………………………………… (83)
 第一节 传统的市场均衡与效率 …………………………… (83)

第二节 新制度经济学中契约、权威与效率……………………(85)
第三节 组织均衡与合作效率…………………………………(86)
    一 合作效率………………………………………………(86)
    二 组织均衡与企业合作效率……………………………(87)

第四篇 劳资谈判与政府的行为

第一章 集体谈判的理论回顾……………………………………(94)
第一节 集体谈判的模型………………………………………(94)
    一 管理权模型……………………………………………(94)
    二 有效谈判模型…………………………………………(96)
第二节 集体谈判模型的述评…………………………………(98)

第二章 博弈论中的谈判…………………………………………(99)
第一节 2人谈判………………………………………………(99)
    一 纳什谈判………………………………………………(99)
    二 轮流叫价谈判模型……………………………………(101)
    三 对2人谈判模型的述评………………………………(103)
第二节 N人谈判中的联盟问题……………………………(105)
    一 3人零和博弈…………………………………………(106)
    二 Shapley值……………………………………………(107)
    三 加权Shapley值………………………………………(108)
    四 Owen值………………………………………………(108)
    五 谈判集…………………………………………………(109)
    六 合作博弈思想在企业中的运用………………………(111)
第三节 谈判力及其影响因素…………………………………(113)
    一 模糊的"谈判力"研究………………………………(113)
    二 谈判力影响因素分析…………………………………(116)
第四节 谈判结构………………………………………………(123)
    一 关于谈判结构的理论研究……………………………(123)
    二 公司内部的结盟:被忽略的谈判结构………………(127)

第三章 劳资谈判博弈的演化博弈路径 (133)
第一节 谈判力平衡的劳资谈判博弈的演化路径和稳定策略 (133)
第二节 谈判力失衡的劳资谈判博弈的演化路径和稳定策略 (136)

第四章 政府与劳资谈判力平衡 (141)
第一节 政府不介入谈判力平衡的形成 (141)
第二节 政府介入谈判力平衡的形成 (144)

第五章 政府构造谈判力平衡的劳资谈判 (146)
第一节 谈判主体地位明确 (147)
一 劳方组织——工会 (147)
二 资方组织——雇主协会 (148)
第二节 谈判结构合理 (149)
一 谈判级别适合 (149)
二 联盟内部的合作、竞争与劳资关系适应 (150)
三 公司治理结构与劳资关系匹配 (151)

第五篇 政府行为选择的国际经验与制度比较

第一章 美德日政府在劳资关系中的作用——平衡劳资谈判力 (155)
第一节 理论综述：政府在劳资关系中的作用 (155)
一 调节模式 (155)
二 角色定位 (156)
第二节 政府平衡劳资力量的历史脉络 (157)
一 美国 (157)
二 德国 (161)
三 日本政府 (164)

第二章 谈判结构Ⅰ：谈判级别的选择 (168)
第一节 美国分散化谈判模式 (168)

第二节　德国行业级谈判模式 ……………………………… (169)
  第三节　日本的企业谈判模式 ……………………………… (170)
第三章　谈判结构Ⅱ：联盟的结构状态 ……………………… (172)
  第一节　工会密度 …………………………………………… (172)
  第二节　联盟内部的结构 …………………………………… (174)
  第三节　谈判覆盖率 ………………………………………… (176)
  第四节　谈判协作 …………………………………………… (177)
第四章　谈判结构Ⅲ：公司治理模式的选择 ………………… (179)
  第一节　美、德、日公司治理结构与平衡要素主体
          谈判力 ……………………………………………… (179)
    一　美国：以"股东利益"为导向的模式 ……………… (180)
    二　德国：公司治理以"利益相关者"为导向的模式 …… (184)
    三　日本：公司治理以"管理主义"为导向的模式 …… (186)
    四　公司治理结构的共性：平衡要素主体的谈判力 …… (189)
  第二节　东亚公司治理结构的偏差与谈判力失衡 ………… (190)
    一　高度集中的股权结构 ………………………………… (190)
    二　家族企业的治理结构导致大股东侵占 ……………… (191)
    三　与德国的比较 ………………………………………… (192)
第五章　平衡劳资力量的其他方式：社会保障 ……………… (196)
  第一节　美国：市场模式 …………………………………… (196)
  第二节　德国：全能模式 …………………………………… (198)
  第三节　日本：共生模式 …………………………………… (199)

第六篇　我国失衡的劳资谈判与政府行为偏差

第一章　我国失衡的劳资谈判 ………………………………… (205)
  第一节　谈判主体地位不明确 ……………………………… (205)
    一　我国工会的发展与存在的问题 ……………………… (205)
    二　我国资方组织的发展与存在的问题 ………………… (207)
  第二节　谈判力的基调失衡：强资本、弱劳动 …………… (208)

一　初始合同的谈判力：市场的力量 …………………… (208)
　　二　合同的再谈判：企业内的多种因素影响谈判力 …… (209)
　第三节　谈判结构不合理：强者更强，弱者更弱 …………… (214)
　　一　要素主体结盟前后强势与弱势主体的变化 ………… (214)
　　二　谈判级别层次低 ……………………………………… (222)
第二章　我国政府行为偏差 ……………………………………… (224)
　第一节　政府职能偏差 ………………………………………… (224)
　　一　政府干预劳资关系的职能偏差 ……………………… (225)
　　二　中央政府与地方政府目标偏差 ……………………… (226)
　第二节　政府与失衡的劳资谈判力 …………………………… (228)
　　一　劳动法与单个劳动者谈判力 ………………………… (228)
　　二　社会保障与单个劳动者的谈判力 …………………… (231)
　　三　金融法规与抑制控股股东 …………………………… (232)
　第三节　政府与不合理的劳资谈判结构 ……………………… (234)
　　一　《工会法》与劳资谈判结构 ………………………… (234)
　　二　《公司法》与劳资谈判结构 ………………………… (236)
　　三　金融法规与劳资谈判结构 …………………………… (242)
第三章　案例分析 ………………………………………………… (244)
　第一节　谈判力失衡劳资谈判：个体冲突到群体冲突的
　　　　　转化 ………………………………………………… (244)
　第二节　谈判力平衡的劳资谈判：政府介入的偶然成功
　　　　　个案 ………………………………………………… (248)
　　一　政府介入的偶然成功个案 …………………………… (248)
　　二　经验 …………………………………………………… (251)

第七篇　政府的行为选择与构建谈判力平衡的劳资谈判

第一章　转变政府职能 …………………………………………… (257)
　第一节　政府角色转变 ………………………………………… (257)

第二节　转变地方政府目标 …………………………………（258）
第二章　增强劳方主体谈判力的制度安排 ………………………（259）
　　第一节　完善劳动法律体系 …………………………………（259）
　　　　一　完善劳动法规实施细则 ……………………………（259）
　　　　二　完善集体劳动关系的法律制度 ……………………（260）
　　　　三　《劳动法》与《工会法》的交相呼应 ………………（260）
　　第二节　定位社会保障的广度与深度 ………………………（261）
第三章　构造合理谈判结构的制度安排 …………………………（263）
　　第一节　《工会法》与谈判级别 ………………………………（263）
　　　　一　谈判主体地位明确 …………………………………（263）
　　　　二　定位谈判级别 ………………………………………（265）
　　　　三　谈判手段：可置信的"威胁" ………………………（266）
　　第二节　《公司法》对公司治理的重构——共同治理 ………（267）
　　　　一　与利益相关者共同治理的区别 ……………………（267）
　　　　二　德国共同治理模式的经验与缺陷 …………………（268）
　　　　三　构建我国共同治理模式的思路 ……………………（269）
参考文献 ……………………………………………………………（274）
后记 …………………………………………………………………（288）

第一篇
绪 论

第一章

研究背景及意义

第一节　研究背景

在计划经济体制时期，社会主义公有制条件下，生产资料归全体人民所有，劳动者的就业与分配由政府计划调配，劳动关系的实质是劳动者与国家之间的行政关系。因此，这一时期是建立在生产资料公有制基础上的劳动关系，不存在劳资关系。由于实行"公有制+按劳分配"，劳动者在共同利益基础上的利益差别较小，不存在对抗性的根本利益冲突，因而劳动关系处于一种比较平稳、和缓的状态。

随着市场经济体制的建立和改革开放的发展，市场经济体制不仅使中国经济释放出巨大的生产力，而且还使劳动力要素所有者与资本要素所有者作为追求利益的主体地位得以确立；同时随着改革的深化，企业由单一所有制结构向多种所有制结构的转换导致非公有制经济所占比重越来越重。经过30多年的改革，我国经济社会结构已发生了深刻变化。据《中国统计年鉴2015》统计，我国1978年之前公有制经济占据绝大部分份额，1978年城镇就业人口的96.73%在国有部门（75.92%）和集体部门（21.53%）就业；到了2014年，城镇国有部门和集体部门的就业人口占城镇就业人口的比重为17.4%，私营、港澳台、外商部门的就业人口占32.5%；2014年由国有控股和集体控股企业法人占整个社会企业法人单位数4.8%，由私人、港澳台商、外商控股占86.8%。所有制结构的变化引起了我国企业内主要的劳动关系向劳资关系转变。

为了社会平稳发展，党中央早在十六届六中全会就已经提出了构建社会主义和谐社会的构想。2008年我国施行的新《劳动合同法》加大了对劳动者个人劳权的保护力度，对减少个体劳资冲突起了一定作用。2011年全国总工会下发的《2011—2013年深入推进工资集体协商工作规划》强化了集体谈判制度的推广。2014年人社部、全国总工会、全国工商联等部门联合下发《关于推进实施集体合同制度攻坚计划的通知》，要求从2014年至2016年，在全国范围内推进实施集体合同制度攻坚计划。

劳资冲突的解决除了从劳动法律方面事后解决劳资冲突，更重要的是事前的劳资关系的协调机制和劳资合作机制的建立。由于缺乏劳资关系的协调机制与劳资合作机制，劳资冲突已经从个体冲突演变为激烈的群体冲突，由偶发性集体行为演变为有组织的罢工。2012年以来，中国经济发展出现阶段性转换，劳动成本的提高与外资的撤离更加剧了劳资群体冲突的程度。企业倒闭、外迁、老板跑路成为罢工的新诱因；新生代工人维权意识加强，罢工的频率与规模都有逐年上升的趋势；罢工从小型企业蔓延到知名大型企业；工人诉求从加薪要求逐步发展到社保、养老金等诉求；罢工手段从单一的静坐模式发展到堵路、去市政府请愿、暴力破坏工厂、联系境外组织等多元化手段以扩大罢工影响力。

劳资群体冲突的加剧已经严重影响企业运行的效率，劳资群体冲突已经演化成为不可忽视的社会问题。基于现实环境，习近平总书记提出要全面贯彻党的十八大和十八届三中、四中全会精神，落实中央经济工作会议精神，主动把握和积极适应经济发展新常态。"新常态"的提出对劳资关系的转型提供了契机，一方面，因为劳资关系需要寻找到一个适应经济体系转型的新常态；另一方面，劳资关系走向新常态也会对整个经济体系走向新常态发挥积极的促进作用。

从短期经济波动来看，新常态下经济增长中枢将下移，从高速增长转向中高速。经济下行时一些隐性风险显现，部分产能过剩行业仍将继续调整；劳资关系需要接受经济增速平稳回落的检验，在这个过程中政府不仅要防范局部地区劳资个体冲突风险的平稳释放，还要阻止不能叠加为系统性的劳资群体冲突。

从增长方式来看，新常态下经济发展方式逐步向质量高效型转变，从要素驱动逐步转向创新驱动。以前低成本劳动力优势在逐渐减弱，增长将更多依靠人力资本质量、技术进步等因素。反映到劳资关系的转型方面，改变长期以来依靠压低劳动力工资的简单粗放型驱动模式，开始要重点关注如何以劳资合作关系促进经济体系的转型。因此，政府促进劳资合作关系不仅可以为产业转型与产业发展提供动力，同时还能化解产能过剩风险。

习近平总书记的指导思想不仅激起了学界研究企业劳资关系的热潮，并且也促使地方政府开始重视劳资冲突的解决。但是地方政府对待劳资冲突所表现出的态度不一，解决劳资冲突的处理方式也不一样。有些是注重用解散罢工等强硬手段来防止群体冲突的事态扩大；有些是满足劳方的利益要求以求快速灭火；有些是主持集体谈判让劳资双方自由协商。从目前看来，地方政府以前两种方法解决劳资冲突的事件较多，而用集体谈判的方式较少。因此，政府在劳资冲突到劳资合作的转化过程中所起的作用与角色定位都不明确。

第二节　研究意义

劳资冲突没有得到有效抑制的现实情况说明已有的研究可能存在不足，以至于没有找到合理的解决劳资冲突的方式和促进劳资合作的有效途径；也可能是由于我国劳资关系情况复杂使得理论在具体实践过程中的适用性受限。因此本书通过对已有研究的梳理，发现我国学者在对劳资关系的研究方法上，对局部问题的分析较多，对劳资系统的研究还比较缺欠。还有许多文献仅仅停留在现象描述、问题认识和国外经验介绍的浅层次上，对问题的本质缺少深层次的研究。因此，这些研究成果还不能直接形成符合中国实际情况的劳资关系理论体系。所以，学界不仅对劳资关系怎样从冲突到合作的转化研究刻不容缓，而且对政府在劳资关系"转化"过程中所起作用的研究也是迫在眉睫。

本书把马克思劳资理论作为研究的理论基石，运用历史和比较的方法对劳资关系的本质进行研究；同时借鉴西方劳资理论的合理部分，立足于中国转轨时期劳资关系的现状和问题，从劳资利益的角度对中国劳资关系进行全面而系统的研究，以期构建一个既具有一般意义，也符合中国社会主义实际的劳资关系理论体系。

　　同时，本书说明了"囚徒困境"和"重复博弈"作为研究劳资关系的理论前提，修正了学界套用这两个模型而不考虑模型假设的做法。通过建立"劳资谈判的动态复制模型"，揭示了企业内部劳资关系怎样从冲突走向合作演变的运动规律；找到了我国劳资谈判为什么不能有效解决劳资冲突的原因；并提出了"政府通过引导谈判力平衡来构造平衡的劳资谈判"这一政策建议，为政府在劳资关系中的行为选择提供了理论支持。

第二章

研究思路及主要内容

第一节 研究思路

本书站在马克思劳资理论的基础上，认为劳资冲突源于利益的根本对立。资本的使命就是利润最大化，从生产剩余价值的角度无论是绝对剩余价值生产还是相对价值生产，资本都尽可能压低劳动者的工资，提高劳动强度来进行积累，但是这些做法都会引起劳动者的不满。劳动者会出现消极怠工等不合作的行为抵消资本对劳动的权益损害，从而引起效率的下降。资方为了防止效率的下降，从而运用监督等手段来控制劳动，但是由于信息等原因监督不是完全的，因此，劳动者的隐性冲突诸如怠工一直存在。企业效率的下降引起了企业利润的下降从而也达不到新古典企业理论中的资本利润最大化与效率。这里就出现一个悖论：资本为了追求利润最大化所用的手段反而使他不能达到利润最大化。企业效率损失的原因是由于资本雇佣劳动本身的制度安排。如果资本雇佣劳动在较长一段历史时期是必须的选择，那么为了解决这个问题，就必须让劳动者主动参与合作并自愿最大限度释放自己的人力资本来减少企业效率损失。劳动者为什么会参与合作？劳动者也是追求自己利益的主体，因此与资本合作必须要存在帕累托改进，即满足自己个体理性才会合作。怎样达到劳动者的利益帕累托改进，本书认为通过谈判达成一个有利于双方的合约可以达到这一目的。这个合约的主要内容是满足双方的利益需求，也就是关于怎样分配，这是合作博弈的研究范畴。

怎样的谈判才是有效的谈判？这个谈判不能是形式上的谈判，本书对谈判力平衡的谈判和谈判力失衡的谈判进行演化分析，得出只有谈判力平衡的劳资谈判才可以促使劳资关系从冲突走向合作的结论。那么是什么因素导致谈判力的不同？本书认为谈判力的强弱是市场等诸多因素以及谈判结构所决定的。谈判结构主要是指劳资双方自身的联盟、分化以及与其他要素主体的结盟关系，其中还包括在研究谈判结构中一直被忽视的公司治理结构。由劳资自主演化形成谈判力平衡不仅需要的时间长，而且是一个充满劳资冲突的过程，因此，由政府介入构建劳资谈判力平衡的博弈框架是最好的选择。

那么我国劳资之间的谈判力是平衡的吗？我国现阶段由于市场等诸多因素已经导致了"资强劳弱"的基本格局，却由于我国政府行为的偏差造成了工会谈判主体地位不明确、谈判结构不合理等情况，加剧了劳资谈判力不平衡的状况，使资本更强，劳动更弱。资本可以凭借其强势地位来获得对自己更有利的分配。怎样使我国劳资关系从冲突走向合作？本书认为我国政府应该遵循"平衡劳资谈判力"的思路，因此，本书提出了无论是在劳动法、公司法、社保法、工会法的制度安排都应该以平衡劳资谈判力为准绳的建议。

第二节　主要内容

除第一篇绪论外，本书由以下几个部分构成：

本书第二篇在对西方主流劳资理论重新思考的基础上，讨论了其理论体系中存在的问题。西方主流劳资理论是从观察冲突，到忽视企业内部各行为主体的冲突，再到以股东利益为导向来拆解行为主体的冲突。无论是企业目标的形成，还是企业的运行，都是站在股东利益角度来研究员工动力问题，并设计奖惩结构以控制劳动者；或是研究代理人如何侵占委托人的利益以及如何对代理人的控制。为了达到股东利润最大化，主流理论都忽视了劳动者作为利益主体的利益要求，因此也不能完全激发劳动者生产的动力，这是其理论缺陷。马克思劳动价值论与剩余价值理论中包含了丰富的企业形成及形态演变的思想，他深刻地研究了企业内劳资冲突的根源，因此为本书提供了研究的理论基础和出发点。

本书第三篇是研究劳资冲突到合作的转化，希望真正深入到企业内部去研究企业劳资主体的行为。由于劳资的利益要求不同，肯定存在利益冲突；但为什么劳资组成企业来合作，原因是双方在企业中的所得比退出这个企业或者参与其他企业所得更多，也就是存在帕累托改进。本书研究劳资关系不仅仅是单独研究劳资双方的关系，而是要把其关系放到企业的其他要素主体中去。由于劳资双方与其他要素主体的利益要求有相同的地方，也有不同的地方，这就为劳资双方与其他要素主体结盟埋下了伏笔。例如，股东希望企业长期生存发展、高额利润回报、良好企业形象；管理者追求更高薪酬、在职消费、职业声誉以及管理顺畅；雇员追求工资收入、各种福利和晋升机会。有可能其中几个要素所有者结盟，对抗其他的要素所有者，这就为劳资关系增加了复杂性。

接下去分析企业中劳资冲突与合作的博弈关系，以期寻找从冲突到合作的路径。本书用"囚徒困境"来描述劳资的冲突，但"囚徒困境"还不能完全接近于劳资冲突的真实情况。因为"囚徒困境"有一个前提，其是一个对称博弈，可以理解为两个囚徒的谈判力是相等的，这和我国资强劳弱的状况不完全符合。如何解决"囚徒困境"有两种方式：重复博弈以及达成有约束力的合约。第一种方式重复博弈，由于重复博弈中"合作"可能的机制是双方可以采取可置信的"退出的威胁策略"，但是资强劳弱的状态导致了退出的威胁是不可置信的，因此由重复博弈来达到劳资合作是低效率的。第二种方式，如果囚徒可以事先达成一个有约束力的合约"谁坦白谁家人就遭殃"，那么囚徒就会选择合作。在分析劳资关系时候，"谁冲突谁受罚"看似是一个有约束力的合约，但由于这个合约是由第三方来实施，而第三方无法完全观察到企业内部，因此这个合约并非是一个有约束力的合约。如果要找一个有约束力并且是可以自动实施的合约，那么这个合约必须是对双方都有利的这样一个合约。怎样达到这样的合约，本书认为是通过劳资双方的谈判。

本书第四篇研究劳资谈判与政府的行为。本书从"囚徒困境"模型得出谈判达成有利于双方的合约是解决劳资关系从冲突到合作转化的路径时，注意到这个结论是建立在"囚徒困境"的对称性基础上的，即劳资双方的谈判力是相等的。因此，现在需要关注的不是具体分配，即到底怎么来分才是公平的；而是怎样规划出一种谈判，这种谈判是满足劳资谈判力平衡的谈判。什么是劳资谈判？传统的集体谈判模型在分析劳资谈判时，具有明显的局限性：一是只研究了单个工会与单个企业的谈判，没有涉及谈判结构；二是将集体谈判看成是零和博弈；三是集体谈判没有具体深入到谈判内部的过程。为了弄清楚劳资双方的谈判，必须深入到谈判内部过程寻求博弈论的解释。纳什谈判与轮流叫价谈判模型虽然已经深入到劳资谈判的内部，但其并没有对谈判力进行解释，而是假设谈判力存在；可是谈判力却是最值得深究的，因为其对谈判模型的结果起着决定性的作用。同时，这两种谈判都是2人谈判，虽然对劳资关系是适用的，但是又不太准确。因为劳资双方会与其他要素主体结盟，所以就不得不考虑N人谈判中的联盟结构。不仅纳什谈判中的谈判力影响谈判结果，而且合作博弈中不同的联盟结构也会对分配结果产生不同的影响。本书这里是反向思维，即要想达到哪种分配结果，必须关注联盟结构和谈判力。因此研究的重点是达到满足劳资双方利益分配的联盟结构的形成机制。

本书具体解析了博弈模型中所忽略的谈判力及其影响因素，并提出了要素主体之间的联盟会改变劳资谈判结构从而改变谈判力的理论。首先，谈判力受多种因素影响，这些因素包括要素的市场稀缺性、资产专用性、资产专有性、信息、T_{t-1}期的企业控制权以及结盟等因素。其次，再研究一下谈判结构，谈判结构主要包括联盟的结构状态、谈判级别以及被谈判理论研究忽略的公司内部的结盟情况即公司治理结构。本书除了具体分析研究谈判结构之外，还重点强调这个被忽略的因素。由于企业是整个经济和社会系统的子系统，它是开放的，因此市场等各种力量作用于企业内部各要素主体，造成谈判力不平衡；同样，企业内部各要素主体自身的变化也会使谈判力不平衡。为了平衡劳资谈判力，企业治理也在不断变化以寻找企业内部新的平衡点来推进企业主体的继续合作。本书接下来研究企业治理结构怎样影响要素主体的结盟。在一个企业内部，虽然某一联盟能形成，但该联盟对每个局中人的吸引力是不一样的，一些局中人可能很少有兴趣参加该联盟，如管理层和员工的联盟，除非有特定的促成这一联盟的条件；在大多数情况下，更容易看到大股东与管理者形成联盟，管理者帮助大股东来损害劳方的利益。公司治理结构能改变各个联盟吸引力，给各个联盟的形成创造条件，从而可以改变各要素所有者的结盟关系。

究竟怎样的劳资谈判才能解决劳资冲突？本书通过构建"谈判力平衡与失衡劳资谈判的演化模型"来说明。在"谈判力平衡"的劳资谈判模型中，大规模群体的进化采取对抗性策略的博弈方的数量最终会稳定在1/6左右，5/6的大多数人会采取合作的策略。这意味发生严重的劳资对抗的机会虽然存在，但可能性小（大约1/36），相互间合作性的可能性最大（大约25/36），这是比较稳定的状态。"谈判力失衡"的劳资谈判的演化路径最终收敛于在大部分情况下都不存在劳资双方的合作，只有9/44的少数会形成劳资合作，说明了在劳资谈判力失衡的情况下，劳资双方自然演进在大多数情况下存在冲突。

因此，劳资谈判的关键是构造谈判力平衡的劳资谈判，而由劳资自主演进形成平衡的谈判力这一过程充满劳资冲突；所以，由政府构建使劳资双方谈判力平衡的制度，可以加速形成谈判力平衡的谈判。传统理论中政府的角色一直被主流经济当作是一个仲裁人对企业进行仲裁，但是仲裁有很多因素不可为，例如企业中存在不完全合同。本书是从政府影响微观主体的角度出发，政府可以通过构造谈判力平衡的劳资谈判来构建和谐劳动关系。政府构建谈判力平衡的劳资谈判的制度包括明确谈判主体的主体地位、构造合理的谈判结构等机制。

本书第五篇主要分析政府行为选择的国际经验与制度比较，虽然美、德、日政府在劳资关系中所处的地位与出台的劳资政策、具体措施不同，但共同点都是为了劳资谈判力的平衡，因此战后的劳资关系缓和。

美国，第二次世界大战前用反垄断法拆解公司家族性质的大股东，禁止金融机构持有企业的股份，这样减少了企业内金融性质的大股东；同时，美国政府从压制到鼓励工人联盟——工会的发展。这些拆解股东与增加工人联盟的措施一度平衡了劳资双方的谈判力。由于企业需要资金支持无法从金融机构与家族股东快速获得，只好寻求证券市场。证券市场繁荣的结果使企业的股东更为分散，分散的股东对企业控制权旁落。这些制度不仅减少了大股东对经济的控制；而且使管理层未能与大股东结盟，管理者在劳资问题上处于中立；但是附带效应是造成了管理层的异常强大，管理层侵占分散的股东的利益是造成组织非均衡的最主要的因素。为了解决这个问题，美国的企业研究更多的是集中在代理人研究、管理层研究，其中公司治理结构也是研究怎样来约束管理层的行为，比如独立董事制度。被拆解后分散的股东谈判力本来就不强大，当工会发展到谈判力太强的时候，美国开始限制工会的发展，以求与分散的股东的谈判力相适应，因此，这也是为什么美国的工会覆盖率逐年降低，并选择分散化谈判的一个重要原因。如果美国选用德国的行业谈判模式，强大的工会与分散的股东之间的谈判力会不平衡，因此美国政府一直在平衡劳资的谈判力。

德国由于受战争的影响，产业民主运动异常高涨，工人结成强大的工会；与之相匹配的是德国的大股东持股，而大股东中除了大家族，其次就是银行。银行对战后企业的恢复提供了重要的资金支持，但是银行和大家族的控制却造成了股市的发展缓慢。因为一个家族放弃自己的控制权时，经常是出卖给另外一个大家族，而不是去股市交易。所以，强大的工会与强大的股东是相平衡的。同时，德国的谈判结构是行业级谈判，强大的劳资双方处于平衡状态。公司治理结构仍然是这种平衡的体现，采取双层治理结构，使大股东并未能与管理层结盟来增强自己的谈判力。所以，德国政府也在促进劳资谈判力的平衡。

日本战后经济的恢复依靠美国，因此按盟军要求解散财阀，使股权分散到普通公众手中，但是战后日本并没有形成美国式的市场导向性治理模式。由于担心被美国资本收购和控制，而最终形成了法人间相互持股、以主银行监督体系为主的独特的日本公司治理模式，由此原来被打破的财阀结构，又重新恢复在一起。以主银行为中心的金融机构是日本企业的大股东并影响着日本企业公司治理。主银行之所以能够对日本企业公司治理起到比其他的股东还要重要的作用，是因为日本企业的借贷总额要比自有资本总额多得多（菊泽，1995），日本企业对主银行有严重的依赖性（宫岛，1996）。股东没有起到应该起到作用，稳定的债主却发挥了作用。因此，管理者作为金融机构的代理人，行使其的意志，劳资关系退隐，劳使关系凸显。劳方与资方的矛盾在很大程度上表现为同一企业内经营管理者与劳动者之间的矛盾。因此，在日本经济中活跃的是管理者，这也就是为什么学者指出日本公司的治理采取的是"管理主义"的原因。管理者在企业中不是最强势的主体，其受金融机构的监督。金融机构的目标并非像股东一样追求利润最大化；交叉持股最大的特点是稳定以及追求关系的长期化，因此对金融机构忠诚的管理者在管理企业事务的时候呈现的目标也是企业的长期发展。当在对待劳资关系的时候，劳资关系的稳定性就值得管理者考虑，"终身雇佣制度"就是这样产生的。这也是为什么日本的劳资谈判是企业工会级别的原因，政府把工会的谈判限定在企业内，从而限制了工人联盟的强大，工会更大的作用是让员工以企业为家以保持企业的稳定。因此，日本政府以"共生模式"来平衡劳资谈判力。

本书第六篇主要研究我国失衡的劳资谈判与我国政府行为的偏差。由于"资强劳弱"自然演进形成的企业权益结构并不是一种均衡的结构，而是一种失衡的结构；然而我国竞争性领域中绝大多数企业的谈判结构却正朝着这种不均衡结构发展。其原因在于：第一，谈判主体地位不明确。我国工会虽然作为代表弱势群体的组织，但工会代表劳动者以整体联合的力量与资方谈判等方面并没有取得实质性的进展。第二，谈判力的基调失衡，存在强资本、弱劳动的情况。"城乡分割"的二元政策，从国企"减员增效"分流出来的大量闲置劳动力，加剧了劳动力市场上的竞争，使得劳动力的谈判能力下降；同时，由于资产专用性、信息、控制权等因素造成了资强劳弱。第三，谈判结构不合理造成强者更强，弱者更弱。要素主体结盟前，强势主体为控股股东与管理者；弱势主体为小股东、员工。我国的劳资"谈判结构"不但没有使劳资谈判力平衡，反而是加剧了这种不平衡。企业工会的难以组建造成了员工结盟的困难，而小股东的结盟机制也没有形成，因此弱势主体并未能利用结盟改变自己的谈判力；同时，我国的公司治理结构不合理，加强了控股股东与管理层的结盟；强强结盟后，劳资双方的谈判力更加失衡。

因此，谈判主体地位不明确，谈判力的基调"资强劳弱"以及谈判结构的不合理，造成了我国的谈判力失衡的劳资谈判。这样的谈判无法使劳资关系从冲突走向合作，需要由第三方政府来引导谈判力的平衡以此来构建谈判力平衡的劳资谈判。然而由于我国政府的行为偏差导致没能有效地平衡劳资谈判力。首先是政府职能转变不到位的问题；其次是保障个人劳权的制度问题；最后是谈判结构的问题，其中公司治理结构也未能有效平衡谈判力。股权集中是特定的上市阶段造成的，独立董事制度是学习英美模式，监事会制度是来源于大陆模式的德国。但在学习国外治理结构的经验时，首先要明确需要解决我国什么问题。我国企业内部突出的矛盾是股权过度集中造成管理层和控制性股东的联盟对其他要素所有者权益的侵占问题。因此，公司治理结构怎么样拆解强强结盟，加强弱弱结盟以平衡劳资谈判力是重点。而我国的公司治理不仅没有拆解强强联盟，反而使资方的谈判力更加强大。因此我国政府需要以平衡劳资谈判力为改革思路，在现阶段要拆解强强联盟，加强弱弱联盟，加强弱势主体的谈判力。

本书第七篇主要就是沿着这一思路来论述我国政府的行为选择与我国劳资谈判力的平衡。从发达国家处理劳资关系的历史来看，劳资冲突的有效解决与和劳资关系的平衡发展是战后发达国家迅速发展的成功经验。劳资集体谈判是劳资冲突解决的途径，而构建平衡的劳资谈判还需要依靠政府的力量。中国作为后起的国家，经济的发展需要政府在建立合作和谐型劳动关系中起协调的作用。

政府对劳资关系的引导，最根本还是要建立平衡劳资的博弈机制，即构造平衡的劳资谈判，以促进劳资双方由冲突走向合作。首先要转换政府职能；其次是系统性增强劳动者的谈判力，《劳动法》《社会保障法》等制度的改革的方向应该出台以平衡谈判力为主的法条，而不是具体涉及劳资具体事务的法条；再次要构造合理的谈判结构，构建合理的谈判结构包括用《工会法》明确谈判的主体地位与谈判级别，完善其他弱势主体的结盟法律。为什么研究劳资关系时需要研究其他弱势群体诸如小股东的结盟，原因在于小股东的结盟可以在一定程度上制衡大股东的力量；最后用《公司法》对公司治理进行重构——共同治理。虽然业界普遍认为利益相关者理论是共同治理的基础，但本书根据我国实际情况，从企业内部劳资冲突入手，从促进合作效率角度得出共同治理的结论具有更深的意义。

第三章

国内外研究现状

关于劳资关系从冲突到合作的转化研究,学界一般从三个角度入手。一是从现代管理理论的角度,通过完善管理来解决劳资冲突;二是从博弈论角度,通过劳资重复博弈或者合作博弈使劳资冲突走向合作;三是通过集体谈判来解决劳资冲突。

第一节 国外研究现状

一 从现代管理理论角度研究解决劳资冲突

管理理论认为劳资之间不存在根本的利益冲突,其认为劳资冲突源于管理不善(Jacoby, 1985),并认为劳资双方能够实现利益一致(Jones, kato, 1997; Blasi et al., 1997),劳资冲突能够得到有效缓解(Hambrick, 1987; Kaufman, Lewin, 1998),权力失衡有逐渐消失的趋势(O'Reilly et al., 1989; Huselid, 1995; O'Reilly, Chatman, 1996; Ulrich, 1997; Zhao, 2008)。人力资源管理从劳资关系管理角度出发更倾向于通过完善管理和组织创新来解决劳资双方的利益分歧。[1]

二 从博弈论角度研究劳资冲突到合作的转化

从重复博弈的角度,通过重复博弈(Friedman, 1971; Fuden-

---

[1] 赵曙明:《国外集体谈判研究现状述评及展望》,《外国经济与管理》2012年第1期。

berg，Maskin，1986），以及与重复博弈相关的声誉机制达到合作秩序（Kreps，Milgrom，Robert，Wilson，1982；Andreoni，Miller，1993；Nowak，Sigmund，1998）。Miller（中译本，2006）不仅研究了重复博弈带来的合作可能性，还分析了企业内纵向合作与横向合作的困境以及合作的不确定性。由于西方国家普遍实行集体谈判制度来解决劳资冲突，因此从重复博弈角度来研究劳资冲突的较少，一般主要把重复博弈运用在集体谈判中对谈判过程的分析。例如 Espinosa，Rhee（1989）在分析有效谈判模型怎么强加于雇主提高工资的同时又使雇主保持或者提高就业的问题时，认为重复博弈中惩罚的可能性会加强有效谈判的结果。Kahn（1993）认为，正如重复博弈所预测的那样，美国工会更有可能签署长期合作的劳动协定。①

从合作博弈的角度来解释合作行为。莫林在合作博弈领域中从事研究多年，其著作《合作决策定理》（1988），《合作的微观经济学：一种博弈论的阐释》（1995），以及《公平分配与集体福利》（2003）等系统的解释了市场经济体系中人类合作行为的可能性以及用合作博弈的理论来研究组织的形成。青木昌彦（中译本，2005）把合作博弈论运用到企业，将企业看作是股东和雇员所有者形成的联盟，并建立了企业内部合作博弈的模型。

三 通过集体谈判机制达成劳资冲突向合作的转化

集体谈判的研究主要集中在西方国家的原因在于作为研究样本的"集体谈判"已经是实验了一个世纪且被历史证明的有效的使劳资关系从冲突到合作的转化机制，研究存在丰富的素材。

虽然集体谈判制度在管理学派等不同的学派中都有所研究，但产业关系与集体谈判的研究一直交织在一起。产业关系视角是从产业经济学和制度经济学理论出发解决劳资冲突问题而形成的，该理论认为劳资冲突由来已久且影响广泛（Bendix，1956），劳资冲突

---

① ［美］奥利·阿申费尔特、［美］戴维·卡德：《劳动经济学手册》（第3A卷），宋玥等译，经济科学出版社2011年版，第126页。

源于劳资双方的权力失衡（Dunlop，1957；Bakke et al.，1967），需要集体谈判制度介入来调整（Dubin，1954；Denenberg，Braverman，1999）。

早期的集体谈判研究主要集中在集体谈判的功能、作用、模式等方面。关于集体谈判对消解劳资冲突的作用，Dubin（1954）认为集体谈判作为一种社会程序，不断地用一种有秩序的方式将分歧转变成一致，它创造了解决产业冲突的一种可靠手段，是劳资冲突制度化的伟大社会发明。Burawoy（1979）认为集体讨价还价一方面取代了来自不同生产代理人之间的冲突，另一方面在协商的框架中重组了冲突。

关于集体谈判模型的研究，Dunlop（1944）和 Leontief（1946）提出了"非合作博弈的工资和就业的议价模型"；Shapiro，Stiglitz（1984）提出了"效率工资模型"，Gibbons（1992）用非合作博弈方法重写了"效率工资模型"，以及 Nilkell，Andrews（1983）提出了"管理权模型"；Mcdonald，Solow（1981）提出了"效率议价模型"等。[1]

由于被普遍接受的管理权模型和效率模型只研究了单个工会与单个企业，谈判结构没有在模型中得到研究。随着集体谈判结构的变化所导致的不同的谈判结果，集体谈判研究重心也随之发生转变。目前集体谈判"前沿"研究主要集中在谈判结构的研究。

对谈判结构的研究应首先研究谈判力以及谈判力的影响因素。Bacharach，Lawler（1981）认为谈判力"Bargaining power"是"在集体谈判理论中被模糊分析的概念"。Rubin，Brown（1975）认为谈判力是一种"复杂的现象"。Katz（1995）认为谈判力分为两个方面，即劳资双方总体的谈判力量和两方各自的相对谈判力量。对谈判力影响因素的研究，Fossumn（1982）认为影响谈判力量有两个方面，即权力固有当事人的经济地位、属性和谈判代表的谈判技巧。Scheuch（1981）认为讨价还价的能力取决于产品和劳动力市

---

[1] 赵小仕：《劳动关系中的集体谈判机制研究》，《当代经济管理》2009年第7期。

场约束的水平，谈判是否遵循模式谈判，以及各方发起、耐受力、停工斗争的意愿。Kochan（1980）描绘了结构的、环境的、组织的、管理的力量影响集体谈判的结果，认为"三种因素"影响结果。Katz（1995）认为劳资双方的总体力量由雇主面临的竞争程度和经济的整体状况所决定；劳资的相对谈判力量主要受工会及其成员撤出劳动等因素的影响；Wright（2000）认为工人有两种讨价还价能力，包括"市场讨价还价能力"与"工作现场的讨价还价能力"。Bowles（中译本，2006）认为谈判力受偏好、信念、制度的影响。

对集体谈判结构的研究，西方学者重点研究谈判结构对谈判的结果即工资、就业的影响，以及某种特定的制度性谈判结构如何形成。[①] Jack Fiorito，Wallace E. Hendricks（1987）分析了不同的谈判级别对谈判结果的影响，认为谈判的集中度越高，谈判结果的有效性越高，他具体分析了国家级别谈判对谈判结果的影响。Katz（1993）分析了集体谈判权力结构的变化，以及组织结构的分权化趋势。Wright（2000）认为工人对抗力量中"结社力量"（structural power）来自工人形成的集体组织。Flanagan（1999）认为集体谈判结构包括工会密度、谈判覆盖率以及谈判协作等因素。Aidt, Tzannatos（2008）对比了19个OECD国家1970年、1980年、1994年和2000年的工会密度和谈判覆盖率数据，发现工会密度在过去几十年中是不断下降的；并把难以衡量的谈判协作因素细分为六个因素即工会的集权化程度、工会的集中度、雇员的集权化程度、谈判层面、非正式的协作以及其他方面。W. N. Cooke（2005）运用囚徒困境模型研究了在全球化背景下，集体谈判结构在跨国情况下的工会联盟问题。

四 评论

第一，管理理论虽然揭示了管理手段在解决劳资冲突中的作用，

[①] 谭浩：《集体谈判的相关理论综述》，《首都经济贸易大学学报》2005年第5期。

但是其认为劳资之间的冲突不是根本的利益冲突，因此其管理手段没有从劳资冲突的根本原因入手，无论是监督还是激励的手段都无法充分调动劳动者的主动性，其管理的手段只能缓和劳资冲突而不能达到劳资合作的状态。

第二，在集体谈判研究中，联盟是劳资谈判结构中非常重要的影响因素。西方学者对谈判结构的研究主要涉及的是同种要素主体的联盟范围与结构，比如雇员的联盟范围是企业级别还是行业级别，工会覆盖率等；其对不同要素主体的联盟情况只是粗略的涉及，例如管理者与工会的关系；但谈判结构并没有从此处深入下去研究，例如没有涉及股东群体的分化，以及管理者的位置对劳资形成不同的联盟结构的影响；特别是没有关注企业内部的联盟结构情况，诸如企业内部的公司治理结构对劳资形成不同联盟结构的影响。

第三，西方学者对集体谈判结构的研究多是从实证分析的角度说明了不同谈判结构对谈判结果的影响，证明了谈判结构的重要性；但是理论分析较少，怎样系统解释为什么不同的谈判结构会带来不同谈判结果，即谈判结构对谈判结果的影响缺乏系统的理论支撑。

第二节　国内研究现状

我国公有制企业由"利益一体化"的关系向利益多元化转变，劳资的矛盾凸显；同时私营企业劳资双方力量对比严重失衡，劳资矛盾日益激化。因此，面临劳资关系新形势，我国学者对劳资关系进行了大量的研究。

一　对国有企业的劳资关系的研究

平萍（1999）认为国有企业产权改革后，职工群众作为追求利益的主体，对企业的依赖性不断增强，对经济收入也更加关注；职工之间收入差距的不断扩大，对企业劳资利益关系会产生消极影响。① 刘建洲（2006）从劳动者的角度和管理者的角度分析了国有企业的劳资利益关系，认为国有企业改制中产权先行、劳权虚置的改革逻辑引发了劳动关系中的结构性问题，企业劳动者和管理者利益分化比较明显，劳动者和管理者的利益差距在加大。② 陈微波（2011）认为由于政府在国有企业劳动关系中具有"隐性雇主"的角色，因此，可以将我国国有企业劳动关系重新定位为"公营部门"劳动关系。③ 康静萍（2012）认为改制后的国有企业劳动关系由以行政型为主向以契约型为主转变，企业劳动关系由利益一体型向利益冲突型转变。契约型的劳动关系不利于初次分配中公平的实现，因此，有必要通过完善集体谈判制度等改革措施构建新的劳动关系协调机制。④

二 对私营企业的劳资冲突的研究

郭军（2004）认为现阶段侵害劳动者权益的经营者得不到应有的惩罚，"侵权几乎没有任何成本"，所以必须增加政府的"执法力度和惩罚力度"来增加他们的侵权成本。⑤ 夏小林（2004）认为私营企业的劳资关系是雇主主导的劳资关系，其劳资矛盾的发展水平已经到了不容忽视的程度，失衡的劳资关系在发挥着某种基础性的催化作用，私营部门的发展已经面临着发自内部的动荡的劳资关系的挑战。⑥ 许峰（2004）深入分析了民营企业劳资关系的特点，认为民营企业劳资

---

① 平萍：《制度转型中的国有企业：产权形式的变化与车间政治的转变——关于国有企业研究的社会学述评》，《社会学研究》1999年第3期。

② 刘建洲：《新形势下国有企业劳动关系研究：一个管理者视角的分析》，《学术探索》2006年第8期。

③ 陈微波：《公营部门劳动关系：对我国国有企业劳动关系的重新定位》，《现代经济探讨》2011年第12期。

④ 康静萍：《改制后的国有企业劳动关系特征及其协调机制研究——基于公平分配的视角》，《教学与研究》2012年4期。

⑤ 本刊记者：《关注中国劳动关系问题——转型时期劳动关系问题高层研讨会专家发言摘要》，《中国劳动》2004年第4期。

⑥ 夏小林：《私营部门：劳资关系及其协调机制》，《管理世界》2004年第6期。

关系具有"不平等性与不平衡性"。从表面上看,业主与雇员是平等自愿组合的,但由于劳动力市场供给大于需求,企业在用工上有更多选择权,雇员更多的是被迫合作。在一些劳动密集型企业的小企业中,劳资双方力量对比严重失衡,劳动者处境堪忧,劳资矛盾日益激化。[1] 姚先国(2005)把民营企业的劳资关系概括为"相对的弱资本与绝对的弱劳动"。与国资、外资的市场实力相比,民营资本起步晚、起点低、地位羸弱,是"相对的弱资本"。由于资本要完成原始积累,于是"抽刀向更弱者",把成本和损失转嫁到更弱的劳工身上,由此造成对劳动者尤其是对农民工的伤害。[2]

三 对劳资关系中政府行为的研究

程延园(2002)认为,政府在劳资关系中主要扮演五种角色和职能:(1)劳动者基本权利的保护者或管制者;(2)雇员参与集体谈判的促进者;(3)劳动争议的调停者或仲裁者;(4)就业保障与人力资源的规划者;(5)公共部门的雇佣者。[3] 夏小林(2004)指出,治理劳资关系首先要"治吏"。解决政府目标与行为的二元结构偏差,端正目标,强化理性干预机制。在法律法规体系和工会、雇主组织发育都不完备的市场中,对日益凸显的劳资矛盾,政府应该发挥行政优势,先形成政府主导型的劳资关系调整模式,再逐步向非政府组织的劳资关系调整转移,政府实行适当监管和裁判。[4] 杨瑞龙(2004)认为政府作为劳资关系的第三方主体,在保护劳方合法权益方面的不力,必然导致劳方选择契约的其他执行方法,使得契约的实施由"公共强制"倒回"私人秩序"进而导致暴力的无序使用,危及社会稳定。[5] 李全彩、赵人坤(2009)认为只有重新确认政府在劳动者权益

---

[1] 许峰:《我国民营企业劳资现状、问题及对策》,《经济纵横》2004年第8期。
[2] 姚先国:《民营经济发展与劳资关系调整》,《浙江社会科学》2005年第2期。
[3] 程延园:《政府在劳动关系中的角色思考》,《中国劳动保障报》2002年12月10日第3版。
[4] 夏小林:《私营部门:劳资关系及其协调机制》,《管理世界》2004年第6期。
[5] 杨瑞龙:《正式契约的第三方实施与权力最优化》,《经济研究》2004年第5期。

保护中的作用与地位，加强法制宣传和执法力度，积极有效开展社会公德意识建设，才能制止对劳动者权益的侵害，有效建立和谐的劳资关系。①

四 采用定量的方法来研究劳资关系

张衔（2012）通过企业调研，运用定量的研究方法建立了影响劳资关系因素的结构方程模型。模型显示劳动报酬、劳动条件、劳动合同与用工、劳资关系协调机制、企业性质与劳资关系正相关，劳动者素质与劳资关系负相关。②

五 对劳资合作的研究

崔向阳（2007）探索了劳资合作的平等性定理、长期性定理以及劳资双方在博弈司法制度、行政权力、社会资本的在多个领域进行的制度嵌入性。吕景春（2009）认为劳资双方利益的帕累托改进则是双方能够产生合作的基本动因；在分析劳资双方的行为偏好基础上，对劳资合作博弈过程中双方利益的帕累托改进及其合作边界展开探讨。③张利萍（2010）系统学角度，尝试性地探索了现阶段我国私营企业中劳资合作的可行性，并给出劳资合作的定义即劳资合作是一个动态的概念，表示由"初始合作"向"目标合作"转变的过程。"初始合作"，属于"合作"含义的例外，是合作主体中一方施加强迫和另一方无奈顺从的情形。"目标合作"是合作双方在外力作用下，合作各方的内因发生变化，形成理想的合作形态。④

---

① 李全彩、赵人坤：《当代中国劳动者身份与劳动者权益维护的价值取向》，《山东大学学报》（哲学社会科学版）2009 年第 4 期。

② 徐晓红：《正视矛盾、构建平衡、合作共赢——"劳资关系与社会和谐学术研讨会"综述》，《教学与研究》2012 年第 1 期。

③ 吕景春：《论劳资合作博弈中利益的帕累托改进——基于"和谐劳动关系"的分析视角》，《经济学家》2009 年第 4 期。

④ 张利萍：《系统论视域下私营企业劳资合作的内部动因分析》，《当代世界与社会主义》2010 年第 3 期。

六 对劳资关系从冲突到合作转化机制的研究

很多学者从"重复博弈"的角度研究劳资关系从冲突到合作的转化，认为解决劳资"囚徒困境"的途径是在长期合同条件下建立重复博弈机制。劳资由于考虑长期利益关系，单次"冲突"所带来的短期利润在无限次重复博弈中将变得微不足道，冲突不仅牺牲了对方的利益，同时也有损于己方的长期利益，从而有可能都选择合作的策略，达到"合作"的成功。崔晓丽、孙绍荣（2009）通过对不同的员工行为的转变过程进行数学建模分析，构建了无固定期限劳动合同制度的劳资博弈模型。[①] 李玉燕（2011）对我国私营企业劳资博弈的囚徒困境进行分析，认为建立长期合作机制是走出囚徒困境的解。[②] 韦倩（2008）使用了一个无限次重复博弈模型来解释企业可以通过长期博弈效应以实现雇主和雇员之间的合作；同时声誉机制、激励与惩罚效应也是企业合作的机制。

由于合作博弈引起我国学者关注时间还不长，因此用"合作博弈"的方法来进行组织的研究还处于零散的状态。董保民、王运通、郭桂霞（2008）对合作博弈理论进行了细致的介绍与分析。张朋柱、叶红心（2006）对合作博弈理论在经济政治活动中的应用进行了具体的例证分析。洪银兴（2003）从合作博弈的角度研究了企业治理结构。李书金、张强、任志波（2006）从合作博弈的角度研究了企业组织管理。卢周来（2009）研究了合作博弈框架下企业内部权力的分配。

由于我国推行集体谈判制度时间不长，因此对"集体谈判"的研究一方面主要集中在介绍国外集体谈判的理论与经验，如程延园（2003，2004，2009）、谭浩（2005）、蔡彤（2009）、赵小仕（2009）、陆雪琴和张旭昆（2011）；另一方面，在对运用集体谈判理

[①] 崔晓丽、孙绍荣：《无固定期限劳动合同制度下劳资博弈及临界点研究》，《企业经济》2009年第6期。

[②] 李玉燕：《我国私营企业劳资博弈的囚徒困境及其求解》，《西安财经学院学报》2011年第5期。

论解决我国劳资冲突的研究上，主要集中在解决"谈判主体——工会"存在的问题。姚先国（2004）认为，目前工会独立性不够，总体上影响力不强，对争取工资上升没有什么影响，但在维护劳动者社会福利保障、劳动合同签订等权益方面具有积极作用。任小平、许晓军（2009）认为劳资协商是劳资博弈中最重要的内容，有效的制度救济可以弥补工会等博弈劣势，使工会在劳资博弈中产生主动性。常凯等（2011）认为中国的劳动关系正在由个别劳动关系向集体劳动关系转变。政府、企业和工会都需要转型，并建立集体劳权的法律。[①] 郭铁民（2008）认为解决劳资问题，需要从经济、政治和社会多方面统筹兼顾，包括加强立法来规范劳动合同，以及建立真正代表工人利益的工会组织。[②] 王荣武、李红（2012）考察了集体协商谈判与劳动力市场效率的关系后发现，工会的"独立性"与"力量"是企业集体谈判开展的重要条件；平衡劳资双方的力量必须要提高工会的独立性。[③]

七 评论

第一，我国学者对劳资关系的研究已经取得了一定的成果，由于我国多种所有制并存，因此劳资关系的研究多从转轨时期的国企、私企、外企出发研究不同所有制形式下的劳资冲突的特点；对劳资冲突研究较多，而对劳资的合作研究相对薄弱。

第二，对劳资从冲突到合作的转化机制研究也存在一些问题。有一部分学者集中在重复博弈的机制；但是本书研究发现，"囚徒困境"有一个前提即其是一个对称博弈，可以理解为两个囚徒的实力是相等的。因此"囚徒困境"还不能完全接近于劳资冲突的真实情况，因为这和资方与劳方存在着势力不均衡的情况迥异。在劳资重复博弈中，

[①] 常凯、邱婕：《中国劳动关系转型与劳动法治重点——从〈劳动合同法〉实施三周年谈起》，《探索与争鸣》2011 年第 10 期。

[②] 丁晓钦：《当代世界劳资关系的政治经济学观察——世界政治经济学学会第二届论坛综述》，《马克思主义研究》2008 年第 2 期。

[③] 王荣武、李红：《集体协商谈判与劳动力市场效率》，《商业研究》2002 年第 8 期。

若劳方在第一阶段被对方剥削,则从第二阶段开始,理性的劳方将不再与之合作,由此对资方产生威胁;但是在资强劳弱的情况下劳方的退出威胁是不可信的,因此在劳资实力失衡的条件下,期望用重复博弈来解决劳资冲突是低效率的。我国学者在套用重复博弈机制解决劳资冲突时,忽视了这样的理论前提。现阶段我国学者通过合作博弈解决社会冲突的研究较多,劳资冲突的研究较少,其中一些学者借用了合作博弈的概念但是却没有用该理论来研究问题。

第三,由于我国刚推行集体谈判制度的时间不长,因此对集体谈判的研究主要是介绍国外集体谈判的理论与经验,对我国集体谈判存在的问题也多集中在谈判主体"工会"的研究上。由于缺乏集体谈判样本的观测,我国学者对集体谈判的"谈判力"与"谈判结构"等关键因素还没有进行深入的研究。对政府在劳资关系中的作用的研究,也多是介绍国外模式与经验,没有系统地分析不同的国家政府为什么会存在有不同的劳资关系调节模式。

第四章

研究的主要方法及创新

第一节 研究的主要方法

第一，辩证分析法。本书以劳资关系为分析对象，明确了劳资冲突与合作的本质，指出了劳资谈判力平衡与失衡的劳资博弈的演进路径，为政府构造谈判力平衡的劳资谈判框架提出了政策建议，揭示了企业内部劳资关系怎样从冲突走向合作演变的运动规律。

第二，比较制度分析法。由于我国公司治理以及工会的发展都是强制性制度变迁的结果，这种变迁过程决定了我国不能照搬国外的某种经验模式，而必须在比较借鉴的基础上加以消化吸收。本书通过与美、德、日等国家相关制度的比较，来构建适合我国的道路。

第三，规范分析方法。本书以马克思经典理论作为价值判断的出发点和落脚点，深入研究了企业劳资冲突的本质，指出了劳资合作的利益帕累托改进与劳资合作关系的关联性，对政府"应该"选择哪种平衡劳资谈判力的措施做出判断，并深入分析了为什么要选择这种措施的理由。

第四，静态分析与动态分析相结合。由于市场环境等不同因素导致了企业劳资谈判力的不断变化与企业治理模式的不断发展，因此本书对基本概念用静态分析法进行了定义；在研究企业内部谈判力的变化与企业治理模式等问题更多的倾向用动态分析法来分析。

第五，博弈分析方法。本书用博弈分析法分析出解决劳资冲突的方法，从而提出谈判的路径是劳资冲突走向合作最佳的选择；利用合作博弈中N人谈判可能出现的联盟，提出了谈判结构是改变劳资谈判力的重要因素；运用演化博弈的方法对谈判力平衡和失衡两种情况的演化路径进行分析，提出了政府必须构造谈判力均衡的劳资谈判的政策建议。

第二节 可能的创新点与不足

本书以马克思经典理论为基础，借鉴了西方主流企业理论、劳资关系理论、博弈理论，深入研究了企业劳资关系与政府的行为选择问题。主要创新点集中在以下几点：

第一，本书把企业看成一个 N 人联盟。在研究劳资关系时，坚持了以劳资双方为主线的研究传统，同时把劳资关系扩展到劳方的分化与联盟情况，资方的分化与联盟情况，以及与其他要素主体的联盟情况；并把合作博弈的联盟思想作为集体谈判中谈判结构研究的理论基础，系统地解释了为什么不同的谈判结构会导致不同的谈判结果，从而完善了集体谈判的理论体系。

第二，本书补充说明了"囚徒困境"和"重复博弈"作为研究劳资关系的理论前提，修正了学界套用这两个模型不考虑模型假设的做法。通过建立"动态复制模型"分析了谈判力平衡与失衡两种情况下劳资谈判的演化结果，从而提出了解决劳资冲突必须构造"谈判力平衡的劳资谈判"这一结论。沿着这一思路，本书分析了我国政府在干预劳资关系时所存在的行为偏差，提出了政府应构建劳资谈判力平衡的制度安排这一政策建议。由于平衡劳资谈判力是一个系统工程，仅靠一部劳动法是不够的，还应包括更为广泛的制度安排，从而弥补了学界研究的不足。

第三，本书把公司治理结构看成是形成要素主体不同联盟的机制，由于公司治理结构可以影响劳资谈判结构；因此，合理的公司治理结构是平衡劳资谈判力的有效机制。同时从平衡劳资谈判力的角度，分析了美国、德国、日本虽然采取不同的公司治理结构，但共性是为了形成适合的公司治理结构来平衡劳资谈判力。

第四，本书从平衡劳资谈判力这一角度，提出了我国公司治理结构应采取共同治理的结论。虽然学界普遍认为利益相关者理论是共同治理的基础，但与利益相关者理论相比，本书从企业内部劳资冲突入手，把共同治理作为平衡劳资谈判力的手段，从促进企业合作效率的角度来推导出我国应该采取共同治理模式的结论具有更深的意义。

　　限于理论素养与知识积累的不足，本书存在若干有待改进的地方：对西方主流企业理论的反思深度不足；对现代经济学中博弈工具的运用还不熟练，特别是博弈论的前沿"动态博弈"的理解还不够深入，造成文中许多观点未能进行更深一层的阐释。运用动态博弈对劳资谈判的时点选取的分析，是本书以后研究努力的方向。

第二篇
劳资关系相关理论综述

第一章

西方主流劳资关系理论及评析

在世界经济日益全球化的今天,劳资作为企业中两大利益主体,他们之间的冲突与合作决定着企业是否良好运行,决定着经济是否平稳发展。那么劳资为什么会冲突?为什么会合作?其他要素主体与劳资双方的关系会对劳资关系产生怎么样的影响?传统的经济理论有没有给出答案呢?本书先来梳理一下主流经济理论中关于劳资关系的研究成果与不足。

第一节 理论回溯

一 古典企业理论

关于劳资关系的早期论述可以追溯到英国古典经济学家亚当·斯密(Adam Smith)1776年出版的《国民财富的性质和原因的研究》。该著作总结了近代初期各国资本主义发展的经验,把有关国民经济运动过程、国民财富的性质及产生、发展条件的研究形成了理论体系,同时把劳资关系作为一种社会问题进行研究。

斯密以分工为逻辑起点,论证了社会分工;关注了劳资双方的利益冲突和力量对比,以及劳工联合、资本家联合对劳动工资形成的作用。他认为劳动是财富的源泉,"但劳动者独享全部劳动生产物的这种原始状态,一到有了土地私有和资本积累,就宣告结束了"[①]。他说

[①] [英]亚当·斯密:《国民财富的性质和原因的研究》,郭大力等译,商务印书馆1972年版,第59页。

明了劳资双方的冲突是根本的利益冲突,由于劳动所创造的价值只有在扣除工资以后才提供利润和地租,劳资双方不可避免地存在着矛盾和冲突。劳动者的工资主要由劳资双方所签订的合同决定,劳动者希望多得,因此为提高工资而联合;雇主盼望少给,因此为降低工资而联合。斯密看到了劳资双方力量格局的非均衡性以及结果的不公平性。其原因在于:首先,工人在经济上的维持能力相对来说总比不上老板,同时雇主对劳动者的需要远没有劳动者对雇主的需要那样迫切;其次,雇主的人数较少,团结较易;但劳动者的联合往往以组织者受到惩罚而告终;最后,雇主的联合为法律所公认,但劳动者的结合却为法律所禁止。正因为劳资双方力量的不平衡,面对势力强大的雇主团体,在劳资双方利益冲突和斗争中,劳动者往往处于不利地位。

斯密还从社会公平的方面阐述了劳资关系问题。他写道:"有大部分成员陷于贫困悲惨状态的社会,绝不能说是繁荣幸福的社会,供给社会全体衣食住的人,在自身劳动生产物中,分享一部分,使自己得到过得去的衣食住条件,才算是公正。"[1] 因此,他认为占社会比例大部分的普通劳动者的生活状况的改善,对整个社会才是公平的。

虽然斯密已经认识到分工的一般性与劳资关系可能存在的不平等,但却没有看到分工中资本雇佣劳动的生产关系萌芽,其仍然认为劳动者与生产资料的结合是一个市场自由交易的过程,劳资双方都充分享有这种交易自由。因此,斯密反对政府的干预,重视市场的调节作用,这个思想以后被新古典经济学所继承,贯穿于整个主流经济学之中。

二 新古典经济学

新古典经济学产生于二十世纪二三十年代之前的自由资本主义阶

---

[1] [英] 亚当·斯密:《国民财富的性质和原因的研究》,郭大力等译,商务印书馆1972年版,第72页。

段。在新古典经济学的框架中，企业完全是一个由外生技术决定的生产函数。企业被当成是追求利润的经济人，其决策和行为都是围绕"利润最大化"，$Y = f(X)$，其中 $Y = (y_1, y_2, \cdots, y_n)$ 表示产出；$X = (x_1, x_2, \cdots, x)$ 表示投入的各种生产要素。利润最大化可以表述成：

$$Max\pi = pf(x) - wx$$

式中，p，w 分别表示产品和生产要素的市场价格。在新古典的完全竞争市场中，由于企业众多、同质、竞争激烈，因此企业只是价格的接受者。要素市场决定要素价格，如资本和劳动的报酬由要素市场决定；产品市场决定企业产品的销售价格。那么要使企业利润最大化就必然按照 $VMP = P$ 的原则来配置生产要素，即生产要素的边际产品价值等于产品市场价格。从销售收入中减去各种市场生产要素的报酬，剩余的就是利润（准租金），完全由股东享有，只有资本所有者是参与企业内部分配的，所以除资本之外的其他要素所有者虽然形式进入企业，但又仿佛在企业之外。总之，新古典经济学中劳资关系表现出如下几个特征：

第一，企业内各要素所有者没有利益冲突，更没有劳资冲突，利益冲突已经在市场被解决。劳动和资本的关系也只是表现成生产要素之间的技术经济关系，表现为劳资双方自由、平等的交换关系。雇员根据其能力与努力，最终获得与其匹配的职位与收入，雇主提供市场水平的工资从而实现利润最大化；若雇员不满意，可以自由的退出；作为平等交换的另一方资方不满意也可以自由的辞退工人。劳资双方完全通过市场机制实现自己的利益，社会财富在各要素所有者之间按照生产贡献（即边际生力）原则进行分配，从而使每个人都可以在帕累托最优条件下实现效用最大化，因此企业没有利益冲突。

第二，企业以"股东利润最大化"为目标。工人的利益只出现在劳动供给函数形式中，管理者必须就劳动供给函数作出调整，以确定最优解，实现股东利益最大化，正如范里安（Varian）在《微观经济学：现代观点》中所描述的："在资本主义经济中，企业归个人所有。

企业是惟一的法人；最终，企业的所有者要为企业行为的负责，这样，企业的所有者是企业行为的收益的获得者和代价的付出者。"①因此，在新古典经济学的框架中，忽视劳动者利益的股东利润最大化潜藏着劳动者不合作的因素。

第三，关于要素结盟对劳资关系影响方面，新古典学派认为市场是决定就业状况及劳资关系的关键性因素，但是劳动者联盟形成的工会所起的作用是负面的。工会实质上是劳动力供给方垄断组织，工会人为垄断控制劳动力供给数量，以此来提高劳动力要素价格，从而使劳动力市场力量失衡。工会破坏了劳动力市场的自由流动，干扰了资方与劳方之间的直接联系，破坏了劳资关系的稳定发展。工会垄断力量虽然在短期中可以暂时提高工人的工资，但由于增加了资方成本，降低了工厂在产品市场上竞争地位以及盈利能力，因此同时会削弱雇主对雇员工作保障的能力。

三 新制度经济学

（一）交易成本学派

科斯（Coase）是新制度学派的开创者，他把企业理解为不同于新古典经济学中市场交易的一组契约，从而打开企业这个"黑箱"，让我们把视线从市场转向企业内部，从而拓展出一个新的研究视角和空间，使我们能够更加精细地研究和揭示企业的内在规律。在科斯看来，"企业的本质特征是对价格机制的取代"（Coase, 1937），企业是以某种权威来指导资源配置的特殊组织，即以企业家为指挥中心的生产系统，企业存在着命令与服从，劳动雇佣契约关系是企业的重要的特征，但这些涉及劳资本质的研究，很快就被"交易成本"的光芒所掩盖，因为交易成本范式能更好地融入了主流经济学资源配置中。因此，科斯认为交易成本引起资源配置效率障碍，解决了交易成本就能更好地进行资源配置，因而降低交易成本以及寻找交易成本的来源成

---

① ［美］范里安：《微观经济学：现代观点》，费方域译，上海人民出版社2007年版，第272页。

了经济学家研究的重点。

威廉姆森等人（Williamson，1971，1975，1985；Klein，et al.，1978）更加深入地研究了交易成本产生的原因，使科斯的思想得以传承。由于交易成本会引起资源配置效率的障碍，所以解决了交易成本就能更好地进行资源配置。因此，新制度学派研究的重点转向寻找交易成本的来源以及降低交易成本。威廉姆森放松了新古典行为假设的同时也找到了交易成本的来源。第一个假设是有限理性，是指决策者在处理信息以及预测未来的能力方面是有限的，因此交易成本主要是源于人的有限理性和机会主义倾向；第二个假设是机会主义，如果组织中的参与者能够用撒谎、欺骗来隐藏、歪曲信息甚至偷盗，那么他们为了自己的利益就将这样做。由于他们把交易成本的主要来源归结为各种机会主义行为，并把机会主义与专用性投资相关的"敲竹杠"风险相联系，从而将企业理论的研究焦点集中在如何防止或弱化机会主义行为对专用性投资的危害上。怎么解决机会主义所引起的交易成本呢？威廉姆森提出了实行某种契约安排，这种契约安排能够阻止企业中各方形成单方面的资产专用性以及再利用它为自己谋利的机会主义情况的发生。因此，交易费用经济学试图将信息约束的思想与利益冲突的思想结合起来。

（二）委托—代理理论

委托—代理理论是20世纪60年代末70年代初一些经济学家深入研究企业内部信息不对称和激励问题发展起来的。詹森和麦克林（Jensen，Meckling，1972，1976）认为企业的信息问题是冲突中的行为人故意的、策略性歪曲的产物，而不是个体和组织的认知或组织性约束中所固有的问题。因此，委托—代理理论中心任务是研究在利益相冲突和信息不对称的环境下，委托人如何通过设计最优契约激励代理人。

委托—代理理论重点研究公司股东（委托人）与管理者（代理人）之间的利益冲突关系。"委托人"是公司股东，这是延续了主流经济学的一个传统。其认为代理人存在弄虚作假和偷懒的可能性，代理人的"道德风险"是企业内部矛盾产生的原因，其侵占了资本的利益，而信息劣势的资本（委托人）却不能发现代理人的道德风险，或者说，代理人利用了委托人的代理劣势，运用"道德风险"侵占了资本利益。解决这一问题的方式是委托人和代理人自愿地订立有约束力的契约以诱使代理人与委托人的利益一致。由于这些契约将各种或然事件都涵盖在其中，因此被称为"完全契约"（complete contract）。在这种逻辑下，激励理论与机制设计理论得到了长足的发展。因此，委托—代理理论通过强调委托人与代理人的利益冲突，强调契约解决信息问题，促使研究者对激励补偿机制进行更加精细的研究。

（三）团队理论

在委托代理框架下对企业的理解，忽视了生产活动的一个重要特性即团队生产的性质。因此，阿尔钦和德姆塞茨（Alchian, Demsetz, 1972）研究了团队生产，补充了这一空白。他们认为在团队生产中测定每种生产要素的边际生产力并据此支付报酬将变得十分困难，原因在于自利的当事人发现自己只承担"避责行为"（比如偷懒）的部分损失，但却独自享受该行为的全部好处。这样一来，如果对这些避责行为监督不力，就会导致整个团队生产效率的低下。与此同时，生产的团队性质也使得团队成员之间的相互监督非常困难，因此资本家就成为一个中心签约人，并具有剩余索取权。企业就成为一个能够更有效地解决团队生产中避责问题的设置。因此，企业是一组特殊的契约安排，其本质特征是生产的团队性质和中心签约人（centralized contractual agent），而并非是以命令或权威控制下的长期雇佣契约关系。

团队理论假定企业具有一个一致的偏好函数，这样虽然解决了利益冲突问题，但却不能解决信息问题。因此，团队理论关注的重点是在有限理性条件下，存在共同利益的团队如何运用信息的问题。[1] 没有利益冲突与监督者天然由资本家担任的观点，使团队理论更靠近新古典企业理论。

（四）不完全契约理论

科斯定理的一个经典的表达是无论产权属于谁，只要交易成本为

---

[1] ［美］西尔特：《企业行为理论》（第二版），李强译，中国人民大学出版社2008年版，第189页。

零，帕累托条件总是可以达到的。但是，现实中交易成本不为零，因此产权必然会影响资源配置效率，所以产权的界定是重要的。因此，交易成本与产权联系起来了。产权学派认为一个社会的经济绩效最终取决于产权安排对个人行为所提供的激励，产权安排直接影响资源配置效率。

在哈特等人看来，虽然交易成本经济学对契约的不完全性给予了高度重视，但是"它对权力是重要的观点或者制度安排是对经济主体之间权力配置设计的观点却未能给予足够的关注"[1]，从交易成本经济学研究企业的视角很难找到企业家及企业经营者支配其他生产要素（尤其是雇员）的权威或权力的坚实基础。科斯等人直接将雇佣契约作为市场普通交易契约的对立面，但是并没有解释企业家凭什么力量实现这种权威，也没有系统研究组织内部权利/权力应该如何配置。哈特等人认识到科斯等人的这一不足，从而展开对这些问题的研究。

哈特等人（Grossman, Hart, 1986; Hart, Moore, 1990）提出了一个"不完全契约"（incomplete contract）的理论框架（也称GHM理论）和"剩余控制权"这个概念来研究企业问题。企业所有权真正的含义应该是"剩余控制权"，即"可以按任何不与先前的合同、惯例或法律相违背的方式决定资产所有用法的权利"[2]。由于交易成本的存在使得"合同不可能对每一种可能情况下资产使用的所有方面都做出规定，那么谁有权利来决定合同未提及的用法"[3]，这是一个十分关键的问题。哈特等人认为这个问题的答案关键在于剩余控制权天然地归非人力资源所有者所有。因为"在契约不完全时，所有权是权力的来源"[4]，而且"对非人力资产的控制，将导致对人力资产的控制：雇员将倾向于按照他的老板的利益行动"（Hart, Moore, 1990）[5]。哈特

---

[1] [美] 哈特：《企业、合同与财务结构》，费方域译，上海人民出版社2006年版，第5页。

[2] 同上书，第35页。

[3] 同上。

[4] 同上。

[5] 同上书，第71—74页。

等人将非人力资本的所有权或控制权的配置作为研究的焦点,于是"权力"或"权威"有了明确的基础。在以"资本"为中心解释"资本雇佣劳动"之谜上,马克思企业理论与哈特的产权理论相近。

四 管理主义学派

管理主义学派从管理学角度研究劳资关系,认为员工与企业不存在根本对立的利益冲突,员工同企业的利益基本是一致的;劳资之间存在冲突的原因在于雇员认为自己始终处于被管理的从属地位,管理与服从的关系是员工产生不满的根源。

管理主义主张用"以人为本"的人力资源管理模式来调动员工积极性。工作设计改革,雇员参与改革,以及积极雇佣等措施的运用,更加强调了员工和管理方之间的相互信任和合作。当企业内部劳资双方合作程度高时,员工工作满意度增加,降低了员工消极怠工的现象与辞职率,同时提高了员工工作的积极性,提高了生产效率。管理主义认为工会只有从传统的"对立角色"向"伙伴角色"来转变,才能更好地发挥作用;但管理主义坚持雇主和雇员利益是基本一致的,并且把组织内部管理权单边的赋予管理者的思想仍然是延续了主流经济学的思潮。

对劳动者结盟即工会的态度,管理学派希望用管理策略来代替工会的作用,避免劳资冲突,使双方保持和谐的关系。一方面,由于工会的存在威胁到资方的管理权力,并给劳动关系带来不确定性,甚至是破坏性的影响,所以应尽量避免建立工会;另一方面,在已经建立工会的企业,管理方应该将工会的存在当作既定的事实,同工会领导人建立合作关系。①

五 正统多元论学派

正统多元论学派是由一些劳动经济学家和制度经济学家组成,该

---

① 程延园:《当代西方劳动关系研究学派及其观点评述》,《教学与研究》2003年第3期。

学派认为劳动力由于附属于人类个体,因此区别于一般的商品,这与新古典经济学将劳动力与其他生产要素(例如资本、土地、技术等)等同起来的思想有所不同。该学派还认为企业利润等于企业收入减去劳动者工资等成本,员工的工资与雇主的利润之间存在此消彼长的关系,因此劳动者和雇主在经济利益上存在根本的冲突;但由于劳资双方通过契约共同组成了一个组织,因此他们又有着一些"共同的组织目标"和"共同利益"。[①]

关于要素结盟对劳资关系影响方面,该学派认为古典经济学和新古典经济学假定产品市场充分竞争,但是如此理想化的产品市场在现实中并不存在。劳动力市场不完全使劳动处于弱势,因此劳资雇佣关系本质上是一种不平等的关系(资强劳弱),劳动者需要联合起来维护其权益,这个机制就是组建工会。在劳方以何种工会组织形式与资方进行集体谈判的问题上,该学派强调以更为集中的、在产业层次上的集体谈判来维护劳动者的权益。

第二节 理论评析

从新古典经济学到新制度经济学的发展,虽然本身并非一个统一的理论体系,但都一直坚持着一些偏见。

一 "股东利润最大化"目标的悖论

"股东利润最大化"一直是主流企业理论的一个追求目标。为了保障股东利益,无论是委托代理理论的机制设计还是 GHM 的"剩余控制权",把主动权都给了资本所有者。虽然正统多元论学派发出了不同于主流企业理论的声音,但是却无法撼动"股东利润最大化"的基石。

[①] 江永众、程宏伟:《劳动关系研究的多学科比较——基于劳动经济学和人力资源管理学的视角》,《学术研究》2012 年第 5 期。

委托代理理论认为投资者凭借财产所有权来选聘或解雇企业管理者，并且设计各种制度来约束和激励代理人都是为了实现股东的利益。在该分析框架中，虽然投资者的决策会受到各种约束，但是他们是老板，是制度设计者，可以通过设计激励机制，处于主动地位；相反，作为代理人的企业经营者是制度的接受者，处于被动地位。股东设计激励机制来促使代理人合作，以达到股东利润最大化的目的。

　　团队生产理论认识到许多生产活动都具有团队性质，通过提高团队的生产率来解决偷懒问题。因此需要有这样一个监督者，而这个监督者由资本家担任，他不仅拥有剩余索取权，而且还拥有改变其他人的团队成员资格和业绩的权力（Alchian, Densetz, 1972），以此来促进团队的合作达到股东利润最大化的目的。

　　不完全契约理论将资本剩余控制权视为一个关键变量，它被先验性地交给了股东，并且被当作所有权的标志；资本所有者利用"剩余控制权"控制不完全合同的"剩余"部分，以达到控制劳动者合作的目的，谋求股东利润最大化。

　　管理主义坚持雇主和雇员利益基本一致，并且把组织内部管理权单边的赋予了管理者，管理者对股东负责，并运用管理手段来激发劳动者的生产能力。

　　显然，"股东利润最大化"一直是主流企业理论的追求目标，但是，他们没有认识到在资本主义私有制和雇佣劳动制度下，剩余控制权和剩余索取权都掌握在资本所有者手中，生产资料所有权不可能惠及普通工人。在这样的制度条件下，全部剩余价值被资本家所无偿占有，造成收入分配的两极分化；劳动的利益被忽视，劳动者从而不能按照自己生产的能力来进行合作生产，造成了效率的损失，也就达不到"利润最大化"的目的。因此，股东所得到的也无法是企业最大化的利润。所以以"股东"的"利润最大化"为目标，反而达不到"利润最大化"。

二　对劳资之间利益冲突的研究模糊

　　亚当·斯密（Adam Smith, 1776）在《国富论》中关于雇员工资的讨论，就已经意识到雇主与雇工的合同本质。他提到了雇主和雇工之间的利益冲突，并且已经意识到他们之间的谈判权力是不平等的。虽然古典企业理论中注意到利益冲突，但是其研究思路并未被新古典所继承。

新古典理论从来没有正视过企业内部各要素所有者的利益冲突。新古典理论虽然假设经济参与者具有自利性，劳资双方有各自的目标和利益，但新古典经济学并没有深入到企业内部去研究劳资，而是把劳资关系暴露在市场中。劳动力的工资由劳动力市场来决定，企业利润归资本家所有，各取所需，价格解决了他们的冲突，也就不存在冲突了，那么企业就成为一个追求利润最大化的主体。新古典经济学虽然明确了两大生产要素在生产过程中的不可完全替代性，但并没有对二者在生产过程中发生的分工协作关系作具体探讨，其只是把劳资关系抽象地看成是一种经济技术关系。但是真实的企业中不仅包括多个利益不一致的要素主体，而且这些要素主体具有雇佣契约未完全解决的相互冲突的利益关系。

新制度经济学在研究企业内部利益冲突时，站在企业投资者（尤其是股东）的角度，围绕着委托代理之间的道德风险和专用性投资引起的敲竹杠风险这两方面来研究。劳资关系作为企业契约最为关键的一组，不再是新古典经济学中的劳动与资本的技术经济关系，而是一种委托代理关系。但新制度经济学延续了新古典经济学关于"契约内容由外部市场条件决定"的传统，因此，基于这组契约，资本与劳动在市场上实现了平等的产权让渡；资本所有者获得一定时间的劳动力使用权，劳动者取得报酬，劳动者"内化"于企业中。[①]

科斯认为企业的交易成本是资源配置的障碍，从而终于让人们把眼光从市场转入了企业内部。研究交易成本是由什么原因引起的问题，使交易成本经济学关注了信息和利益冲突的研究。同时，科斯将"权威"引入雇佣关系中使交易成本经济学看到了人与人之间的生产

---

① 张庆伟：《劳资关系的含义：三种不同的经济学解读》，《当代经济》2007年第11期。

关系涉及了劳资的利益冲突，但交易成本经济学认为利益冲突可用资方单方制定的契约来解决，本书认为这并非是解决劳资利益冲突的良药；同时"交易成本"的概念把整个交易成本经济学引向了另一个方向，对劳资关系的描述犹如刹那的烟花转瞬即逝。

威廉姆森的交易成本经济学认为人具有限理性，沿着"机会主义→交易成本→契约不完全"的思路，研究资产专用性引发的敲竹杠问题。股东的资产专用性会导致被敲竹杠，所以必须保护股东的利益，否则就没有投资。为了解决这一问题，交易成本经济学以交易为单位，从市场到企业科层进行治理。机会主义概念的出现表明了组织内部以及组织之间存在利益冲突。威廉姆森试图将信息约束与利益冲突的思想结合起来，但又认为机会主义只是员工对于股东的敲竹杠，而不是双向的。资本要素拥有者难道不会对处于失业压力背景下的劳动要素拥有者敲竹杠吗？

委托代理理论虽然正视了企业内要素所有者的利益冲突，但仍是与新古典的资本至上观点一脉相承。委托代理理论注意到所有权与经营权相分离后，委托人（股东）与代理人（管理者）之间的利益冲突关系，并认为道德风险、信息不完全是管理层机会主义的原因；依靠把监督权给予股东，并对管理层进行一系列激励机制的设计使管理层与股东的利益一致。然而企业最常见的利益冲突，是股东和管理者之间的冲突吗？

不完全契约理论对企业内利益冲突的研究仍然是坚持解决机会主义的敲竹杠问题，而信息不对称、资产专用性与不完全契约的道德风险都是敲竹杠得逞的条件。威廉姆森用企业内部契约治理来解决企业内部利益冲突；而不完全契约理论用"剩余控制权"的配置来解决利益冲突，"对物质资产的控制能够导致对人力资产的控制：雇员将倾向于按照老板的利益行动"（Hart, Moore, 1990）。非人力资本的投资者作为委托人，他们聘请企业代理人并设计企业主要的契约和制度，从而确保企业代理人为其利益最大化服务。

管理主义学派认为员工同企业利益基本是一致的，不存在根本利益冲突；劳资之间存在冲突的原因在于雇员处于被管理的从属地位，员工产生不满的根源在于劳资之间的管理与服从的关系。

正统多元论学派虽然认识到劳动者和雇主在经济利益上存在根本的冲突，并围绕着利益冲突提出了一系列解决方式，但其没有深入研究利益冲突产生的根源。

综上所述，新古典经济学认为利益冲突是可以由市场机制自动解决并达到帕累托最优，从而忽略了企业内部的利益冲突；企业理论的发展逐步重视企业内部矛盾的拆解，但又是仅仅从信息角度研究利益冲突，从契约和权力的方面处理利益冲突，并没有触及利益这一个核心；委托代理理论虽然直接从利益冲突入手，但对企业内部利益冲突的研究仅仅站在股东利益的角度，怎样诱使代理人与委托人的目标函数一致以解决代理人的机会主义以及劳动者的机会主义，而代理人的利益没有得到研究。同时作为企业内两大主体——劳资利益冲突的研究虽然在正统多元论学派中闪现出一丝火花，但遗憾的是劳资利益关系一直不是主流企业理论研究的重点。

三 对合作的研究不足

亚当·斯密在《国民财富的性质和原因的研究》（亚当·斯密，中译本，1972）中对"协同"或"合作"有描述；法国的让·巴·萨伊（J. B. Say）和弗雷德里克·巴师夏（Frederic Bastiat）在《政治经济学概论》（萨伊，中译本，1963）和《和谐经济论》（巴师夏，中译本，1995）中认为资本主义自由经济是一种和谐的经济；约翰·穆勒（J. S. Mill）在《政治经济学原理》（穆勒，中译本，1991）中论述了人类经济行为的合作，还专门分析了劳动合作（黄少安，2000）。[①]

然而古典经济学对合作的研究很快被淹没在以竞争为主线的新古典经济学研究浪潮中。除团队理论从团员的偷懒造成团队生产效率下降的角度，可以认为有"合作"的影子之外，以股东利润最大化的传

[①] 黄少安：《经济学研究重心的转移与"合作"经济学构想——对创建"中国经济学"的思考》，《经济研究》2000年第5期。

统忽略了劳方的利益，因此很难达到劳资合作的状态。

四 对要素主体之间联盟与分化的研究不足

关于要素主体之间的联盟关系对劳资关系的影响，新古典学派认为工人之间联合形成的工会所起的作用是负面的，因为工会人为垄断了劳动供给数量、抬高了劳动力要素价格，使劳动力市场力量失衡。正统多元论学派认为工人之间联合形成的工会把分散、弱小的单个力量转化为强大的团体力量，劳方以工会组织的形式与资方进行谈判，谈判达成的协议符合双方利益帕累托改进要求；由于协议是双方谈判达成的，因此双方都会共同遵守协议内容的相关规则，从而解决劳资冲突。

自新古典学派研究了工人之间的联合对劳资关系的影响后，新制度经济学并没有沿着新古典的步伐继续研究要素主体联盟的关系。股东之间的关系变化对劳资关系有没有影响呢？比如股东的分化形成大股东、小股东；股东与管理者的关系，劳动与管理者的关系变化又会对劳资关系产生怎样的影响？这些问题都不能在传统主流劳资理论中找到答案。但是值得庆幸的是，博弈论提供了一个新的分析工具。本书将在第三篇与第四篇中对这些问题进行具体的分析。

第二章

马克思主义劳资关系理论

第一节　主要内容

马克思《资本论》巨著运用唯物辩证法考察在生产、交换、分配、消费四个环节中劳动、资本以及它们之间的关系；在科学的唯物史观和阶级分析方法论的基础上，通过对异化劳动、雇佣劳动与资本、剩余价值生产的分析与批判，深刻地揭示了劳资关系的实质，并明确地指出了劳动力市场平等交换的表象下掩盖的生产过程中的劳资之间不平等的关系。

第一，马克思通过对流通领域中劳资关系的研究，发现了资本运动总公式包含一个内在的矛盾，从而揭示了劳资之间存在着形式上的平等而实质不平等的关系。在 $G—W—G'$ 资本运动总公式中，无论是第一次的买 $G—W$，还是第二次的卖 $W—G'$，按照等价交换的原则，流通领域不能增值，但是资本经过流通过程，却又产生了剩余价值即 $G'>G$。马克思进一步指出，解开这一总公式矛盾的钥匙在于资本家最初购买用于生产的劳动力商品是一个特殊的商品。于是，流通领域的平等交换的关系隐藏着生产关系中的劳资不平等的关系。

第二，马克思通过对资本主义生产和再生产过程的研究，指出了资本主义生产资料私有制条件下，劳资之间不平等的关系。

首先，资本主义生产方式的前提是劳动者与生产资料的分离。"商品市场的这种两极分化，造成了资本主义生产的基本条件。资本关系以劳动者和劳动实现条件的所有权之间的分离为前提。"① 市场竞争导致了两极分化，劳动者丧失了生产资料，不得不出卖自己的劳动力；资本所有者获得了生产资料购买了劳动力。正是劳动者与生产资料的分离，使劳动者变成雇佣人，使生产资料所有者变成资本家。资本家雇佣劳动者，使劳动力与生产资料相结合，从而实现生产过程。而劳动者由于没有生产资料不得不被雇佣，在获得劳动报酬的条件下，不得不放弃对自己劳动成果的权利，这样就产生了资本家与工人的雇佣关系，雇佣劳动是资本主义社会的基本特征。

其次，在生产过程中，资本家剥削的秘密在于他在市场上找到了一种特殊商品——劳动力，劳动力商品具有独特的使用价值，即它在使用中能造出比自身价值更大的价值。当资本家购买了劳动力商品，从而拥有劳动力的使用权、产品的占有权，最终无偿占有了那部分由劳动创造的剩余价值。资本的本性决定了他尽力增加剩余价值的生产，所采用的方法一是绝对剩余价值生产，即在必要劳动时间不变的条件下延长工作日，拉长剩余劳动的时间；二是相对剩余价值生产，即在工作日长度不变的条件下，增加劳动强度，提高劳动生产率，降低工人消费的生活资料的价值，从而导致剩余劳动的时间相应延长。因此，资本的本性"像狼一般地贪求剩余劳动，不仅突破了工作日的道德极限，而且突破了工作日的纯粹身体的极限"②。

第三，资本主义利润生产和积累过程同时也就是无产阶级的贫困化过程。马克思认为："社会的财富即执行职能的资本越大，它的增长的规模和能力越大……产业后备军也越大……他们的贫困同他们所受的劳动折磨成反比。最后，工人阶级中贫苦阶层和产业后备军越大，官方认为需要救济的贫民也就越多。这就是资本主义积累的绝对的、一般的规律。"③正是因为资本家剥削工人的剩余价值，占有剩余价值才造成越来越多工人的贫困。

综上所述，马克思《资本论》巨著中深刻地揭露了劳资冲突的根

---

① 《资本论》（第一卷），人民出版社 1975 年版，第 782 页。

② 同上书，第 294—295 页。

③ 同上书，第 707 页。

源，资本通过对生产资料的占有实现了对劳动力控制的权利；劳动要素提供者由于没有生产资料而无法实现自己的劳动力，因而只能由资本雇佣劳动，资本在企业生产中具有中心位置。因此，劳资关系是由生产关系特别是所有制关系决定的；企业内部生产关系决定了生产要素所有者之间的权利分配关系。

第二节　理论评析

西方主流经济学认为企业是一个抽象的生产函数，是"对价格机制的替代"和"一系列契约的联结"。但在马克思主义经济学分析范式中，资本主义企业是一个建立在生产资料资本主义所制基础上，表现为资本雇佣劳动、控制劳动的权利结构，以追求剩余价值最大化为目的的资本主义生产组织。马克思不仅明确了企业的生产功能，还阐明了资本主义企业的资本主义生产方式的特殊性质。

在研究企业内部要素关系时，西方主流经济学主要研究的是企业所有者与企业经营者之间的委托代理关系；马克思研究的是企业最重要的关系——劳资关系，并对资本主义早期资本与劳动利益关系进行了深入的分析。西方主流经济学家认为，劳动者与资本之间的结合是一个自由契约的过程，资本家与劳动者在这种交易中都享有充分自由交换的权利。然而，马克思却看到了这种交易的强制性，即资本家在市场领域借助生产资料所产生的强制性力量迫使无产者与之结合，在生产领域强迫无产者接受其强制性管理，即使是自由的雇佣关系也是建立在资强劳弱的不平等契约之上的。

第三章

其他相关研究视角

第一节 对"冲突"的研究

一 从社会学的角度研究冲突

科塞《社会冲突的功能》(1956)的问世,直接导致了美国20世纪50年代社会学理论——冲突理论的兴盛。随后达伦多夫、柯林斯等分别提出了新的社会冲突理论,为美国20世纪60年代社会学理论多元化发展和理论重建注入了新的活跃因素。

关于冲突产生的背景与原因,冲突理论通常认为冲突是不可避免的,它普遍存在于一定的社会结构之中。达伦多夫认为"关于冲突的社会学理论……对工人与雇主之间的冲突进行描述是很重要的;但更重要的是要证明,这样的冲突是以特定的社会结构安排为基础的,因此只要这种社会结构存在,冲突就一定会产生"。[①] 在冲突产生的具体原因上,科塞认为当出现疏导不满的渠道不足或不畅通时,当不平等现象引起对现存稀缺资源分配合法性的质疑时,更有可能发生冲突。

关于冲突的过程,冲突理论认为当冲突群体之间的力量相当时,双方为了实现自己的目标选择冲突需要付出高额的代价,因此冲突的时间越长付出的成本越高,双方都会尽可能缩短冲突的过程。

关于冲突的功能,科塞认为我们所关心的是社会冲突的正功

---

① [美]玛格丽特·波洛玛:《当代社会学理论》,孙立平译,华夏出版社1989年版,第95页。

能，而不是它的反功能，也就是说，关心的是社会冲突增强了特定社会关系或群体的适应和调适能力的结果，而不是降低这种能力的结果。①

关于冲突的解决机制，柯林斯认为冲突并不意味着单纯的对立斗争，它始终包含着对立、争论、协调、交换意见、沟通、对话、建立关系和调整关系的一系列过程。柯林斯一方面采用经济学的观点观察社会冲突，另一方面也将社会冲突理论运用到经济的交易活动之中。其通过对经济交易活动中议价过程的分析，提出了以经济交易活动的模式，即以不断进行讨价还价的方式，作为化解社会冲突的方案。②

二 从博弈论角度研究

博弈论进入主流经济学，反映了经济学越来越重视人与人之间的关系研究，特别是人与人之间行为的相互影响和作用。博弈论中的个人效用函数不仅取决于自己的策略和偏好，而且取决于其他参与人的决策和偏好。因此，每个参与人的最优决策函数中也包括其他人的决策。

"纳什"（John F. Nash）因区别了合作博弈与非合作博弈，并建立了纳什均衡（Nash equilibrium）即非合作均衡，奠定了其在非合作博弈理论中的地位。非合作博弈强调个体理性，强调个体决策最优，但其结果可能是无效率的。把非合作博弈中经典的"囚徒困境"运用到企业研究中，可以解释劳资双方冲突的博弈过程。劳方与资方为了增加自己的收益不仅常常不能实现个人自身利益最大化，也不能实现双方利益整体的增进，最终形成一个"双输"的结局。因此劳资冲突不但达不到股东利益最大化，而且还会使企业低效。

---

① ［美］科塞：《社会冲突的功能》，孙立平等译，华夏出版社1989年版，第6—28页。

② 程启军：《转型、冲突、化解：劳资冲突的协调机制研究——一种社会学的分析理路》，博士学位论文，华中师范大学，2008年。

第二节 对"合作"的研究

一 从合作经济学的角度研究

面对人类社会普遍存在的合作行为与各种组织，一部分学者们开始对传统微观经济学的假设提出质疑，并开始研究人类合作行为。Bowles, Gintis（2003a）等对人类合作行为的起源进行了研究；Axelrod, Hamilton（1981）；Bowles, Gintis（2003b）等研究了人类合作行为的演化问题；Bardhan（2000）；Edward, Gugerty（2005）等思考了影响合作行为的因素；而对于合作何以可能的问题，学者们分别从直接互惠（Trivers, 1971；Axelrod, Hamilton, 1981；Boyd, Richerson, 1988）、间接互惠（Alexander, 1987；Nowak, Sigmund, 1998；Leimar, Hammerstein, 2001）和强互惠（Gintis, 2000；Bowles, Gintis, 2004；Sánchez, Cuesta, 2005）等方面进行了研究。[1]

科尔曼认为人类社会制度规范可以维持合作行为，当群体中某个成员的行为对其他成员产生影响时，从私人角度进行的优化决策和从社会角度进行的优化并不一定一致，而是存在着冲突。当群体成员有个人动机去采取减少群体总福利的行为时，关于行为的规范就会产生。从这个角度来讲，人类社会中的任何制度都有其"合作性"的一面，而合作行为又在一定程度上必须依靠一定的组织形式和制度规范来维持。因此，合作应该是能够降低"冲突"程度的一种基本经济行为，以及可以带来利益的相互协作的各种行为。[2]

二 从博弈论的角度研究

1944 年冯·诺依曼和摩根斯坦恩合著的《博弈论与经济行为》

---

[1] 黄少安、韦倩：《合作与经济增长》，《经济研究》2011 年第 8 期。
[2] 黄少安、韦倩：《合作行为与合作经济学：一个理论分析框架》，《经济理论与管理》2011 年第 2 期。

标志着合作博弈理论的诞生，Nash（1950）的谈判博弈和 Shaply（1953）的夏普利值，Arrow（1963）的不可能定理，为经济学提供了可供研究的工具。20 世纪 70 年代后，从"竞争博弈"视角研究和解释人类的交易与交往活动，曾革命性地改造和重塑了过去的微观经济学。90 年代后，一部分学者开始从"合作博弈"的视角研究市场经济社会中人们的交易、分配、组织设立和变迁。

莫林（1995）运用博弈论，以严谨的论证确立了市场经济体系中人类合作行为的可能性，给微观经济学建立了合作的基础，完善了以"竞争"为传统的微观经济的另一面。①

青木昌彦（2005，中译本）从合作博弈角度出发，将企业看作是股东和雇员所有者形成的联盟，通过谈判分享由企业特质性资源产生的组织租，从而达到一种组织均衡。企业是否能形成合作博弈关系，很重要的一个原因在于企业是否具有特质性资源。只有与作为一系列相互联系的纽结的法人企业形成稳定联系，企业特质性资源才能体现出生产力。②

三　从利益相关者角度研究

利益相关者理论（Freeman，1984；Blair，1995；Mitchell，1997；Fombrun，2000；Waddock，2000）认为任何一个企业的发展都离不开各利益相关者的投入或参与，因此企业追求的是利益相关者的整体利益，而不仅仅是某些主体的利益，从而打破了股东利益至上的传统模式，并同时把企业的所有权扩大到了其他要素所有者。Freeman（1984）分析了利益相关者的特征，并提出了利益相关者的管理模型。Heuer（2001）构建了一个利益相关者合作模型（Stakeholder Connectedness Model，SCM），考察了利益相关者间的交换类型、依存关系和合作方式。

---

① ［美］何维·莫林：《合作的微观经济学——一种博弈论的阐释》，童乙伦译，格致出版社 2011 年版，第 1—3 页。

② ［日］青木昌彦：《企业的合作博弈理论》，郑江淮等译，中国人民大学出版社 2005 年版，第 65—101 页。

第三篇
劳资冲突到合作的转化途径

计划经济体制时期，建立在生产资料公有制基础上的联合劳动关系是一种"公有制＋按劳分配"的劳动关系。由于用人单位都是国企，劳动者对用人单位的依附关系，形成了劳动者对政府的行政隶属关系。这一时期在劳动过程中建立的是劳动关系而不是劳资关系。①

随着经济体制改革的深化，所有制结构由单一所有制转变为多种所有制结构，同时也引发了单一劳动关系向双重劳资关系的转变。双重劳资关系包括国有企业中以资本国有为主体的劳资关系和非公有制企业中以资本私有为主体的劳资关系。政府逐渐从劳资关系的直接主体（劳资双方）中退出，市场经济体制确立了劳动者与资本所有者在劳资关系中的主体地位，但新的问题也接踵而至。在改革过程中，资方凭借在市场博弈中的优势地位，开始侵犯职工合法权益，资本追逐利润和劳动者要求提高劳动报酬的矛盾凸显。"霸王合同"、拖欠拒发加班工资、忽视职工健康与安全等现象不同程度地存在，而劳方也开始反抗，劳资冲突问题开始激化，劳资冲突案件数量出现呈递增的趋势，特别是在一些经济比较发达的沿海地区以及非公有制企业中表现得更为突出。

---

① 袁凌、李健：《中国企业劳资关系内在属性与冲突处理研究》，《华东经济管理》2010年第2期。

第一章

劳资冲突

劳方与资方之间的冲突与合作是劳资关系表现的主要形式。劳资冲突的表现形式主要包括隐性冲突和显性冲突。劳方的隐性冲突主要表现为职务内绩效降低的机会主义行为，有偷懒、怠工、缺勤、旷工等形式，而显性冲突则主要表现为辞职、抵制、罢工等一系列对抗的激烈行为；对于资方来说，隐性冲突表现为利用控制权延长雇员劳动时间、调离岗位以及降级、不提供劳动保护等，显性冲突则主要是处罚、解雇雇员、停工。那么劳资为什么会冲突呢？

第一节 劳资冲突的原因：利益目标的分歧

马克思认为，"人们为之奋斗的一切，都同他们的利益有关"[1]。在一定时期内，由于有限的社会资源要在不同主体间分配，人们之间的利益冲突都是由于对资源的争夺而引发。因此"利益冲突是人类社会一切冲突的根源也是所有冲突的实质所在"[2]，并且利益冲突会随着历史时期的不同而不断变换表现形式，"过去的质的、政治的差异，现在变成为人与人之间量的、经济的差异"[3]。

因此，在市场经济体制下，利益成为要素主体的基本驱动力和主要目标，社会经济关系的核心是利益关系。劳资关系作为一种最直

---

[1]《马克思恩格斯全集》（第一卷），人民出版社1995年版，第187页。
[2] 张玉棠：《利益论：关于利益冲突与协调问题的研究》，武汉大学出版社2001年版，第91页。
[3]［美］科塞：《社会冲突的功能》，孙立平等译，华夏出版社1989年版，第51页。

接、最本质的社会经济关系，其核心更是利益。

一 马克思的观点

马克思把利益产生冲突的思想具体运用到了劳资冲突上。马克思分析了19世纪中后期即工业化初期阶段的劳资冲突，并认为劳资冲突的产生与劳资关系的固有属性密不可分。

资本运动总公式 $G-W-G'$ 表明生产目的不再是交换使用价值，而是追求价值增殖即剩余价值。资本所有者追求自身利益最大化（主要表现为利润最大化）是造成劳资冲突的直接原因。为了达到资本利益最大化的目的，资本购买了劳动力商品进行生产。劳资冲突产生的关键在于"劳动力成为商品"，劳动力商品具有独特的使用价值，即它能创造比自身价值更大的价值。当资本家购买了劳动力商品，从而拥有劳动力的使用权、产品的占有权之后，就最终无偿占有了那部分剩余价值。

因此，在资本主义条件下，劳动发生了异化，马克思认为："劳动所生产的对象，即劳动的产品，作为一种异己的存在物，作为不依赖于生产者的力量，同劳动者相立。"[①] 异化不仅表现在结果上，而且表现在生产行为与生产活动中。"首先，劳动对工人来说是外在的东西，也就是说，不属于他的本质；因此，他在自己的劳动中不是肯定自己，而是否定自己，不是感到幸福，而是感到不幸，不是自由地发挥自己的体力和智力，而是使自己的肉体受折磨、精神遭摧残。因此，工人只有在劳动之外才感到自在，而在劳动中则感到不自在，他在不劳动时觉得舒畅，而在劳动时就觉得不舒畅。因此，他的劳动不是自愿的劳动，而是被迫的强制劳动。因此，这种劳动不是满足一种需要，而只是满足劳动以外的那些需要的一种手段。劳动的异己性完全表现在：只要肉体的强制或其他强制一停止，人们就会像逃避瘟疫那样逃避劳动。"[②] 劳动者对劳动的逃避，必定影响生产效率，同时也

[①] 《马克思恩格斯文集》（第一卷），人民出版社2009年版，第156页。
[②] 同上书，第159页。

为劳资冲突埋下伏笔。

剩余价值的生产方式一般有两种方式：第一，绝对剩余价值的生产，在劳动者的工资和生产条件不变的情况下，资本家追求绝对剩余价值要求延长劳动时间，从而使工人创造更多的新价值，并增加剩余价值。但是工作日的过度延长使劳动者的身心健康受到摧残。第二，相对剩余价值的生产，即资本家通过提高劳动者的熟练程度，提高生产资料效能和自然状况以及协作程度创造更多的新价值。追求相对剩余价值，虽然工作时间缩短了，但提高劳动强度、减少工资支出或者降低固定成本投入，意味着对工人的剥削更重了，这必然和劳动者的利益产生冲突。资本对剩余价值贪婪的渴望，所使用的榨取剩余价值的方法有可能突破劳动者的忍耐极限，劳动者必然会进行反抗。

因此，在资本主义生产中，劳资关系反映的是资本家和工人之间的剥削与被剥削关系，由此决定了劳资双方必然是对立和对抗的冲突关系。资方与劳方之间的冲突成为了必然，只要资本主义生产方式存在，劳资冲突是内生的、必然的。

二 主流企业理论的观点

根据新古典企业理论的观点，劳资之间没有冲突，因为冲突都被市场中价格机制所解决。新制度经济学认为，劳资关系是劳资双方之间的契约交换关系，劳资冲突产生的原因是由于劳资双方难以达成一个完备合约，而使合同不完备的原因是由于不完全合同、信息不对称及交易过程的不确定性导致的。因此，利用契约或者是信息来解决劳资利益冲突。管理主义认为劳资的利益基本是一致的，劳资冲突产生的原因在于雇员认为自己处于被管理的从属地位，利用管理政策可以解决劳资冲突。正统多元论劳资冲突的思想比较接近马克思的论断，其认为劳资冲突是根本的利益冲突，但是由于其在经济学所处的位置比较边缘化，而没有融入主流经济学。因此，主流企业理论要么否认劳资冲突，要么承认劳资冲突，但不认为其是根本的利益冲突；劳资冲突是由企业的不完备性造成的，可以用管理策略、契约或者是信息方式来解决的。

虽然马克思主义经济学与主流企业对劳资冲突产生的根源有不同的见解，但劳资间存在冲突这一论断两者持有大致相同的态度。马克思深刻地揭露了劳资冲突是利益冲突以及产生的根源，本书站在马克思劳资理论的基础上，认为劳资冲突产生的原因是由于劳资双方具体的利益目标产生分歧，甚至对立；劳资冲突是劳资双方在利益上的冲突。本书下面将具体分析劳资双方的目标与利益要求。

第二节 劳资双方利益目标的解析

传统企业理论认为股东是公司物质资本的提供者，其关心投入资本的安全和增值，并希望利润最大化。当公司营利时，这部分营利是其正常的投资增值的结果，雇员工资被处理成为成本列支。股东控制了职工，拥有决定职工的报酬、福利待遇和职务升迁的权力。这些观点和做法显然是建立在资本雇佣劳动的传统认识上，忽视了雇员的利益目标，劳资冲突一触即发。

陈宏辉（2004）运用调查问卷，用统计方法分析了劳资双方的利益目标：首先是计算出劳资双方不同利益要求得分的均值，然后是判断这些排序是否具有统计意义。股东利益要求的顺序是长期生存发展、高额利润回报、良好企业形象，而且这种排列顺序具有显著的统计意义。员工的利益要求顺序是工资、福利、身份归属、工作条件、积累经验、组织气氛人际关系、参与管理、培育人力资本，其中"身份归属"与"工作条件"，"组织气氛人际关系"与"参与管理"在排序上的差异不具有统计意义上的显著性，其余的排列顺序都具有统计意义上的显著性。

从以上利益目标的排序我们可以知道：员工的工资目标、福利目标与股东的高额利润回报在静态上是处于严格对立的；但是股东利益要求中的长期生存发展、良好企业形象目标，与员工利益要求中的身份归属、工作条件、积累经验、组织气氛人际关系、参与管理、培育人力资本目标有部分重叠。

因此，公司是股东与雇员利益的联结点，劳资双方的利益目标并非严格对立。当企业大联盟的剩余增加时，双方的利益目标都有可能得到帕累托改进，劳资冲突将会减少。

第三节　劳资双方与企业内其他要素主体的联盟与分化

主流企业理论认为企业是由一组复杂的显性契约和隐性契约交会构成的一种法律实体（Jensen, Meckling, 1976）。在这种法律实体中，交会的契约既有管理者与所有者之间的契约、管理者与雇员之间的契约，还有企业作为债权人与债务人之间的契约等。企业的行为实际上就成了一组复杂契约系统的均衡行为（李向阳，2000）。因此，本书研究劳资双方的关系不得不同时研究其他要素主体的利益诉求，把劳资关系放到企业内要素主体之中来研究。厘清其他要素主体的利益要求，可以发现与劳资双方利益目标的重合与冲突以及劳资双方与其他要素主体结盟的契机，这种结盟会改变劳资双方的力量水平，进而影响劳资关系。

一　管理者

随着所有权和经营权的两权分离，管理者的角色也越来越重要。一方面，管理层本身受雇于资本所有者；另一方面，管理者又是企业委托代表链条中的一个环节。管理者的出现让出资者作为企业的股东，一般不再与劳动者发生直接的雇佣关系，而是由经营管理人员代表其利益与劳动者发生直接的雇佣关系。管理者在处理劳资关系时，处理事务的原则、方法必须贯彻资本所有者的意图。因此，这种两权分离的特点使劳动者在具体的劳资利益关系中，表面上与财产终极所有者并没有直接的联系，而只是与经营管理者直接发生关系。

由于股东与管理者的雇佣关系，管理者会不会与股东成为同盟呢？管理者也是出卖自己劳动力的劳动者，这一属性又会不会使管理者与劳动者成为联盟呢？本书首先来分析一下管理者的利益目标。

管理者作为独立的利益相关者，有自身的利益追求。这种利益既包含经济利益，也包含非经济利益。根据陈宏辉（2004）对管理者的利益要求排序，管理人员的利益要求的顺序是高薪薪酬、社会地位、提升人力资本、企业长期生存发展、稳定的工作、融洽的组织气氛、良好企业形象，其中"社会地位"与"提升人力资本"，"融洽的组织气氛"与"良好企业形象"在排序上的差异不具有统计意义上的显著性，其余的排列顺序都具有显著的或非常显著的统计意义。[1]

比较管理者与股东的利益目标，发现两者追求目标有一致性同时也存在着偏差。股东的目标是实现财产的保值增值，实现利润的最大化。股东的目标利润最大化也可能为管理者带来更高的收入水平，因此管理者利益目标与利润最大化目标有相重合的部分，但管理者的其他目标，容易与股东利益发生冲突。例如管理者以牺牲股东利益最大化为代价来扩大公司规模，从而使管理者权力扩大与声望提高。

那么管理者与雇员的利益目标有没有冲突呢？管理者的高薪要求有可能与雇员利益要求冲突，因为管理者的高薪可能与其业绩挂钩，在短期中业绩与压缩成本有关系，而雇员的工资作为企业成本的一个重要组成部分使管理者有可能与雇员冲突。管理者的利益要求有没有与雇员利益重合的地方呢？管理者要求"融洽的组织气氛"又很容易与员工的利益要求部分重合，因此，管理者也有可能与员工结成联盟，使员工更易于管理，并同时得到社会地位和荣誉。

同时，还存在管理者不参与任何其他小联盟，自成一派的情况。例如在青木昌彦（2005）的分析中，管理者被赋予了合作博弈"仲裁人"的角色。谈判博弈主要在股东和雇员这两大集团之间进行，管理者负责对要素所有者的谈判进行仲裁，相当于瓦尔拉斯意义上的拍卖者，他在制定管理政策的同时也要确定组织租的内部分配状况。[2]

---

[1] 陈宏辉：《企业利益相关者的利益要求：理论与实证研究》，经济管理出版社2009年版，第165页。

[2] ［日］青木昌彦：《企业的合作博弈理论》，郑江淮等译，中国人民大学出版社2005年版，第69页。

由于管理者的阵营归属将会对劳资关系产生重大影响，因此，在劳资关系研究中，管理者处于重要的地位。

二 债权人

在现代企业制度条件下，银行等债权人的债权是有财产担保的，因此债权人一般不干预企业内部的治理，对劳资关系的影响很微弱。本书为什么要研究债权人呢？原因是在第二次世界大战后，日本和德国为了快速复苏所形成的主银行制度，使债权人与股东身份重合，并对劳资关系产生了重大的影响。

资本是公司开展经营活动的前提和基础，公司的资本来源有两种：自有资本与借贷资本。前者是由股东出资构成，后者则由债权人提供。根据陈宏辉（2004）对债权人的利益目标排序，依次为及时收回贷款、企业长期发展、参与管理。

因此，债权人与股东利益目标存在冲突。例如股东把债权人的钱挪用他途或者公司低价转让公司财产给股东，股东会获利，但是公司的财务状况恶化会提高债权人的风险；或者股东举措新债，新债会提高公司的负债率，稀释债权人对公司资产的请求权，从而加大违约风险。

债权人的利益目标和管理者的利益目标有重合的地方，即企业的长期发展，因此债权人与管理者有结盟的可能性。在日本企业体系中，债权人银行与管理者目标重合的结果是使银行在企业管理中具有举足轻重的作用。

三 小股东

值得注意的是股东并非是同质的，因此股东内部容易形成分化。小股东的利益要求排序为股价稳定、高额的分红、企业长期发展。

由于控股股东对公司拥有控制权，有可能通过"隧道"效应把公司财产据为己有或者把公司的业务转移给控股股东控制的其他企业，造成公司股价异常波动；同时，很多上市公司不分红的表现也让小股东不满。因此，在证券市场不发达的地方，投资是缺乏流动性的，用脚投票的局限性使得积极寻求法律保护的往往是小股东。因此，利益冲突在控股股东与小股东之间是普遍存在的。

小股东为了实现自己的利益，怎样形成与控股股东抗衡的力量？小股东有可能与其他要素主体结盟，例如与债权人结盟，这在德国的企业体系中最为突出。

综上所述，各个要素主体都有自己的利益目标。股东希望长期生存发展、高额利润回报、良好企业形象；企业管理者追求更高薪酬、在职消费、职业声誉以及管理顺畅；雇员追求工资收入、各种福利和晋升机会；债权人则关心自己投入到企业中的本金和利息能否顺利回收；小股东则关注股价与分红。虽然各要素主体的利益目标不太一样，但同时也有重合的地方，这就为他们在企业内形成各种联盟埋下了伏笔。因此，当研究劳资关系时，我们必须跳出只研究劳资双方的关系，而是把它放到与其他要素主体的环境中一起分析。

第二章

劳资合作

合作是人类的一种基本存在方式，同时也是社会进步和经济发展的根本条件。关于合作的定义，黄少安、韦倩（2011）研究了合作经济学与合作博弈思想，认为"合作"的定义基本上沿着两条不同的主线在进行。一条主线是基于"行为性"来进行定义的，这些定义基本上都把合作看作是一种有意识的或刻意的协作行为。在这类定义中，一种行为要成为合作，必须满足两个条件：一是必须是一种刻意的行为，如果是偶然的或巧合的，不能称为合作；二是主体之间必须有协作，即一个经济主体的行为必须要受到其他经济主体的影响。另一条主线是基于行为的"经济性"来进行定义的，这类定义来源于把分析重点放在行为经济性后果上的博弈论传统，而看轻对行为本身的分析，它认为合作是一种共同行动，并且这种共同行动可以给各经济主体带来利益，即这种利益是相互的利益。这类定义并不一定要求合作必须是刻意的。这两种定义并没有优劣之分，关键在于选择什么样的研究目的和分析对象。[①]

本书认为劳资合作是指劳资双方为了获得各方的利益帕累托改进，而自觉遵守劳资相关的法律、制度和谈判的协议，从而在生产上实现合作效率。劳资"合作"是我国建立和谐劳动关系的基本前提。要注意劳资合作与劳资"结合"相区别，劳资结合有可能只是马克思笔下描述的劳动者迫于资方的压迫而无奈顺从地加入企业。

那么劳资为什么会合作？劳资双方利益的帕累托改进是双方能够

[①] 黄少安、韦倩：《合作行为与合作经济学：一个理论分析框架》，《经济理论与管理》2011年第2期。

产生合作的基本动因。劳资双方利益的帕累托改进是指在至少不降低劳资双方各自利益前提下的双方整体利益的增进。每一次行动都是为了增进自身利益这个目的，通俗而言，就是"为己利他"，就是利己不损人。① 为什么能增进自身的利益，原因在于劳资合作存在着帕累托改进。

吕景春（2009）把劳资合作利益的帕累托改进用图来说明。图 3-1 中横轴表示劳方（L）的收益，纵轴表示资方（K）的收益。$1k$ 是现行市场条件或制度条件下企业的收益可能性边界；OE 表示平均收益线；S 为现状收益空间分布点，由 S 点到直角扇形 SGF 中的任何一点均为劳资双方收益的帕累托改进轨迹。如从 S 到 M，它表示资方（K）收益增加得多，劳方（L）收益增加得少，轨迹逐渐远离平均收益线 OE，说明劳资双方收益的差距在逐渐扩大，但仍然是在不降低任何一方收益前提下的劳资双方收益的改进，所以仍是帕累托改进；又如从 S 到 N，它表示劳方（L）收益增加得多，资方（K）收益增加得少。轨迹逐渐接近平均收益线，说明劳资双方的收益差距在逐渐缩小，当然也是帕累托改进。这种劳资双方收益的帕累托改进就构成了劳资合作的基本动因。②

因此劳资的帕累托改进，要满足两个条件：一是劳资的整体利益要增加，即劳资双方合作要有剩余；二是劳方、资方双方分配的利益要大于不合作时个体单干或与他方结盟的利益，即剩余的分配满足个体理性。

第一节 劳资利益的帕累托改进：整体利益与剩余

在长期中，劳资合作与技术进步、经济增长的关系表明劳资关系并非是零和博弈，它存在着劳资整体利益的增进。

---

① 吕景春：《论劳资合作博弈中利益的帕累托改进——基于"和谐劳动关系"的分析视角》，《经济学家》2009 年第 4 期。

② 同上。

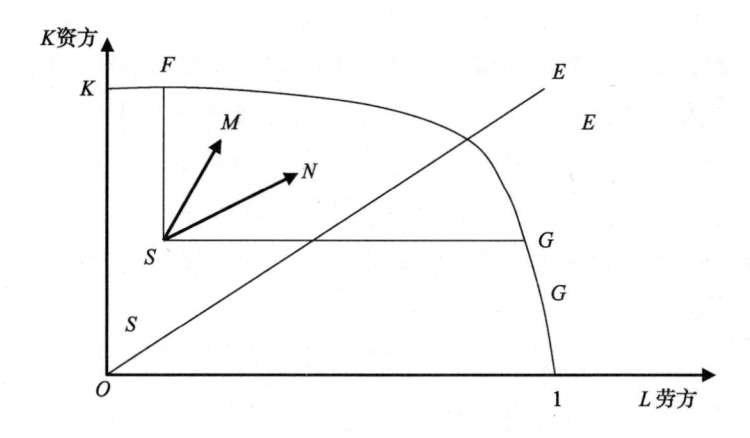

图 3-1 劳资利益的帕累托改进

资料来源：吕景春：《论劳资合作博弈中利益的帕累托改进——基于"和谐劳动关系"的分析视角》，《经济学家》2009 年第 4 期。

一 剩余的来源

经济学家们普遍认为劳资合作促进"相利共生"，劳资合作的价值在于实现收益的创造，即形成"剩余"，这个是劳资整体利益推进的关键。但是对于剩余来源的理解，西方主流企业理论与马克思主义经济学有不同的见解。

新古典经济学认为企业的剩余是指企业收入扣除全部要素价格后的剩余，但又认为在完全竞争条件下企业规模不变时，参与企业要素市场交易的各方按照要素的边际生产力进行分配获得报酬后，则可以将企业的全部收入分配完。这里有一个逻辑矛盾，如果要素市场是有效率的，既然交易各方都按照要素资源的边际生产率从市场中得到最大化的自己的报酬，可是为什么又会出现剩余呢？[①]

阿尔钦和德姆塞茨认为企业"合作剩余"来自团队生产，由于整个生产活动需要多个不同的生产要素的参与，并且这些要素属于不同的人所有，所以必须合作；同时更为重要的是整个产出并不是各个要

[①] 钟怀宇：《企业内部要素关系的理论分析》，博士学位论文，西南财经大学，2005 年。

素贡献的简单相加，因为每一种要素对其他要素的边际生产力都有影响。因此，团队获取的收益超过他们各自单干收益的总和，它不仅包括通常意义上的企业剩余，还包括了全部的要素"准租金"。但是团队理论将这部分增值看成是监督者创造的，因此剩余归监督者所有。本书认为这部分增值虽然是在监督条件下企业价值的增加，但仍然是提高人力资本生产率的结果，监督者只是减少了人力资本偷懒时候的"租值耗散"。

杨小凯（2003）认为分工与合作是生产效率最为重要的来源。要素主体通过合作生产、分工以及专业化等非价格机制的组织形式，由"协作力"或"集体力"产生效益。其以产业生产链条为例，说明了上下游产品生产时间的继起性与产品之间的兼容性等因素怎样影响生产效率的高低。

青木昌彦（2005，中译本）建立了这样一种企业理论，即将企业看作是股东和雇员所有者形成的联盟，双方共同构成企业的特质性资源，通过谈判分享由企业特质性资源产生的组织租，从而达到一种组织均衡。企业的特质性资源不可能在市场上无成本地转让。在给定的时期内，企业特质性资源的禀赋是固定的，其他生产要素的增加迟早总会到达报酬递减的阶段。收入在减去其他生产要素的产出（单位要素的边际贡献乘以其数量）后，所得的产出剩余可以是正的，这种剩余将归于生产性企业特质性资源，被称为利润或者准租余，企业剩余是由企业特质性资源带来的。

与西方主流理论有着截然不同的观点，马克思以对立统一的辩证法思想揭示了剩余的创造。"剩余"是由雇佣工人所创造而被资本家无偿占有的超过劳动力价值的价值，即工人在生产过程中能创造出比自身更大的价值。劳动力成为商品是理解剩余的关键。

马克思也阐述了协作生产，但是马克思坚持劳动价值论，因此与西方主流的"合作剩余"相区别。关于协作生产，马克思认为："单个劳动者的力量的机械总和，与许多人手同时共同完成同一不可分割的操作（例如举重、转绞车、清除道路上的障碍物等）所发挥的社会力量有本质的差别……这里的问题不仅是通过协作提高了个人生产力,而且是创造了一种生产力,这种生产力本身必然是集体力……这种生产力是由协作本身产生的。"① 因此,马克思认为在一个劳动者生产时也能产生剩余,而西方主流理论认为剩余来自团队也就是劳动者多于1人时的才可能创造的,而只有1个劳动者的时候是没有剩余生产的。

我国学者在对劳资合作的研究中,并没有深究"合作剩余"与"剩余"的具体意义与来源,而是混用了"合作剩余"的概念,其含义是劳资合作时所产生剩余。陈赤平(2006)认为企业合作剩余就是通过企业契约组织生产的收益大于要素所有者单干所产生的收益总和的余额。② 程延园(2007)认为劳资合作是指劳资双方基于共同的目标(比如合作剩余),通过采取合作的态度和方式,争取最大效益的行为。③

二 劳资合作与经济增长

无论是起源于对传统资本主义进行阶级分析的马克思主义雇佣劳动理论,还是基于市场供求因素理论的新古典经济学的劳资关系分析模型,都认为劳资关系与经济增长之间存在着密切关系。马克思将劳资关系作为经济分析的起点,古典经济学家则在劳动与资本要素的市场供求中寻找经济增长机制。

Weisskopf(1983)构建了"美国生产率增长的社会模型",分析了导致了美国20世纪60年代中期到70年代生产率下降的原因在于劳资摩擦上升导致的劳动强度下降及企业短期投资行为导致的创新滞后。Ashenfelter(1969)和Pencavel(1970)分析了工人罢工的数量、影响范围以及辞职率这三个因素对生产率的影响。Buchele和Christiansen(2000)对15个发达资本主义国家进行了实证分析,验证了工人权益例如集体谈判权利、就业保护和收入保障等会促进对生产率增长,同时指出良好的劳资合作关系会激励工人对技术和组织作出创

---

① 《资本论》(第一卷),人民出版社1975年版,第362—366页。
② 陈赤平:《公司治理的契约分析》,中国经济出版社2006年版,第32页。
③ 程延园:《劳动关系》(第二版),中国人民大学出版社2007年版,第128页。

新从而提高生产率的机理。Napled（1981）的研究也表明劳资冲突会通过中断生产而影响产出，其把个体劳资冲突与集体劳资冲突划分为个体劳资冲突、休战协定外劳资冲突、休战协定内劳资冲突和防御性劳资冲突四个维度，并对不同维度劳资冲突在不同经济增长阶段的表现进行了实证研究。Hirschman（1970）在研究中提出工人在对工资或工作条件不满时，有两条路径可以选择，一是选择退出以改变命运；二是选择谈判以提高工资或工作条件，但是无论是哪种路径都会导致生产率下降。[①]

第二节　劳资利益的帕累托改进：个体利益与分配

联盟的形成不仅要满足整体理性，还要满足个体理性，即个人的利益也要满足。个人利益的满足就要涉及联盟的分配。收入分配问题的研究现已形成两大体系，一是由克拉克始创立的主流企业分配理论即边际生产力分配理论；二是马克思的剩余价值学说和分配理论。

一　边际生产力分配理论

克拉克在其著作《财富的分配》（1899）中提出了边际生产力分配理论。边际生产力是指生产函数中其他生产要素假定为不变时，只有一种要素增（减）一个单位时引起的产出量增加（或减少）的数量。边际生产力分配理论的主要内容是生产要素依据在生产过程中的作用来决定其的收入分配，即生产要素边际生产力决定其收入，劳动和资本（包括土地）依据各自的边际生产力决定了它们各自所取得的收入。

边际生产力理论是三要素创造价值理论的现代形式。三要素创造价值理论的原始形式是萨伊提出的"三位一体"公式。[②] 萨伊的三位

[①] 参见荣兆梓《通往和谐之路：当代中国劳资关系研究》，中国人民大学出版社2010年版，第282页。

[②] 本刊记者：《马克思价值理论与西方经济学价值理论比较——白暴力教授访谈》，《国外理论动态》2007年第7期。

一体公式即他的分配论认为既然生产有三个要素，而这三个要素又是价值的源泉，因此每个生产要素的所有者都得到他们应得的收入，工人得到工资、资本家得到利息、土地所有者得到地租。①

二 马克思分配理论

马克思强调劳动创造价值，但在资本主义生产资料所有制基础上，劳动并不能天然获得剩余。马克思对生产关系的研究中，发现生产资料所有制是生产关系的基础，即生产资料归谁所有、由谁支配，不仅决定直接生产过程中人与人的关系，而且决定着分配关系、交换关系。在马克思看来生产决定分配，他曾指出："消费资料的任何一种分配，都不过是生产条件本身分配的结果。"②所有制是支配他人劳动的权利，分配方式是所有制的实现形式，即在不同的生产资料所有制的条件下，对劳动创造的利润进行分配。

在资本主义社会中，"资本雇佣劳动"是建立在生产资料资本家私有基础上。马克思认为："生产的物质条件以资本和地产的形式掌握在非劳动者手中，而人民大众所有的只是生产的人身条件，即劳动力。既然生产的要素是这样分配的，那么自然就产生现在这样的消费资料的分配。"③资本家通过对生产资料的占有，无偿占有由劳动创造的剩余价值。

马克思驳斥了西方主流分配理论以"市场为中心"的分配方式，虽然不同要素主体之间的交易通过市场机制得以实现，交易也遵循等价交换原则，但由于这种交换关系不是一般的商品交换关系，而是特定生产关系的人格化主体之间的权利交换关系，在这种情况下，不仅交易双方权利的界定和配置影响收入分配，而且权利主体形成的"社会力量"的对比，将直接决定和影响着收入分配的结果。④马克思认为："权利同权利相对抗，而这两种权利都同样是商品交换规律所承

---

① 吕昌会：《论剩余价值的生产与分配》，《经济评论》2004年第1期。
② 《马克思恩格斯文集》（第三卷），人民出版社2009年版，第436页。
③ 同上。
④ 陈享光：《论我国微观收入分配中的公平》，《经济学动态》2008年第8期。

认的。在平等的权利之间，力量就起决定作用。"① 资本与劳动关于劳动力要素的价格是在市场上"讨价还价"的基础上形成的，而由于生产资料归资本所有，因此双方在讨价还价能力上是不平等的。

三　对分配理论的评析

如果从理论角度出发，会发现边际生产力分配理论的缺陷；如果从现实出发，会发现其不公平性。

如果从理论出发，会发现边际生产力分配理论把资本主义生产关系歪曲成为物与物的关系，认为社会各阶级的收入都来自自己的生产力，即土地——地租，资本——利息，劳动——工资，从而掩盖了劳动同其他要素所有者收入之间的关系。从博弈论角度看，边际生产力分配理论只考虑到了个体理性条件以及个体为既定的合作联盟所做出的边际收益，而没有考虑到企业内多个利益主体相互合作时，个体有可能脱离联盟即联盟外收益的吸引力。在联盟外收益有可能是自己单干的收益，也有可能是与其他要素主体结盟的收益，也就是说，按照边际生产力分配有可能不满足群体理性条件。如果企业中劳动者要求按照贡献分配，那么企业这个联盟可以不包含这些劳动者，也就说资本可以与其他要求更低的劳动者结盟组成企业。为什么会存在要求更低的劳动者，原因在于劳动者过剩。因此，只考虑个体理性的边际生产力理论本身就存在问题。

如果从现实出发，假如按生产要素分配是公平的，那么现实中存在巨大收入分配差距是公平的吗？② 本书认为建立在生产条件分配不公平之上的分配，本身又是不公平。按照边际生产力理论来理解收入分配，无法解释现实中收入分配的巨大差异。劳动所得果真是按照贡献分配吗？本书从理论上反驳了按照边际生产力分配，其没有考虑企业内要素主体之间的关系和与企业外其他要素结盟的关系。因此，当实际分配的时候，劳动者也不可能得到按贡献分配的结果。

---

① 《资本论》（第一卷），人民出版社1975年版，第262页。
② 王中汝：《论马克思主义收入分配理论在当代中国的创新与发展》，《当代世界与社会主义》2011年第3期。

因此，怎样的分配可以满足劳资双方的利益帕累托改进。本书认为应该抛弃主流按边际生产力分配理论；站在马克思分配理论上，构建一个微观分配过程。本书认为分配是一个谈判过程，谈判的结果是由劳资谈判力量决定的。

第三章

劳资关系从冲突到合作转化的博弈分析

第一节 劳资冲突：囚徒困境的一般性与局限性

劳资合作不但要满足整体利益的增进，还要满足个体利益。劳资关系怎样从劳资冲突向合作转化，我们从最熟悉的"囚徒困境"开始分析。

一 一般性

用"囚徒困境"来分析劳方与资方的博弈，他们有两个策略选择：要么合作，要么冲突。如图3-2所示：

		劳方 合作	劳方 冲突
资方	合作	5, 5	1, 6
资方	冲突	6, 1	3, 3

图3-2 劳资之间的囚徒困境博弈

博弈矩阵中的数字代表劳资双方各自的得益，它的值不仅受一方策略选择的影响，而且同时受另一方策略选择的影响。在这个矩阵中由于劳资双方缺乏有效沟通途径，因此是分别做出决策；同时博弈是对称的，既使交换双方的位置，博弈矩阵中的数值也不会发生变化。

首先分析一下资方的策略：如果劳方选择合作策略，那么资方有两个策略选择，一是资方也选择合作策略，则劳资双方各自有5的得益；二是资方选择冲突策略有 6 的得益，此时劳方有 1 的得益。由于资方选择冲突策略的得益 6 比选择合作策略得益 1 要高，因此当劳方选合作时，资方会选择冲突。如果劳方选择冲突策略，资方仍然有两个策略选择，一是资方冲突有 3 的得益，二是资方合作有 1 的得益，因此当劳方选择冲突策略时，资方仍然会选择冲突。最终，资方的最优选择是冲突策略。

再来分析一下劳方的策略：如果资方选择合作策略，那么劳方有两个策略选择，一是劳方也选择合作策略，则劳资双方各自有 5 的得益；二是劳方选择冲突策略有 6 的得益，此时资方有 1 的得益。由于劳方选择冲突策略的得益 6 比选择合作策略得益 1 要高，因此当资方选合作时，劳方会选择冲突。如果资方选择冲突策略，劳方仍然有两个策略选择，一是劳方冲突有 3 的得益，二是劳方合作有 1 的得益，因此当资方选择冲突策略时，劳方仍然会选择冲突。最终，劳方的最优选择是冲突策略。

这样的结果是基于雇主可以通过牺牲雇员利益的手段获得好处，而雇员也可以以牺牲雇主的利益为代价来获得好处的劳资冲突的认识上，从而雇主想方设法压低雇员工资来降低成本，而雇员也尽可能利用雇主难以实施完全监控而怠工偷懒。最终的纳什均衡是劳方低工资，资方低利润（各得 3）。[①]

囚徒困境博弈模型解释了劳资双方冲突的博弈过程。劳方与资方为了增加自己的收益常常并不能实现双方利益整体的增进，也常常不能实现个人自身的最大利益，最终形成一个"双输"的结局。[②] 同时它揭示了劳资双方存在着帕累托改进的可能，从右下角到左上角，但是在很多文献中，仅仅用囚徒困境来分析劳资关系是有局限性的。

[①] 罗宁：《中国转型期劳资关系冲突与合作研究》，博士学位论文，西南财经大学，2009 年。

[②] 吕永霞、吕永成等：《浅析我国现阶段私营企业中的劳资关系》，《前沿》2005 年第 6 期。

二 局限性

"囚徒困境"还不能完全接近于劳资冲突的真实情况,因为"囚徒困境"有一个前提即其是一个对称博弈,可以理解为两个囚徒的实力是相等的。这和我们要研究的资方与劳方存在着势力不均的情况,例如资强劳弱的情况迥异。但是,我们可以先寻找"囚徒困境"的解决方式,再构建满足它的前提。

本书把囚徒困境用更一般的方式表达出来,首先来看一下产生囚徒困境的条件:

		劳方	
		合作	冲突
资	合作	R, R	S, T
方	冲突	T, S	P, P

图 3-3 劳资之间的囚徒困境博弈的一般表达式

资料来源:作者绘制。

其中,T = 对背叛的诱惑,S = 给笨蛋的报酬,R = 对合作的奖励,P = 对背叛的惩罚,产生囚徒困境的关键条件:(1)$T > R > P > S$,这个条件保证了参与人看到了 $T > R$,以及 $P > S$,将总会选择第二行第二列,这不可避免地产生次优的选择(2)$(T + S)/2 < R$,这个条件保证参与人不能通过轮流背叛摆脱困境,也就是说,交替的背叛对方和被对方背叛的收益没有双方合作好(瓦茨,2006,中译本)。(3)囚徒困境是一个对称博弈,可以理解为两个囚徒的实力是相等的,因此两人互换对博弈结果没有影响。

我国的劳资冲突是否满足以上的约束条件呢?"资强劳弱"的局面可以理解为劳资的实力不一样,如果选用非对称的博弈来描述,那么矩阵里面的得益将不会满足上述的约束条件,弱势一方不能通过背叛对方来改变自己的状况,因此用简单的囚徒困境来分析劳资博弈就会捉襟见肘,但这个属于对劳资冲突的囚徒困境的扩展分析,其并不妨碍把最基本的对称博弈作为劳资冲突分析的开始。

因此,囚徒困境博弈是一次性静态的、对称的博弈,并且是建立在双方缺乏交流的情况下，没有约束力合约的情况下的冲突。博弈论指出解决囚徒困境有两种方式：一种是重复博弈，另一种是双方形成有约束力的契约。具体运用到劳资博弈分析，由于劳资双方并非一次性博弈，因此劳资双方可以选择重复博弈增进合作；或者劳资双方可以达成一个合作博弈解即有约束力的契约。本书认为如果通过重复博弈来达成劳资合作将是低效率的，如果由外在第三方强制形成有约束力的合同会由于劳资合同的不完备性大打折扣。因此，这个合约的约束力必须来自劳资内部的利益约束，即形成一个劳资双方达到了均衡的对双方有利的"契约"来解决冲突。从而用囚徒困境分析劳资冲突不是结束而是分析的开始。

第二节　解决劳资冲突的途径

一　重复博弈模型中的劳资合作解

（一）重复博弈的"合作"可能性

重复博弈和一次性博弈有明显的差异，无限次重复博弈和有限次重复博弈之间往往也有很大的差别。假设劳资双方的寿命很长（几近无限），并且可以进行无限次的重复博弈。劳方与资方在每一次的阶段博弈中，双方依然面对着上节所示的博弈矩阵。出于维护自身利益的考虑，博弈方都有着冲突（即不合作）的冲动，因为"冲突"是使自己在本次博弈中的占优策略。在不断重复相同结构的博弈之后，由于考虑长期利益关系，单次"冲突"所带来的短期利润在无限次重复博弈中将变得微不足道，冲突不仅牺牲了对方的利益，同时也有损于己方的长期利益，从而有可能都选择合作的策略，达到"合作"的成功，所以博弈方的行为就可能表现出与一次性博弈不同的特点。[1] 因此，重复博弈有可能促进博弈方的"合作"

---

[1] 谢识予：《经济博弈论》（第二版），上海复旦大学出版社2006年版，第34—35页。

并提高博弈效率。

(二) 重复博弈提高合作效率的条件

第一,重复博弈提高合作效率在很大程度上取决于原博弈的具体情况。两人"零和博弈"的无限次重复与有限次重复博弈的结果并不会有什么不同,因为重复次数的无限增加也不能改变原博弈中博弈方之间在利益上的对立关系,也不会创造出潜在的合作利益,因此在这种零和博弈的无限次重复博弈中,博弈方每次重复仍然都根据当时的最大利益行为。从上节分析可知劳资双方并非零和博弈,而是存在着帕累托的改进。

对于有唯一纯策略纳什均衡博弈的重复博弈来说,结论是在有限次重复博弈中结果也不会更理想,因为其子博弈完美纳什均衡是各博弈方在每次重复博弈时都采用原博弈的纳什均衡;但在无限次重复博弈中,如果存在潜在的合作利益,那么当未来利益相当重要(由 δ 的水平反映)时,则一定存在某种子博弈完美纳什均衡(通常由触发策略构成)能够实现这种利益。因此,对于有唯一纯策略纳什均衡博弈的重复博弈,有限次重复博弈也不一定会达成合作关系。[①]

第二,重复博弈提高合作效率的依赖于可实施的策略。奥曼(1959)首先提出了完整详尽的无限次重复博弈理论,并论证了在何种情况下"合作"的结果可能出现。在重复博弈中,最常使用的策略是触发策略(trigger strategies)。触发策略可以是纯粹策略,亦可以是混合策略,它是依存于其他对手的行动历史而构成的策略。它有一个特点,就是通过威吓对手从而达至共同"合作",而最著名的触发策略则应是冷酷策略(grim strategy)和针锋相对策略(tit for tat strategy)[②]。在没有约束力协议的情况下,每位参与者通过威吓或其他手段,致令各方同心合作,并逐步走向帕累托最优局面。

[①] 谢识予:《经济博弈论》(第二版),复旦大学出版社2006年版,第34—216页。
[②] [加拿大] 杨荣基、[俄] 彼得罗相、李颂志:《动态合作——尖端博弈论》,中国市场出版社2007年版,第93—94页。

具体到劳资重复博弈中,若劳方在第一阶段被对方剥削,则在第二阶段开始,理性的劳方将不再与之合作,即使在背叛发生后他能挽回部分损失(毕竟长此以往可能遭受的损失巨大)。事实上,这已经指出了一种劳方可能的策略选择,即第一阶段劳方单纯合作或采取安全防范措施,若对方背叛,则在第二阶段开始不与之博弈。若对方合作,则下一阶段仍与之合作。不难想象,通过威吓对手并惩罚任何偏离"合作"模式的行为的强硬手段,劳资"合作"在无限次重复博弈中是有可能出现的。

(三)重复博弈促进合作的局限性

第一,重复博弈需要的时间太长。如果期望劳资重复博弈来达到从冲突到合作的结果,是需要很长时间的,10年或者更长的时间,并且如果任由双方经过多次博弈再接受合作,会不利于社会稳定,因此这个途径效率非常低。同时,在短期内对不合作所采取的报复行动不一定能够真正实施。

第二,重复博弈中"合作"的可能机制是双方可以采取退出的"威胁"策略。在劳资博弈中,单个劳动者的博弈力量非常小,对不合作行为的报复行动是否能够真正实施成了不确定的因素,其退出的威胁是不可置信的。因此,用重复博弈分析劳资合作的时候要注意,弱小的单个劳动者与资方无论怎么重复博弈都达不到稳定的合作的状态。并且,对特定的劳资双方并非一定存在重复博弈。

第三,重复博弈提高合作效率在很大程度上取决于原博弈的具体情况。对于有唯一纯策略纳什均衡博弈的重复博弈来说,结论是在有限次重复博弈中的结果也不会更理想。因此,如果是存在唯一纯策略纳什均衡的劳资博弈的有限次重复博弈结果不会比原博弈更好。

第四,在 N 人重复囚徒困境的合作实际是几乎完全不可能的。针锋相对或者是以牙还牙的策略,在 N 人参与中遭遇到一个难题,由于任何人的小失误都可能导致所有人合作的全部崩溃,在涉及十个行为主体的实验中,略微超过半数的行为主体一开始采取了合作的策略,接下来合作的人数骤减。每个人都知道用自己的背叛去惩罚别人过去的背叛是理性的；于是背叛就不可避免地像滚雪球一样地愈演愈烈。①

我国很多学者注意到重复博弈促进合作的可能性，因此大多提出员工与企业签订长期合同这个政策建议；但是本书这里解释了重复博弈促进合作的局限性，也说明了长期合同并非是解决劳资冲突的最佳途径，因此本书把眼光放到其他地方来关注促成劳资合作的机制。

二 通过谈判达成有利双方的合约

从劳资博弈的过程来看，劳资"合作"是我国劳动关系和谐的基本前提，劳动关系和谐只能是劳资合作所产生的一种可能性结果，而劳资双方存在着利益的帕累托改进则是双方能够产生合作的基本动因，因此，在帕累托意义上的利益满足是其关键。

如果囚徒困境中，囚徒能充分交流，那么合作的结果也可能达到；但是现阶段，信息永远都不可能完全，因为利益目标不一样的主体总会选择隐藏信息。如果信息是可以完全的，那么经济学中很多问题都将不会存在。因此，本书将希望寄托在可以操作的路径。托马斯·谢林认为："为了维持囚徒困境博弈中的非稳定均衡，常常需要一定的强制性协议或外部力量存在。"② 如果囚徒可以事先达成一个有约束力的合约"谁坦白谁家人就遭殃"，那么囚徒就会选择合作。当分析劳资关系时，"谁冲突谁受罚"看似是一个有约束力的合约，但由于这个合约是由第三方外力来实施，并且企业内部有很多不可观察的现象，因此这个合约并非是一个有约束力的合约。我们需要找一个有约束力，并且是可以自动实施的合约，那么这个合约必须是满足双方利益要求的这样一种均衡。怎样来达到这样的均衡呢？本书认为是通过谈判的手段来达到的。

---

① ［美］米勒：《管理困境——科层的政治经济学》，王勇等译，上海三联书店2006年版，第256页。

② ［美］托马斯·谢林：《冲突的战略》，赵华等译，华夏出版社2011年版，第3页。

第三节 集体谈判的转化作用

劳资双方根据市场供求的变化进行谈判，明确双方的权利、责任和义务，调整并确定双方的均衡效用，以达成有利于双方的合约。西方发达国家用实践证明集体谈判的机制是一种协调和解决劳资冲突的有效途径。① 在理论上，关于谈判对劳资关系从冲突向合作的转化作用，很多学者已经作出研究。

关于集体谈判对消解劳资冲突的作用，Dubin（1954）认为："集体谈判作为一种社会程序，不断用一种有秩序的方式将分歧转变成一致。它创造了解决产业冲突的一种可靠手段，是劳资冲突制度化的伟大社会发明。"布洛维（Burawoy，1979）对集体谈判消解劳资冲突进行了系统的研究。他认为："集体讨价还价一方面取代了来自不同生产代理人之间的冲突，另一方面在协商的框架中重组了冲突。在重组冲突的过程中，集体谈判产生了工会与公司以企业生存和发展为基础的共同利益，双方只是围绕一些细枝末节的变化而进行斗争（协商），对劳资关系的本质特性没有任何影响。协商的结果是工人主体对支配的有意识的反抗消失了，工人越来越被构建为一种具有制度化和义务的工业公民②。"

罗伯特·索尔（Robert Sauer）和克斯·威什尔（Keith Veether）对"劳资谈判"的转化作用做出了分析。一个劳资系统中，行为主体有不同需求，环境对各要素也有着不同的影响。在集体谈判调节机制下，劳工与雇主谈判签订一个关于工资、工时、工作条件和劳动关系

---

① 刘泰洪：《我国劳动关系"集体谈判"的困境与完善》，《理论与改革》2011 年第 2 期。

② 参见闻效仪《集体谈判的内部国家机制——以温岭羊毛衫行业工价集体谈判为例》，《社会》2011 年第 1 期。

的集体协议,并自愿执行,以此来规范劳动关系。①

因此,集体谈判要经过反复多次的讨价还价,谈判的过程实际上也是双方求同存异、逐步达成共识、解决矛盾和分歧的过程。没有实际的谈判过程,事实上就不可能通过谈判达到解决纠纷和冲突的目的。集体谈判在一个充满了较量、讨价还价的过程中把劳资纠纷化解。②

谈判达成有利于双方的合同满足了劳资双方的个体理性,消解了劳资冲突,那么通过谈判达到双方的利益均衡是损害企业的效率的吗?因此,在研究谈判的手段之前,本书首先分析一下满足劳资利益要求的组织均衡与效率的关系。

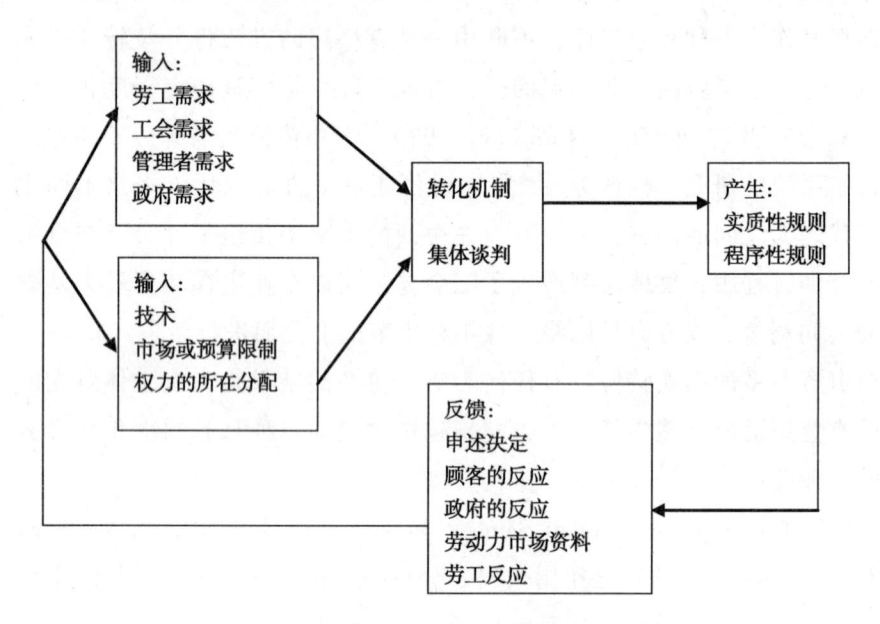

图 3-4 集体谈判:劳资关系的转化机制

资料来源:参见朱芝洲、俞位增《冲突到稳定:私营企业劳资关系协调机制研究》,经济科学出版社 2011 年版,第 174 页。

---

① 朱芝洲、俞位增:《冲突到稳定:私营企业劳资关系协调机制研究》,经济科学出版社 2011 年版,第 174—175 页。

② 程延园:《集体谈判制度研究》,中国人民大学出版社 2004 年版,第 102 页。

第四章

组织均衡与效率

第一节 传统的市场均衡与效率

西方主流企业理论认为如果资源配置使所有社会成员得到的总剩余最大化，就可以说这种资源配置是有效率的。总剩余是消费者剩余和生产者剩余之和，是需求曲线以上和供给曲线以下的面积。

总剩余 = （买者的评价 – 买者支付的量）+（卖者得到的量 – 卖者的成本）

总剩余 = 买者的评价 – 卖者的成本

自由市场的竞争产生了市场均衡，当市场均衡时总剩余最大，从而也是最有效率的。可以用以下的观察来证明这种效率：自由市场把产品配置给对之评价最高的买者即那些支付意愿大于或等于市场均衡价格的买者。因此，通过把消费从现在的买者转给任何一个其他非买者并不能增加消费者剩余。自由市场把物品卖者配置给能以最低成本生产的卖者即低于市场均衡价格的卖者。因此，通过把生产从现在的卖者转给任何一个其他非卖者并不能增加生产者剩余。自由市场生产使总剩余最大化的物品量，如果生产小于均衡数量，就不能生产买者评价大于生产者成本的数量；如果生产大于均衡数量，就生产了生产者成本大于买者评价的数量。

因此，市场均衡实现了总剩余最大化也就是效率，经济学家普遍支持自由市场也是因为它是有效率的。但在完全竞争市场中对于单个生产者来讲，市场均衡就要求无数个单个生产者的竞争，而企业要在竞争中存活下来，就必须有更多的利润，也就是利润最大化。同时，在完全竞争市场上，产品的价格是由市场决定的，生产要素的价格也是市场决定的。单个生产者是价格的接受者，单个生产者能控制的只有量的因素。根据产品价格来生产多少量，根据生产要素价格（成本）来雇佣多少量，即利润最大化或者成本最小化。因此，从整个市场均衡即达到效率的这个观点，可以推论出单个企业追求利润最大化是满足效率要求的结论，这个结论是严格建立在完全竞争基础之上的市场理论，其并没有深入到企业内部。因此，把对企业利润最大化目标与效率联系起来是有严格的假设条件的，同时建立在市场理论上的利润最大化目标根本无视企业内部的运行。

对利润最大化目标表示怀疑的学者也不胜枚举。Demsetz（1983）明确指出："新古典经济学的研究中心是价格体系，因此将企业视为一个黑箱。而在真实世界中的企业中，缔约者有自己的利益目标，都是为了自己的效用最大化，而非为了企业利润最大化。因此，不能把经济理论中的企业与现实世界中的企业混为一谈。"Furubotn（1991）也认为："在企业内部，不同要素拥有者都追求自己利益最大化，但是同时任何要素拥有者的获得皆取决于其他人的选择。因此，在这些情况下，没有人保证能以利润最大化或成本最小化来指导企业行为的原则。对一个组织来说，并不存在一个稳定的利润最大化目标函数。"[①] 戈登（Gordon）、西蒙（Simon）和马戈利斯（Margolis）都认为利润最大化应该被获取"令人满意的利润"这样一个目标所代替。[②]

以传统的"利润最大化"或者成本最小化的市场目标来决定企业的运行，那么有可能会造成企业内部不平衡。如果内部不平衡，就不会对要素所有者产生强激励，如果达不到内部效率，又何谈利润的生产。同时成本并不一定由要素市场所决定，比如因为存在企业内部劳动市场，员工的工资并不一定完全由市场所决定。如果考

---

① 参见卢周来《缔约视角下的企业内部权力之谜》，中国人民大学出版社2009年版，第36页。

② ［美］西尔特：《企业行为理论》（第二版），李强译，中国人民大学出版社2008年版，第9页。

虑企业内部的各要素主体的目标，那么还能达到所谓的市场均衡与效率吗？如果不考虑企业内部状况，那么各要素主体能受到最大激励而产生最大化利润吗？因此，本书不得不对利润最大化和效率的问题重新思考。

第二节 新制度经济学中契约、权威与效率

以科斯为代表的新制度经济学，第一次深入企业内部。该理论认为企业内部存在摩擦，期望用交易成本最小化来减少企业内部的摩擦，但其仍然是坚持在主流经济学范式之下。

怎样减少企业内部交易成本？可以从新制度经济学的两大分支来分析。一是 TCE 理论，其根据交易类型、交易频率以及资产专用性程度来设计不同的契约，以最大限度节约交易成本，并把"最优契约"与"节约交易成本"两个概念连接起来。契约设计的关键是保护专用性投资，而企业的净剩余主要来源于专用性投资，因此，如果把生产成本看成是固定的，那么"最优契约"将同时会使交易成本最小化与剩余总量最大化，这与企业利润最大化目标一致。威廉姆森（Williamson，1962）认为 TCE 理论并不反对厂商利润最大化的观点，节约市场交易成本只是达到利润最大化目标的手段。因此，TCE 理论就把交易成本最小化与传统效率联系在了一起。二是 GHM 理论，其把权力控制作为企业契约区别于市场契约的特征，并将权力赋予非人力资本所有者以保护专用性投资，因此企业内权力运作的目标函数也是效率最大化。[①]

是不是出现了这样的矛盾：一方面，新制度经济学批评新古典理论将企业视为一个追求利润最大化的生产函数，于是把研究深入到企业这个黑箱内部；另一方面，TCE 理论与 GHM 理论又将企业视为追

---

① 卢周来：《企业内部权力的来源与配置：一个批评性综述》，《经济学动态》2008年第3期。

求利润最大化的组织,[①] 只是其不是依靠市场来决定企业,而是通过企业内部的契约和权威来保护专用性投资,由于专用性投资又是利润的主要来源,同时契约又减少了交易成本等摩擦,因此企业交易成本的节约也达到了利润最大化的目的。

其实,本书认为这是新制度经济学为了把自己融入主流经济学之中"利润最大化范式"所做出的妥协。交易成本最小化已经涉及企业内部,从减少企业内部的摩擦来实现利润最大化。在某种角度上讲,新制度经济学已经涉及要素主体的研究,如果把交易成本泛化,可以把要素主体之间的矛盾冲突也理解为一种交易成本;但是新制度经济学并未向前走这一步。当然新制度经济学的利润最大化已经和仅有市场配置的利润最大化有所不同。

但是厂商的存在仅仅是因为它可以降低市场交易成本吗?马克思认为厂商可以通过更好地利用专业化和劳动分工来提高生产率,德姆塞茨(Demsetz,1988)、奈特(Knight,1921)、彭罗斯(Penrose,1959)、纳尔逊和文特(Nelson,Winter,1982)、豪森(Hodgson,1994)也持有相似的观点。因此必须跳出新制度理论中交易成本的概念来真正研究企业内部运行。

第三节 组织均衡与合作效率

企业是一组契约关系的联结,是各个要素所有者相互协调合作形成的有机整体。研究一个有机组织,不仅要考虑组织的各个组成部分的功能作用和利益关系,同时必须考虑有机组织作为一个整体的生存与发展,必须考虑各个组成部分的协调与合作。

一 合作效率

在企业组织中,专用性资产的投入使企业要素主体形成一个多边

[①] 卢周来:《缔约视角下的企业内部权力之谜》,中国人民大学出版社2009年版,第34—37页。

依赖的紧密的关系型团队。其中每个成员的产出和收益都依赖于其他各方的努力，特别是其他成员专用性资本的投入和努力程度；反之，每一个成员的专用性资本受损或努力程度下降，其他成员的产出和收益也会受到一定程度的损失。由于专用性资产的投入，因此退出的成本极高，每个成员只有通过加强合作增加自己的收益。因此，现在需要形成新的理念，即承认博弈是要充分发挥各个利益相关者的能动性，强调合作就是要形成合力，企业合作效率越来越成为公司效率的核心。①

企业合作效率是指企业内要素主体间在合作的基础上，成功激发要素主体的努力而进行生产的效率。合作效率包括但不限于收集相关信息的及时性、准确性、与生产相关的知识的数量和质量、生产过程中的开放性、民主性等等。实现合作效率的关键在于如何达到要素主体利益的满足。要素主体利益的满足不仅要考虑其在企业内部的分配情况，还要考虑其退出企业单干或者与企业外其他要素结盟时所获得的收益。如果内部分配不足以激发要素主体的努力合作而进行生产，那么企业很快就失去动力；如果市场上其他企业的效益好，要素主体可能会离开原企业（联盟）而加入新的联盟；如果市场上劳动力要素的价格低，那么有可能企业会招收新的员工代替企业内部员工。合作效率决定了企业的规模以及其在市场中的位置，企业内部的合作效率与外部市场联系在了一起。

那么怎么实现合作效率呢，怎么样使要素主体的利益得到满足呢？本书引入组织均衡的概念来实现合作效率。

二 组织均衡与企业合作效率

"均衡"的定义与在自然科学和社会科学以至经济学上的定义都是不同的。在博弈论里，一个均衡就是一个由所有参与者的最优策略（optimal strategy）所组成的组合，亦即一个特殊的策略组合。这个策略组合是特殊的，因为当所有参与者都采用这个策略组合中属于他的

---

① 洪银兴：《合作博弈与企业治理结构的完善》，《南京大学学报》2003 年第 3 期。

策略时，便没有一位参与者能够通过独自采用其他策略而获得更多。

因此，根据博弈论中"均衡"的定义，青木昌彦把"组织均衡"定义为这样一种状态，即"假设谈判一方以撤出合作博弈作为最有力威胁，没有任何一方期望在破坏合作同时又没有造成损失的情况下获得效用的增进"①。在组织均衡状态下，从现有股东和雇员角度看，不可能再有帕累托改善，或者说，满足于不以另一方利益为代价来增加股东或雇员利益的这一前提下的企业管理和分配等决策变量的组合就具有内部效率（internal efficiency）。如果企业决策结果都预期达到内部效率，那么企业决策的制度框架可以说是制度性有效的（institutional efficient）。②

组织均衡怎么实现？由于企业特质性资源的生产力只有在企业团队相互合作的情况下才能发挥，由此产生的剩余也只有在双方合作时才能得以实现。因此，为了共同利益（也是实现个人利益的前提），不同要素所有者就有可能通过谈判找到一个合作博弈解，从而实现组织均衡；即企业内要素主体找到一个合作博弈解，以达到帕累托意义上的内部分配从而满足各方利益。那么怎么找到这样一个合作博弈解，青木昌彦认为应该通过谈判来实现。

有了合作效率与组织均衡这些概念，让我们重新考虑一下劳资合作。尽管企业缔约各方存在利益而导致冲突，但同时也存在合作的一面，即当合作导致的剩余提高时，双方首先会选择合作。但这种合作并非为了共同的利益，而是因为合作导致的剩余分配使得各方利益都得到帕累托改进。剩余存在的条件构成了双方合作的一个广泛性区域。因此双方的利益冲突，也是在合作框架下的冲突；只要双方的利益得到满足，这个满足不是单纯的欲望的满足，而是一种达到组织均衡条件下的满足；否则，企业就会解体，而剩余也就不可能。同时，怎样达到组织均衡的满足，协商或者是谈判是其途径。谈判"可产生一个合理的、唯一的组织均衡（合作解）；其特征正是博弈参与者之

---

① ［日］青木昌彦：《企业的合作博弈理论》，郑江淮等译，中国人民大学出版社2005年版，第69页。

② 同上书，第5—139页。

间的力量平衡和企业内部有效"①，也就是说，在均衡点上，"任何一方博弈参与人（企业参与者）如果不承担更高的由于另一方可能撤销合作而造成的其预期效用的损失，他就无法提高其效用水平。因此，'理性'的参与人不会为了获得更高的组织租份额而偏离这一状态"②。组织均衡实现了企业的内部合作效率和企业联盟的稳定。

综上所述，本书分析了以重复博弈来达成劳资合作机制的局限性，那么我们只好把目光放到通过谈判达成有约束力的合约这一条途径。本书在前面分析了公司以利润最大化为目标来实现市场配置效率的不适应，因此提出合作效率这一新的评价体系，组织均衡可以实现合作效率。那么怎么实现组织均衡？随着劳资博弈的不断深入，我们慢慢意识到，组织均衡只能在共同谈判的基础上通过满足各自利益的合作博弈来实现。企业各要素主体要想取得最大收益，就依赖于谈判是否使公司整体及参与者利益达到了组织均衡。因此，研究怎样的谈判与谈判方式才能达到组织平衡成了事情的关键。

---

① ［日］青木昌彦：《企业的合作博弈理论》，郑江淮等译，中国人民大学出版社2005年版，第69页。

② 同上书，第80页。

第四篇
劳资谈判与政府的行为

从"囚徒困境"模型得出通过谈判达成有利双方的合约是解决劳资关系从冲突到合作的转化路径时,要注意这个结论是建立在"囚徒困境"的对称性基础上的,即劳资双方的谈判力是相等的。因此,现在要关注的不是分配到底怎么来分才是公平的,而是怎样规划出一种谈判,这种谈判是满足劳资谈判力平衡的谈判。因此,本书接下来研究谈判。

集体谈判作为通行的解决劳资冲突的手段已经在各个国家得到验证,通过集体谈判调整集体劳动关系,已构成了劳动关系制度的核心。

关于集体谈判的内涵,国际劳工组织《促进集体谈判公约》第2条将集体谈判定义为一个或数个雇主组织为一方;一个或数个工人组织为另一方。双方就以下目的所进行的谈判:一是确定工作条件和就业条件;二是调整雇主与工人之间的关系;三是调整雇主组织与工人组织之间的关系。① 我国学者程延园(2004)认为,集体谈判是劳资双方根据市场供求的变化就效用进行谈判,调整并确定双方的均衡效用,使双方效用最大化的一种有效交易方式。通过不断的谈判,明确双方的权利、责任和义务,达成和约。②

关于集体谈判改变工人力量的研究,英国韦伯夫妇在《产业民主》一书中指出:"在无工会组织的行业……为了出卖劳动力,劳动者个人不得不与雇主进行艰难的个人交涉,但如果工人们团结起来,推选代表以整个团体的名义与雇主谈判,其弱势地位将会立刻得到改变。"③

关于集体谈判中谈判主体的研究,英国学者吉尔·帕尔墨(Gill Palmer)认为集体谈判是"雇主与工会共同决定有关雇佣问题的制度化的协商谈判体系"④。我国学者程延园认为,集体谈判区别于劳动者单

---

① 国际劳工组织:《关于促进集体谈判的公约》(http://www1.umn.edu/humanrts/chinese/CHn5cpcb.htm)。

② 程延园:《集体谈判:现代西方国家调整劳动关系的制度安排》,《教学与研究》2004年第4期。

③ 参见程延园《集体谈判制度研究》,中国人民大学出版社2004年版,第36页。

④ Terry McIlwee, Collective Bargaining, *European Labor Relations*, England: Gower, 2001, p.15.

个个人为自己利益与雇主进行的个别谈判,它是工会与雇主或雇主协会之间的谈判,谈判的内容包括工作报酬、工作时间及其他雇佣条件。国内学者常凯从法学的角度也指出,劳动关系的调整主要是集体劳动关系的调整,而集体劳动关系的核心是工会,即通过在企业组织以外形成了雇员集体自己的组织,并将这种组织力量上升到产业、地区乃至国家层面,以增强与雇主的谈判能力。①

---

① 参见赵小仕《劳动关系中的集体谈判机制研究》,《当代经济管理》2009 年第 7 期。

第一章

集体谈判的理论回顾

西方学者对企业与工会之间的集体谈判模型进行了深入研究，如邓洛普（Dunlop，1944）和里昂惕夫（Leontief，1946）提出了"非合作博弈的工资和就业的议价模型"，夏皮罗和斯蒂格利茨（Shapiro，Stiglitz，1984）提出了"效率工资模型"，吉本斯（Gibbons，1992）用非合作博弈方法重写了"效率工资模型"，尼科尔和安德鲁斯（Nilkell，Andrews，1983）提出了"管理权模型"，以及麦克唐纳和索洛（Mcdonald，Solow，1981）提出了"效率议价模型"，其中管理权模型和效率模型被普遍接受和引用。[①]

第一节 集体谈判的模型

一 管理权模型

管理权模型首先由尼科尔（Nilkell）和安德鲁斯（Andrew）发展起来，它假定企业与工会之间的集体谈判目标仅仅是工资，在工资确定后由雇主单方面决定雇佣人数。管理权模型的含义是工会只能在劳动力需求曲线上选择一点，且谈判的结果在经济效率不能实现帕累托最优。

N_0——工会成员数；

L——雇佣工人数；

w——工人工资；

[①] 参见赵小仕《劳动关系中的集体谈判机制研究》，《当代经济管理》2009 年第 7 期。

$\hat{w}$——失业工人收入；

u——工人效用函数；

$\bar{u}$——工人期望效用；

π——企业利润；

F——生产函数。

每个工会成员的期望效用取决于就业时的工资、失业时的收入（如救济金）以及失业的概率，可表示为 $\bar{u} = pu(w) + (1-p)u(\hat{w})$，其中 $p = L/N_0$ 表示就业的概率。工会的目标是最大化成员的总效用 $V = N_0\bar{u} = L[u(w) - u(\hat{w})] + N_0 u(\hat{w})$。企业的目标是最大化利润 $\pi = F(L) - wL$。根据假定，企业在工资确定后选择雇佣劳动数以最大化其利润，可得企业的劳动需求函数为 $L^d = F'^{-1}(w)$。如果工人失业时收入为零，企业与工会进行谈判的解由以下规划给出：

$$\max_{\omega, L} H = \ln\{L[u(\omega) - u(\hat{\omega})]\} + \gamma \ln[F(L) - \omega L], \gamma \in [u, \infty)$$

其中 γ 表示企业的谈判能力，越大表示企业的谈判能力越强；当 γ 为 0 时，表示企业谈判力最弱，工会的谈判能力最强。

将工会目标函数全微分可知，工会的等效用线为递减和凸向原点的曲线，即 $v_1 < v_2 < v_3$；且 v_1, v_2, v_3；对利润函数求全微分可知，其斜率先正后负，等利润线为伞形的曲线，$\pi_1 < \pi_2 < \pi_3$，如图 4-1 所示。

当工会的相对谈判能力为零，即不存在集体谈判的时候，企业的相对谈判能力无穷大，工会的等效用曲线与企业的等利润曲线相切于 E_0 点，谈判后的工资是 $\hat{w}$。此时，工会的等效用曲线斜率为零，即 $V_1 = \hat{w}$ 曲线，这种情况与劳动力自由市场中是一样的，工资由边际生产力决定。当企业的相对谈判能力为零，工会的相对谈判能力无穷大时，工会的等效用曲线与劳动需求曲线的切点 E_1 为谈判解。E_1 与 E_0 比较，工会的效用达到最大，工会集体谈判虽然提高了工人的工资，但是降低了企业对劳动需求，企业的利润也下降了。由于工会的等效用曲线与企业的等利润曲线相交而并没有相切，因此双方总体的经济效率达不到帕累托最优，在两曲线相交的 B 区域是双方存在帕累托改进的区域。当企业的相对谈判能力在零到无穷大之间时，谈判解出现在 E_0 和 E_1 之间的劳动需求曲线上。点 E 与 E_0 比较，工会的效用水平

提高到 v_2，企业的利润下降到 π_2，两曲线相交的 A 区域为双方存在的帕累托改进的区域。①

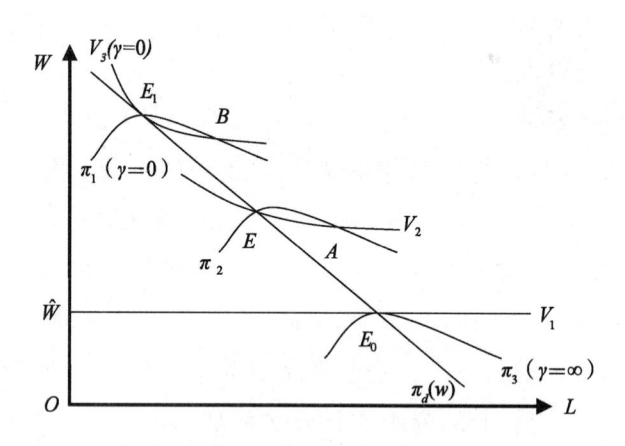

图 4-1 管理权模型

资料来源：参见陆雪琴、张旭昆《工会和集体谈判对工资、就业的影响研究综述》，《首都经贸大学学报》2011 年第 2 期。

二 有效谈判模型

有效谈判模型首先由麦克唐纳和索洛（McDonald，solow）发展起来，它假设工会与企业之间同时对工资和就业进行谈判，并最终达成包括工资与就业的协议。它在经济上是帕累托有效的，当工会的收益水平一定时，企业从谈判中所获得的收益最大化。保持上述的工会效用函数和企业利润函数不变，谈判解的最优规划可写作：

$$\max_{\omega,L} H = \ln\{L[u(\omega)-u(\hat{\omega})]\} + \gamma \ln[F(L)-\omega L], \gamma \in [u,\infty)$$

上式与管理权模型的最优规划式的区别仅在于它同时决定工资和就业；而在管理权模型中，就业作为工资的函数进入规划式，一旦工资确定了，就业也随之确定。

有效谈判模型如图 4-2 所示，当工会的谈判能力为零，企业的相对谈判能力无穷大时，谈判解是企业的等利润曲线 π_2 与工会的等

---

① 陆雪琴、张旭昆：《工会和集体谈判对工资、就业的影响研究综述》，《首都经贸大学学报》2011 年第 2 期。

效用曲线 $V_1 = \hat{w}$ 切点 E_0，此时与没有集体谈判时的情况一致。当企业的相对谈判能力为零时，谈判解是企业的等利润曲线 π_1 与工会的等效用曲线的切点 V_2，此时工会具有完全垄断能力，通过集体谈判同时提高了工资和就业。契约曲线是所有等效用曲线和等利润曲线切点的连线，契约曲线上 E_0 点到 E 点之间的所有点都是在不同谈判能力下的谈判解，具有帕累托最优的性质。在有效谈判模型中（除 E_0 点之外）工会的效用提高了，企业的利润减少了，提高和减少的程度取决于各自的谈判能力。

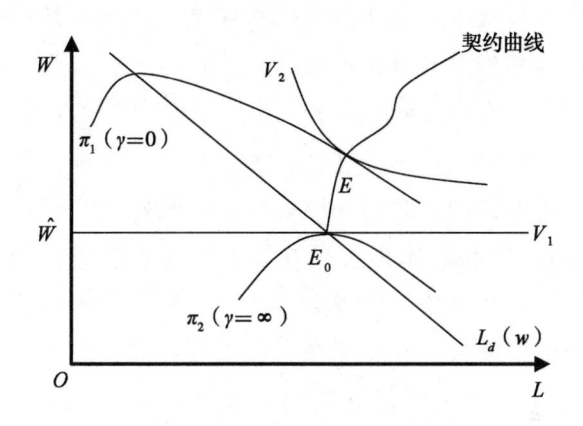

图 4-2 有效谈判模型

资料来源：参见陆雪琴、张旭昆《工会和集体谈判对工资、就业的影响研究综述》，《首都经贸大学学报》2011 年第 2 期。

综上所述，集体谈判模型一直关注不同的谈判对经济所产生的影响，比如劳动、就业、经济增长等。不管是管理权模型还是有效谈判模型都认为只要工会的相对谈判能力不为零，集体谈判就可以提高工资。但两者关于集体谈判对就业的影响有着不同的判断，管理权模型认为工会和集体谈判会降低就业；有效谈判模型说明工会和集体谈判会提高就业。[①]

---

① 参见陆雪琴、张旭昆《工会和集体谈判对工资、就业的影响研究综述》，《首都经贸大学学报》2011 年第 2 期。

第二节　集体谈判模型的述评

上述集体谈判模型具有非常明显的局限性：

第一，模型只研究了单个工会与单个企业，即由既定的工会成员与单个企业进行谈判；而多个工会与企业谈判的结构是否会影响企业的单个谈判，即谈判结构的问题没有在谈判模型中得以解决。近期的研究文献拓展了传统的工会和集体谈判模型，从理论和实证方面深入研究了集体谈判结构及其对谈判的影响。

第二，把集体谈判看成是零和博弈。在传统的经济学家看来，工会是一种劳工卡特尔。集体谈判被视为一种双头垄断，雇佣双方在一个零和博弈中争取得到更大的一块蛋糕。依此看法，可以用"相互敌对"（Eisenberg，1976）来形容现在所说的企业决策结构模式。将集体谈判看成是一种敌对关系的观点，忽视了雇主也可以从共同制定规则中得到好处的可能性。忽视了在当前工资和雇佣保障之间权衡时所产生帕累托改进（互惠）的可能性，正如 Raiffa（1982）的表述一样，企业内谈判可能不是"竞争性的"，而是"整体性的"，"认为一方有所得，另一方必定有所失是不正确的，双方都可以有所得。他们可以通过合作来将他们要分享的蛋糕做得更大一些"（Raiffa，1982）。[①] 因此，把集体谈判中双方关系看成是敌对关系的观点似乎是狭隘的，这种观点有失偏颇。

第三，集体谈判没有具体深入到谈判内部的过程。集体谈判模型虽然已经涉及了劳资的谈判力，但是什么因素影响了谈判力并没有研究。为了弄清楚劳资双方的谈判，必须深入到谈判内部的具体过程，本书希望从博弈论中得到解释。

---

① 参见［日］青木昌彦《企业的合作博弈理论》，郑江淮等译，中国人民大学出版社2005年版，第145页。

第二章

博弈论中的谈判

劳资博弈以劳方与资方为博弈主体,双方的得益不仅依赖于自己的选择,而且还是他人选择的函数;双方根据各自所掌握的信息,推测对方的策略并做出己方最优的选择。劳资博弈的均衡结果就是劳资之间关系的具体表现。

博弈论中大多数谈判（bargaining）都有两个特点：第一,谈判双方达成协议的总得益比达不成协议而单独获得的得益之和要大,即整体大于部分之和。第二,谈判并非零和博弈（你所得即我所失的博弈）。尽管各方都尽量为自己争取多得一点,留给对方少一点,但是由于达不成协议会使双方的处境变得更差,因此各方都会努力避免对双方都造成损失的做法。

本书所指的谈判不一定为双方坐下来当面的谈判,而是更为广义的谈判。下面将通过分析纳什谈判、序贯博弈等模型在劳资博弈中的应用,探寻影响劳资谈判结果的关键因素。

第一节 2人谈判

一 纳什谈判

纳什谈判模型深入到2人谈判的谈判过程,并用纳什积的方法研究了双方合作收益的分配问题。在合作告吹的情况下,两位参与者将采取不合作的策略。在不合作情况下的支付称为威吓支付、保留效用或者退路,同时将谈判力作为一个参数引入了纳什谈判模型中,特别是在非对称的纳什谈判中,谈判力的作用对分配的影响更加明显。引入退路(保留效用)d_A、d_B和配置$(\tau, 1-\tau)$,并最大化一般纳什积:①

$$\max_{(u_A, u_B) \in \Theta} (u_A - d_A)^\tau (u_B - d_B)^{1-\tau}$$
$$s.t. \ (u_A, u_B) \geq (d_A, d_B)$$

其中指数τ被称为谈判力,在0到1之间,在对称情形中是1/2。对于不对称纳什讨价还价解是下列方程的唯一解:

$$-h'(u_A) = \left(\frac{\tau}{1-\tau}\right)\left[\frac{u_B - d_B}{u_A - d_A}\right]$$

对任一$\tau \in (0,1)$和任一满足$h(\mu_A) = s - \mu_A$,其中$s > 0$,且$d_i \geq \mu_i (i = A, B)$的$(\Omega, d) \in \Sigma$,对于分割$s$单位的效用,不对称纳什讨价还价解$(\mu_A^N, \mu_B^N)$为:

$$\mu_A^N = d_A + \tau(s - d_A - d_B) \text{ 和 } \mu_B^N = d_B + (1-\tau)(s - d_A - d_B)$$

对纳什谈判解的影响因素包括双方的退路和谈判力。d_A、d_B是退路,τ是谈判力。谈判者A的效用等于他的退路d加上τ份额的剩余,我们把$(s - d_A - d_B)$看成剩余。如果A拥有全部的谈判力($\tau=1$),那么将获得$d_A + (s - d_A - d_B)$即他的退路加上所有的剩余,而如果谈判力为零,他只能获得d_A。

本书用非对称的纳什谈判来分析一下劳资谈判。首先将雇员和雇主简化为两个整体,以满足2人谈判的框架,用纳什积的方法分析双方对剩余分配的谈判。当谈判破裂时,雇员只能另谋出路获得其保留收益为d_A,雇主只能获得其拥有的原始资本的保留收益d_B,令雇员的谈判力为τ($0 < \tau < 1$),雇主的谈判力为$1-\tau$,求纳什谈判均衡解。

可知雇员的期望收益等于另谋出路收益d_A加τ份额对剩余的分割。当雇员谈判力$\tau \to 1$时,雇员将获得全部的剩余;当雇员谈判力

---

① [英]阿伯西内·穆素:《讨价还价理论及其应用》,管毅平等译,上海财经大学出版社2005年版,第25页。

τ→0 时，雇员只能获得另谋出路收益 d_A。[1]

变量 τ 是决定剩余分配的关键因素，但在模型中却是作为外生变量给定的。本书把这种谈判力 τ 接近于 1 或者是 0 的谈判称为谈判力失衡的谈判；把谈判力 τ 趋近于 1/2 的谈判称为谈判力平衡的谈判。在以后的章节中本书将具体分析非均衡的谈判与均衡的谈判的演化路径。

二　轮流叫价谈判模型

当事人的谈判能力是可变的，因此罗宾斯坦英的轮流叫价谈判模型正好可以体现契约的动态性和长期性。

罗宾斯坦英的案例是这样的：有两个人要分一块蛋糕。参与人 1 先出价，提出自己的分配方案 x_1，参与人 2 选择接受或拒绝。如果选择接受，则博弈结束；如果选择拒绝，则参与人 2 还价，提出相应的分配方案 x_2，参与人 1 选择接受或拒绝。若选择接受，蛋糕按 x_2 分配；若选择拒绝，参与人 1 再出价，如此往复到无限次。因此，这是一个无限期完美信息博弈。

假定参与人 1 和参与人 2 的贴现因子分别为 δ_1 和 δ_2。如果博弈在 t 期结束，t 是参与人 i 的出价阶段，参与人 1 支付的贴现值为 $\pi_1 = \delta_1^{t-1} x_i$，参与人 2 支付的贴现值为 $\pi_2 = \delta_2^{t-1}(1-x_i)$。罗宾斯坦英证明，在无限期轮流出价博弈中，唯一的子博弈精炼纳什均衡结果是：

$$x^* = \frac{(1-\delta_2)}{1-\delta_1\delta_2}$$

若 $\delta_1 = \delta_2$

则 $x^* = \frac{1}{1+\delta}$

罗宾斯坦英模型的一个重要结论是博弈的均衡结果是参与人贴现因子的函数，贴现因子 δ 可以理解为参与人的耐心程度。

如果把本模型运用到劳资博弈中，假定参与人 1 是资方，参与人 2 是劳方，那块蛋糕是企业剩余分配，轮流叫价谈判模型就可以用来

---

[1] 刘涛、卢婧：《集体谈判理论的经济学模型及其应用》，《求索》2011 年第 5 期。

分析企业资方和劳方之间的博弈了。劳资双方轮流对既定经济剩余的分配（即 x 值的确定）轮流出价，资方首先出价 x_1，$1 - x_1$ 为劳方的收益份额；劳方接受或者拒绝，如果接受，则博弈过程结束；反之，劳方出价 $1 - x_2$，x_2 则为资方的收益份额，资方选择接受或者拒绝，如果拒绝一直这样继续下去，直到有一方接受另一方的出价。资方与劳方的时间贴现率分别为 δ_1 和 δ_2，$0 \leq \delta_1$，$\delta_2 \leq 1$。根据轮流叫价谈判模型，在无限反复的讨价还价中，存在唯一的均衡，

$$x^* = \frac{(1 - \delta_2)}{1 - \delta_1 \delta_2}$$

资方的子博弈精炼均衡战略是在 $t = 1, 3, 5 \cdots$ 时总是要求 $\frac{(1 - \delta_2)}{1 - \delta_1 \delta_2}$，$t = 2, 4, 6 \cdots$ 时接受任何大于或等于 $\delta_1 \frac{(1 - \delta_2)}{1 - \delta_1 \delta_2}$ 的份额；劳方的子博弈精炼均衡战略是 $t = 1, 3, 5 \cdots$ 时接受任何大于或等于 $\delta_2 \frac{(1 - \delta_2)}{1 - \delta_1 \delta_2}$ 的份额；$t = 2, 4, 6 \cdots$ 时，总是要求 $\frac{(1 - \delta_2)}{1 - \delta_1 \delta_2}$。①

在上述模型中发现，贴现因子 δ 会影响劳资双方的策略，因此其是一个会改变劳资双方潜在收益的重要因素，是一个对分配结果产生重要影响的因素。从直观上来理解，贴现因子 δ 代表的是每一阶段中交易失败的可能性。由于与达成交易相比，交易失败会带来损失，这种损失就技术性地反映在参数 δ 中了。因此，贴现因子可以看作双方在博弈中的耐心程度，对方对自己的"威慑"是由于自己的耐心不足带来的。为什么会耐心不足？因为随着期间的不断增加，参与者谈判成本增加的幅度不同，谈判成本增幅大的参与者希望尽快结束谈判，否则损失会更大，所以贴现因子 δ 反映谈判力大小。

资方处于绝对优势，因此具有较大的贴现因子即较强的耐心，持久谈判对其越有利，分享的利益也就越多。在极端的情况下，当资方的谈判力无限大，即 $\delta_1 = 1$ 时，资方占有全部份额的剩余。然而，这种短期内资方单方面的利益增进将会直接影响劳动者的利益，从而降

---

① 参见赵红《企业利益相关者之间的合作博弈与均衡》，《财经理论与实践》2007 年第 7 期。

低劳方的合作偏好和合作意向，一旦利益平衡机制遭到破坏，当劳方利益遭受损害的程度超过了某一临界点时，就可能会导致劳资冲突。因此要关注的问题是如何实现谈判力较小的劳方合理的利益。从理论上讲，利益的实现只能依靠劳资双方的谈判力，因此劳资对分配的谈判一定是建立在劳资双方是否具备相对平衡的谈判能力基础上。[①]

三 对2人谈判模型的述评

纳什谈判与轮流叫价模型存在一些局限性：

首先，虽然纳什谈判与轮流叫价模型已经深入到劳资谈判的内部，明确了谈判力是影响分配的关键因素，但是纳什谈判模型并没有对谈判力 τ 进行深究，轮流叫价模型也没有具体分析贴现因子的影响因素，而是假设谈判力量是事先确定的和外生的（exogenous），然而谈判力却是影响谈判结果的主要因素。到底是什么因素决定谈判力的大小？其中一个流行的观点就是市场势力是决定谈判力的一个影响因素，由于市场的供需决定了谈判双方退出的成本不同，从而导致双方退出对对方产生的威胁不同。本书认为影响谈判力是很多的现实因素的综合力量，同时影响谈判力的因素也不是一成不变的，"影响谈判力的偏好、信念和制度本身也会在很多因素的影响下发生演化"，[②] 因此，谈判力是一个随着谈判过程、时间的变化而发生相对变化的综合因素，同时外生谈判力参数是一种过于简化的假设。如果希望通过构造谈判来解决劳资冲突，那么其关键在于构建影响谈判力的制度安排。

其次，纳什谈判模型与轮流叫价模型未考虑多人谈判中可能出现的联盟对谈判结构的影响。通常，企业中的各方会组成不同联盟来增加谈判力量，如劳动者的联盟、小股东的联盟、管理者与大股东的联盟等。在联盟议价中，不同的联盟结构会影响整个联盟的谈判力量分布，而纳什模型没有考虑到这种情况。

[①] 周扬波：《私有制企业劳资博弈与利益均衡机制》，《经济论坛》2011年第9期。

[②] ［美］萨缪·鲍尔斯：《微观经济学：行为，制度和演化》，江艇等译，中国人民大学出版社2006年版，第146页。

再次,在纳什谈判模型中,信息是共用的。谈判双方完全了解对方的保留效用 d_A, d_B,但是在讨价还价行为中,信息不对称的存在具有重要的意义,最佳的谈判过程包括一个猜价过程。简单的谈判模型中出价的交换是比较容易的,纯粹是自愿的,而不是揭示玩家的专有信息;而实际的状况更为复杂,为了正确地计算自己的收益,不知情的玩家通过观察他的知情对手的行为来得出正确的推论;反过来,知情玩家的目标是达到最大的利润,同时提供激励给他不知情的对手。[1]轮流出价模型可以认为是寻找利益边界的模型。

最后,无论是纳什谈判的恫吓点还是轮流叫价模型中的威慑,都暗含着威慑可以置信的这个条件。威慑最显著的特征是威慑方对外声称,如果被威慑方采取或者不采取某个行为,他将要采取的某种威慑行为。一旦做出威慑承诺,他失去做出其他选择的权力。如果威慑不可置信,或者威慑战术失败,威慑方将面临比以前更糟糕的处境。[2]

弱势一方的威慑行为对对方的影响微小或者造成的损失为零,这样就降低了威慑的必要性。鉴于威慑的高昂成本以及无果而终的可能性,弱势一方的威慑是不可置信的。在存在弱势一方的威慑不可信的情况下,对强势一方而言,缺乏有效的沟通也许并不是一件坏事,因为这样双方之间根本不存在一个讨价还价的空间。强势一方如果能够准确判断自己的优势,并对自己能够预见的谈判结果充满信心,那么他就可以设法破坏沟通渠道,或者干脆拒绝与对方进行沟通。这也是为什么在我国劳资谈判中,资方不出面或者出面也是拖延战术的原因。因为他们是强势的一方,由于弱势一方的威慑不可置信,根本不存在一个讨价还价的空间。[3]

---

[1] William Samuelson, "Bargaining under Asymmetry Information", *Econometrica*, Vol. 52, No. 4, 1984.

[2] [美] 托马斯·谢林:《冲突的战略》,赵华等译,华夏出版社2011年版,第104—105页。

[3] 同上书,第52—53页。

第二节 N人谈判中的联盟问题

本书上述只针对两人博弈考虑了讨价还价与合作的问题，那么能不能把讨价还价问题的定义和纳什讨价还价解推广到多于两个局中人的博弈呢？令 $N = \{1, 2, \cdots, n\}$ 为局中人集，并用 R^n 的一个闭凸子集 F 表示局中人全部一起工作时所能得到的可行支付配置集，令 $(v_1, \cdots, v_n)$ 为局中人不合作时所预期的不一致同意支付配置，并假设 $\{y \in F \mid y_i \geq v_i, \forall i \in N\}$ 是一个非空有界集，那么二元组 $\{F, (v_1, \cdots, v_n)\}$ 可以被称为一个 n 人讨价还价问题（n-person bargaining problem）。

如果本书用一个纳什谈判来解决 n 人讨价还价问题 (F, v)，那么其解可以由纳什公理的广义形式推导出来，被定义为最大化纳什积，x 是从 F 中满足对每个 i 均有 $x_i \geq v_i$ 的所有向量中选取的。

$$\prod_{i \in x}(x_i - v_i)$$

不过，当 n > 2 时，由于这个 n 纳什还价解完全忽视了局中人之间的合作可能性，所以并未被广泛地应用于对合作博弈的分析，研究两个以上局中人的合作问题，必须包含一个联盟分析的理论，但这已超出 n 人讨价还价问题纳什谈判模型的研究范围。因此，不得不考虑参与者之间的联盟问题。[①]

局中人集的任何一个非空子集都可以被称为一个联盟。所有人组成的联盟为大联盟 N，但每位参与者都能够按照自己的利益与其他部分的参与者组成一个小联盟，这些都是联盟。如果把大联盟 N 分为 m 个不相交的小联盟，这 m 个小联盟中的得益总数绝不会大于大联盟的得益，这就是联盟的超可加性。如果一个联盟是超可加的，就意味"整体大于部分之和"。联盟的形成要满足超可加性才会有结合力。

从合作博弈论角度，企业的合作预期收益大于单个要素之和，具

[①] [美]罗杰·B.迈尔森：《博弈论矛盾冲突分析》，于寅等译，中国经济出版社 2001 年版，第 417 页。

有超可加性，如果不具有超可加性，企业就不会存在。一个企业的要素合作形式，可以抽象为一个合作博弈的联盟模型。一个基于联盟结构的博弈是一个三元组（N, M, V），其中$N = \{1, 2, \cdots, n\}$表示n个参与人集合，$M = \{S_1, S_2, \cdots, S_n\}$表示由$n$个参与人形成的不同联盟结构，$S_i$为联盟，$V$表示$N$上的支付函数。一个$n$个参与人可以形成$2^n - 1$个联盟，而基于这$2^n - 1$个联盟又可以形成许多不同形式的"联盟结构"划分。企业中每个成员相当于合作博弈中的个体参与人，由个体成员参与的各种组织可以看作是"合作博弈中的结构联盟"，而整个企业或其中间组织相当于由各个联盟构成的一种联盟结构形式。[1]

一个大联盟的实现，不仅要具有超可加性，即小联盟中的得益总数绝不会大于大联盟的得益；联盟的稳定性要求联盟的收益分配要同时满足联盟的集体理性与局中人的个体理性，既在保证集体利益增进的基础上，又要保证每个个体所分得的支付必定不会低于退出联盟的支付。由于不同联盟结构将导致不同的分配，因此合理的联盟结构可以使企业这个联盟保持良好的稳定性；不合理的联盟结构会使企业陷入困境，合理的联盟结构是重要的。合作博弈解的概念可以应用于对合作博弈大联盟收益在参与人之间的公平合理分配问题。我们首先来分析一下合作博弈的解法。

一　3人零和博弈

讨论3人零和博弈时，冯·诺依曼认为问题的核心不再是单纯的利害对立（这是2人零和博弈的主要特征），而是转移到合伙问题上来。对于多人博弈的社会组织，如果没有一个合伙的形成，这将不是合理的。冯·诺依曼将N人博弈的解建立在2人零和博弈的基础上（2人零和博弈详见冯·诺依曼极大极小值定理），特别举例把3人以上的零和博弈如何转化为2人零和博弈，能转化的前提是在博弈中有

---

[1] 李书金、张强、任志波：《合作博弈与企业组织管理》，《商业研究》2006年第9期。

合伙的可能性，即假定有一个 n 人博弈 G，以 $1, 2, \cdots, n$ 个局中人，由全部局中人组成的集合为 $I = (1, 2, \cdots, n)$，如果把局中人分为 2 个集团，把每个集团看成一个绝对合伙，即在每一个集团内假定彻底合作，就得到一个 2 人零和博弈。冯·诺依曼给出了 N 人零和博弈的定义，虽然对于其解并没有给出一个范式，但是其理论具有启发作用。[①]

运用到企业，我们发现在某些情况下，资本集团内部不是绝对的合作。大股东与小股东的分化使小股东被抛弃而大股东自己形成联盟，或者大股东与管理者形成联盟。因此，N 人博弈的事情远远比 2 人零和博弈复杂。因此，我们继续在博弈论中寻找答案。

二　Shapley 值

$$\varphi_i[v] = \sum_{s \subseteq N} \gamma_n(S)[v(S) - v(S - \{i\})], \forall i \in N$$

其中

$$\gamma_n(S) = \frac{(|S| - 1)!(n - |S|)!}{n!}$$

在一个 n 人博弈中，假定每位参与者都是随机进入博弈，那么那些参与者便共有 $n!$ 种不同的进入博弈的方法。根据 $Shapley$ 的设定，如果参与者 $i \in N$ 和在他进入博弈前已经到达的所有参与者组成联盟 S，那么在他到达以后才进入博弈的其他参与者则会组成另一个联盟 $N \setminus S$。由于联盟 S 在参与者 i 未加入前共有 $|S - \{i\}|!$ 种组成方法，而组成联盟 $N \setminus S$ 的 $|N - S|$ 位参与者则有 $|N - S|!$ 种组成方法，只要假定每种方法同样可能，那么，$\gamma_n(S)$ 便是一个有关一位参与者加入联盟 S 的特定概率，其是加权因子；$[v(s) - v(s - \{i\})]$ 可以理解为参与者 $i \in N$ 对联盟 S 的边际贡献。如此，Shapley 值便可理解为每位参与者在博弈中的每个可能联盟的平均边际贡献值（average marginal contribution）。因此正确评估利益主体在不同联盟的

---

① [美] 约翰·冯·诺依曼、奥斯卡·摩根斯坦：《竞赛论与经济行为》，王建华译，科学出版社 1963 年版，第 195—204 页。

作用以及它与系统 S 外结盟的可能性很重要。① 满足 Shapley 值的分配不仅把集体理性考虑进去，还把要素所有者结成不同的小联盟关系考虑进去，反驳了只考虑个体理性和个体为最终合作群体所贡献的边际收益的按要素分配方式。

三　加权 Shapley 值

原始的 Shapley 值已经认识到 N 人博弈中会存在联盟，其假定参与人可以随机进入任何一种联盟而不受阻止，每个人参与人都具有对称性；但其没有考虑到参与人之间可能存在议价能力（bargaining power）差异所造成的不对称性，即参与人耐心的不同（从而对于未来收入的贴现率有差异），以及参与人加入联盟的可能性等因素，因此要考虑在原始的夏普利值上赋予权重的加权夏普利值（Weighted Shapley Value）。但是加权夏普利值的权重体系是外生的，也就是说，加权夏普利值只是考虑在权重给定的情况下，如何分摊成本或者收益，而不关心这些权重是如何被决定的。而权重可能是通过考虑实际问题中参与人的议价能力、耐心等因素综合给出的。②

四　Owen 值

夏普利值的计算过程是把联盟内的每个参与人个体作为分析对象，而没有考虑到对大联盟的分割所带来的影响，即联盟的结构。对于夏普利值的扩展都是针对这一点提出来的，其中比较有代表的是 Owen 联盟值。③ 参与博弈的全体局中人的一个结构划分为一个联盟结构，基于联盟结构的收益分配问题包括两个层次，一是在各联盟间收益的分配，二是在联盟内部参与人之间的收益分配。Hart、Kurz

---

① ［加］杨荣基、［俄］彼得罗相、李颂志：《动态合作——尖端博弈论》，中国市场出版社 2007 年版，第 61 页。

② 董保民、王运通、郭桂霞：《合作博弈论——解与成本分摊》，中国市场出版社 2008 年版，第 64 页。

③ 参见董保民、郭桂霞《机场博弈与中国起降费规制改革——一个合作博弈论评价》，《经济学》2006 年第 7 期。

(1983) 指出，Owen 值反映了联盟的形成并不是为了得到联盟本身的好处，而是为了提高联盟整体比其他联盟在分配大联盟总得益时的议价能力。①

企业中的全体成员可以看成是合作博弈中的参与人，由于不同的联盟结构会带来不同的分配，因此企业的收益分配问题可以看作基于企业成员组成的不同联盟结构的合作博弈的收益分配问题，该类问题可以用 Owen 联盟值进行求解。如果跳出企业内部，把社会上的人看成是合作博弈中的参与人，那么这些人也会组成不同的联盟，例如工会与资方联盟，或者是游离在这些联盟之外的人，那么整个社会的分配也可以看成是具有联盟结构的分配问题。

夏普利值的一个默示假设是所有参与人都有充分参与合作的可能性，即不存在某个参与人想加入某个联盟但是由于某种原因却无法实现的情况。换句话说，大联盟总是能够实现。但是，事实上联盟很可能由于无法直接进行交流，成本太高或者联盟形成过程产生的外部性等原因而无法实现。即使是考虑了联盟结构的 Owen 值，也只是分析联盟结构已经形成后，应该如何进行分配。因此，是否有必要考虑一下联盟的形成过程呢？也就是说，是否应该把联盟的形成给内生化呢？答案是肯定的。实际上，在 Von Neumann 和 Morgenstern（1944）的"稳定集"中，就已经有了内生联盟结构的思想，只是这一思想在其的研究中并不占主导地位。②

五　谈判集

在一个 n 人博弈中，一个联盟结构就是集合 N 的一个分隔物或一个不相交的子集

$$\tilde{U} = \{T_1, T_2, \cdots, T_N\}$$

也就是说，联盟的结构代表博弈中有关联盟的组成情况。比如说

---

① 董保民、王运通、郭桂霞：《合作博弈论——解与成本分摊》，中国市场出版社 2008 年版，第 69 页。

② 同上书，第 75 页。

$N=4$，而 $\tilde{U} = \{\{1,2\}, \{3,4\}\}$，那么就表示博弈里共组成了两个联盟 $\{1,2\}, \{3,4\}$，谈判集明确提出了联盟结构的概念，用 X（ ）表示在固定的联盟结构下的分配，这个分配不但符合博弈中的每个已组成的联盟的"理性"，而且符合每位参与者的个体理性。[①]

假设所有的参与人可以进行"谈判"，通过充分的交流，并基于他们所拥有的"威胁"（threat）和"反击"（counter threat）达成一个"稳定"分配结果，所有这些稳定结果的集合被称为谈判集（bargaining set）。如果采取现行的分配是属于谈判集的，那么任何参与者对另一参与者的异议，都会遭受另一参与者的反异议。故此，谈判集的内部分配都不会因某一位参与者的异议而不能采用。

在联盟形成之前的磋商阶段，每个参与人都会尽力使他的合伙人相信他在某种程度上是强者。他会以各种方式证明，其中重要的因素是他有能力证明自己拥有其他的或更好的选择。他的合伙人除了指出他们自己的选择，还会反复争论，即使没有他的帮助，他们也可以保持自己的计划利益份额。这样，磋商阶段通常表现为"威胁"和"反击"或者"抗议"（objections）和"反抗议"（counter objections）的形式。

根据奥斯本（M. J. Osborne）与鲁本施泰恩（A. Rubinstein）（1944）的说法，异议和反异议可以理解为属于同一个联盟的两位参与者为了争取更大利益的互相威吓或外交谈判，其中 k 对 l 的异议可以理解为 l 对 k 的威吓如下：

"我，k，在分配 x 的所得太少，而你，l，却获得太多，故此我将组成不包含你的联盟 S，在这个联盟 S 当中，每个成员都分得比现在多。"

而 l 对 k 的反异议则可以理解为 l 对 k 的威吓的反威吓：

"你，k，的威吓是空洞的，因为我，l，可以组成不包含你的联盟 R，在这个联盟 R 当中，每个成员都比现在所分得多，而当中有参与你威吓要组成的联盟 S 的成员的所得，亦不会少于在 S 中的所得。"[②]

[①] [加] 杨荣基、[俄] 彼得罗相、李颂志：《动态合作——尖端博弈论》，中国市场出版社2007年版，第70页。

[②] 同上书，第71页。

谈判集依赖联盟结构，博弈的谈判集会根据联盟结构的改变而改变。J. 奥曼、迈克尔·马施勒具体讨论了2、3、4人博弈的谈判集，其中一些联盟是不被允许的时候的解，例如4人博弈中，只允许1人和3人组成联盟的情况。其告诉了我们联盟结构不同，将会导致不同的分配。与求解 Shapley 值过程不同的是，Shapley 值不存在不可形成的联盟，联盟的形成是自由的。而奥曼的分析认为："如果一个联盟中的某些成员能够组建其他的可允许的联盟而获得更多利益，那么这个联盟将永远不能形成。"① 同时谈判集还体现了各局中人通过谈判达成协议结为联盟的过程。

六 合作博弈思想在企业中的运用

对于合作博弈中"联盟结构"的思想，Shapley（1997）把它运用到劳资谈判中，他对比了单个个人劳动者和资方谈判，集体谈判的两种模型。在第一个模型中，无组织的劳工没有成为一个联盟，单一的"原子"局中人一对一与用人单位议价。模型表明，对于给定的雇主结构和给定的工作效率，工人的工资变化与生产力变化是独立的，对工人工资有积极影响的是工人的外部机会。在第二个模型中，正式的联盟作为一个单一的代理至少代表一部分工人，所有参与者的 Shapley 值衍生了。在不同制度结构下的工会成员工资问题出现了，即当所有可用的工人通过一个单一的工会（双边垄断）进行谈判，他们的总回报是高于他们单独的谈判。② 这与传统的新古典经济学在解释工会与资方双边垄断模型的结论相似。劳动力的规模、结构和整个劳动力外部机会的分布以及雇主的构成在联盟思想中发挥显著的作用，而这些都是传统新古典经济学模型所不能解释的。因此，用"联盟"的思想为劳资谈判提供了更为广阔的空间。

合作博弈理论的解纷繁多样，没有形成统一，这可能也是合作博

---

① ［美］哈罗德·W. 库恩：《博弈论经典》，韩松等译，中国人民大学出版社2004年版，第150页。

② Anat Levy and Lloyd S. Shapley, "Individual and Collective Wage bargaining", *International Economic Review*, Vol. 38, No. 4, 1986.

弈形散而神似的原因。本书在这里并不是需要求出劳资谈判的解，我们只是从合作博弈理论学习谈判中联盟的重要性，即联盟结构影响分配，以及促成联盟形成的条件直接影响联盟的结构从而影响分配的思想。我们需要解决的问题是每个联盟形成需要什么样的条件？这个联盟的形成的概率是多大？在众多的联盟结构中，哪一种联盟结构是最可取的呢？合理的联盟结构所带来的分配不仅可以满足整体理性也可以满足个体理性，可以达到企业组织平衡并保持稳定良好的运作状态；相反不合理的联盟结构，容易打破企业组织平衡使企业陷入困境。本书把这种思想运用到企业中。

例1：在一个100人企业的博弈过程中，局中人集为 $N = \{1, 2, 3, \cdots, 100\}$，1到5都是股东，6到10为管理层，11到100为员工。在 $2^n - 1$ 个子集中，有些小联盟根本就不会形成，如局中人股东与员工根本不会形成一个小联盟，即 $\{1, 2, 3, 4, 5, 11, \cdots, 100\}$ 这个子集根本不存在。还有一些情况，由于小联盟对每个局中人所带来的利益不一样，如果没有促成联盟形成的机制，一些局中人可能对参加小联盟缺乏兴趣，如管理层和员工的联盟。我们还应关注联盟形成的条件，比如员工要形成工会联盟是有条件的，股东可能反对工会的联盟，反对管理层与工会结成联盟，并制造其不能结盟的条件。同时，在公司的治理结构中，仅由股东选举董事的这一规定，在其他外部董事不作为的情况下使股东与管理者容易形成联盟。

例2：在一个100人的社会中，局中人集为 $N = \{1, 2, 3, \cdots, 100\}$，1到10是10家企业的股东，11到100都是员工，分别属于这10家企业，那么首先员工是否会形成企业工会，有一个工会覆盖率的问题；工会与工会之间是否会形成一个大联盟，工会之间是否会竞争形成多工会状态，因此就产生了究竟是单个企业与工会展开谈判，还是行业级别的企业联盟与行业级别的工会展开谈判，或者是全国性的企业联盟与总工会展开谈判的问题。这个问题取决于工会联盟的吸引力与政府是否为联盟的形成创造条件。工会的参与率表明了员工的结盟状态，资方可能会鼓励多个工会之间的竞争来削弱员工的结盟。集体谈判的合同覆盖到非工会人员，也有可能鼓励员工不参加工会,削弱员工的结盟。因此,促成某些联盟形成的制度条件,由此来改变谈判力的分布状态,是政府应该重点研究的领域。

如果从更复杂的动态角度分析,由于利益冲突的存在,使得战略联盟随着时间的变化而变化。随着时间的推移,博弈的局中人为了自身的利益最大化可能会在动态博弈过程中参与不同的联盟,旧的联盟也可能由于局中人的退出发生解体、规模缩小和扩大等变化,退出的局中人也可能组成新的联盟。因此如何来描述联盟结构随时间发生变化的动态过程,是静态合作博弈理论无法解决的问题,也是目前合作博弈理论发展的重点和难点。杨荣基、彼得罗相、李颂志(2007)用动态联盟博弈中将局中人在不同时间的策略选择归结为在时间序列集上的有序选择。局中人在什么时点选择参与联盟,什么时点不参与联盟是对局中人最有利,是笔者研究劳资谈判未来的方向。

第三节　谈判力及其影响因素

对于为什么谈判一方比另一方得到的好处要多,经济学家没有给出系统的解释。因此,就将其归因于模糊而无法解释的"谈判力"的差别。

一　模糊的"谈判力"研究

(一) 谈判力的定义

相比集体谈判一些理论,诸如集体谈判中工会对工资、生产率的影响,谈判力理论只是被粗略的涉及。虽然权力关系产生对集体谈判结果有重大的影响,但是关于谈判力决定因素的理论却很少。

谈判力"Bargaining power"指的是"在集体谈判理论中被模糊分析的概念"(Bacharach, Lawler, 1981)[①] 和一种"复杂的现象"

[①] Bacharach, Samuel B., Edward J. Lawler, "Power and Tactics in Bargaining", *Industial and Labor R alation Review*, Vol. 34, No. 2, 1981.

(Rubin, Brown, 1975)①。

Livernash (1963) 给了谈判力相对明确的总结:"集体谈判力是相对的罢工意愿、能力和罢工本身,然而复杂变量可以决定相对的意愿和能力……不过,没有满意的权力理论,能评估工会或者是管理者相对的罢工的意愿、能力和罢工本身。谈判力不能明确与市场的力量分开。""能够确保自己的条款被一致同意的能力。"(Livernash, 1963)②

Chamberlain (1965) 把谈判力看成同意(或反对)的成本。当不同意对方的成本变小时,一方的谈判力增加。"在所有权转让的谈判期间,谈判力是保留产品、生产的能力"(Commons, 1934)③;"谈判力可以定义为 A 强加一种损失给 B 的成本"④(Slichter, 1940);"讨价还价是缔约双方相对影响工资的能力"⑤(Dunlop, 1944);"对议价能力的最好解释包含所有的力量,即使买方或卖方设置或保持价格的能力"⑥(Lindblom, 1948)。

(二) 影响谈判力的因素

Dunlop (1944) 表明工会力量是一个包含偏好、动机、工人和雇主目标、市场条件、"纯"议价能力的函数。Lindblom (1948) 相信集体议价能力包括各方目标和动机,说服和强制的谈判技术,以及来自其他买家和卖家竞争。Fossumn (1982) 承认影响谈判力量的两个

---

① Rubin, Jeffrey Z., Bert Brown, *The Social Psychology of Bargaining and Negotiation*, New York: Harcourt, Brace, Jovanovich, 1975, p. 233.

② Livernash, E. Robert, "The Relation of Power to the Structure and Process of Collective Bargaining", *Journal of Law and Economics*, Vol. 6, No. 1, 1963.

③ Commons, John R., *Institutional Economics: Its Place in Political Economy*, New York: Macmillan, 1934, p. 331.

④ Slichter, Sumner, "Impact of Social Security Legislation Upon Mobility and Enterprise", *American Economic Review*, Vol. 30, Supplement, 1940.

⑤ Dunlop, John T., *Wage Determination Under Trade Unionism*, New York: Macmillan, 1944, p. 78.

⑥ Lindbloom, Charles E., "Bargaining Power in Price and Wage Determination", *Quarterly Jouanal of Economics*, Vol. 34, No. 2, 1948.

方面即权力固有当事人的经济地位、属性和谈判代表的谈判技巧。①Scheuch（1981）认为讨价还价的能力取决于产品和劳动力市场约束的水平，谈判是否遵循模式谈判，各方发起和耐受力以及停工斗争的意愿。②

Bacharach 和 Lawler 的依赖模型"dependence model"认为一方（工会或管理者）的议价能力随着对手对关系的依赖程度增加而谈判力增加。依赖是由一方可供选择的资源所决定，可供的选择越多，谈判力就越强。一方对谈判的承诺越多，相对权力就越少。Bacharach 和 Lawler 也把谈判力归结到战略行动。

Kochan（1980）描绘了结构的、环境的、组织的、管理的力量对集体谈判结果的影响，认为"三种因素"即结构特征、谈判的进程以及环境特征影响谈判结果。其中，环境特征被看作是塑造工会与雇主组织特性（工资政策，战斗性、组织的范围）的重要因素。③.

Terry L. Leap 和 David W. Grigsby 在 Bacharach 和 Lawler 谈判力的一般理论之上，提出更加综合的集体谈判力。他们认为权力来源于法律、经济、社会和结构等多个因素。④

Wright（2000）认为工人的"结构力量"由两种"讨价还价能力"组成。一种是"市场讨价还价能力"，包括工人技术稀缺性、较低的失业率、工人退出劳动力市场的保留收入（如社会保险金、个人储蓄等）；另一种是"工作现场的讨价还价能力"，即工人在工作现场产生的讨价还价能力。但是由于多数劳动者并不拥有稀缺性技术，同时就业形势紧张、劳动力过剩和社会保障制度的不完善等原因，使得

---

① Fossum, John A., *Labor Relations: Development, Structure, Process, Remediation*, Dallas: Business Pu blications, 1982, pp. 217-221.

② Scheuch, Richard, *Labor in the American Economy*, New York: Harper & Row, 1981, p. 455.

③ Kochan, Thomas A., *Collective Bargaining and Industrial Relations: From Theory to Policy and Practice*, Homewood, Ⅲ.: Richard D. Irwin, 1980, pp. 311-316.

④ Leap L., Grigsby W., "A Conceptulaization of Collecitve Bargining Power", *Industrial aud Labor Rolations Review*, Vol. 39, No. 2, 1986.

工人在面临雇主时的"结构力量"微小,从而导致劳动关系的失衡。[1]

杨瑞龙和周业安(1998)认为在物质资本所有者和人力资本所有者的博弈中,谈判力与资产专有性有关。资产专有性越强,该资产的所有者在谈判中越有耐心,原因在于团队生产的效率和其他成员资本的价值都直接依赖于其拥有的资本。

程承坪(2006)认为谈判力的影响因素包括要素的数量、要素的生产力、承担企业财务风险的能力、要素稀缺性、要素使用情况的监督性、资源专用性、要素所有者对谈判破裂的担心程度。[2]

二 谈判力影响因素分析

在缔约谈判过程中,主流经济学认为当事人是在平等的基础上自愿缔约;但马克思理论认为劳资缔约的谈判力是不平等的。本书在程承坪(2006)研究的基础上,具体解析了影响谈判力的多种影响因素与这些因素对谈判过程中劳资谈判力的影响。本书用下列公式表明:

$$y = Af(x_1, x_2, x_3, x_4, x_5, x_6)$$

公式中,y 代表要素主体谈判力;A 代表该要素结盟状态即谈判结构;x_1 代表要素的可替代性,或称稀缺性(可替代性与稀缺性负相关,稀缺性越强,可替代性则越差);x_2 代表要素承担企业财务风险的能力;x_3 代表要素资产专有性,或者说对企业生产力的贡献作用;x_4 代表要素被使用状况的信息完备性,越完备表示越容易被监督;x_5 代表资产的专用性,资产的专用性程度越高,则越容易被敲竹杠;x_6 代表 T_{t-1} 期的控制权分配情况。谈判力是该要素稀缺性、抵押能力、生产力、可监督性的信息完备性、专用性程度和 T_{t-1} 期的控制权分配以及结盟这七个因素的函数。在这七个因素中,本书认为 x_1 是影响市场上初始合同谈判的关键因素;x_2、x_3、x_4、x_5 是影响进入企业后的合

---

[1] 赵小仕:《劳动关系中的集体谈判机制研究》,《当代经济管理》2009 年第 7 期。
[2] 程承坪:《企业所有权谈判力的影响因素分析》,《当代经济管理》2006 年第 10 期。

同再谈判的关键因素；x_6 比较特殊，其既是上期初始合同谈判的结果，又是影响当期谈判的重要因素，A 代表该要素结盟状态。本书有如下假设。

(一) 初始合同的谈判力与市场的力量

假设1：在其他条件不变的情况下，该要素稀缺性越强，可替代性就越弱，其谈判力就越强，即 $dy/dx_1 > 0$。

企业作为一个正式组织，其存续依赖于外部要素市场的要素供给，或者说，要素市场构成了企业作为正式组织的存在环境。企业必须不断从要素市场获取不同的要素，就构成了对要素市场的依赖。如果在瓦尔拉斯均衡条件下，要素市场是完全的、出清性质的，则意味着企业可以做到无交易成本地从市场获得各种不同的要素，并且在边际上实现要素的供需平衡。此时，企业不存在对要素市场的依赖，更不存在依赖程度的不对称，甚至企业作为一个替代市场的组织都不必要产生（回忆 Coase 关于企业的产生是为了节约交易成本的观点），当然也就不存在权力。但如果要素市场是非出清的，企业就会构成对要素的依赖以及对要素不同的依赖程度；而这种对不同要素的依赖及不同的依赖程度，就决定了企业内部的权力关系以及权力的配置状况。非出清市场将赋予那些企业依赖程度更高而供给更加短缺一方更大的讨价还价能力。[①]

因此，随着经济阶段的变化，不同要素所有者受要素稀缺性的变化使其在企业中的相对谈判力也有所变化。在狩猎时代，资源众多而劳动力稀缺，为了生存需要协同劳动，劳动成了主宰，不需要依附别的生产要素；到了农耕时代，土地成为稀缺资源，劳动成了土地的依附；进入工业化时代，资本取代土地成为稀缺资源，而劳动属于过剩资源，虽然劳动创造价值，而资本只是转移价值，但在生产过程中由于资本的稀缺性而决定了它的比劳动更难以替代，注定了劳动转向依附于资本的结果。总之，在现阶段初始合同的谈判中，资方相对于雇

---

① 卢周来：《缔约视角下的企业内部权力之谜》，中国人民大学出版社2009年版，第67—68页。

员在谈判中拥有优势。

(二) 合同的再谈判与多种因素

假设2：在其他条件不变的情况下，由于企业经营环境的不确定性，该要素对企业经营风险的承担能力越强，其在企业的谈判力也越强，即 $dy/dx_2 > 0$。

财富影响谈判力在于财富可显示承担风险的能力。张维迎 (1995) 在资本与劳动谁雇佣谁的问题上，阐述了个人财富与风险承担的问题。由于个人财富容易观察和展示，穷人冒充富人不是一件容易的事情；富人要通过隐匿财富来规避责任也非常困难，成本非常高。基于个人财富比经营能力更易于观察这一假定，从社会观点来看，资本雇佣劳动是合意的，因为只有这样一种机制可以保证经营工作由称职的人选来承担。因此，从物质资本对企业经营风险的承担能力越强，其谈判力也越强。①

假设3：在其他条件不变的情况下，该要素资产专有性越强，生产力越强，其谈判力也越强，即 $dy/dx_3 > 0$。

杨瑞龙、杨其静 (2001) 提出了资产专有性的概念。所谓"专有性" (exclusive) 资源就是指这样一些资源，一旦它们从企业中退出，将导致企业团队生产力下降、组织租金减少甚至企业组织的解体；或者说，"专有性"资源是一个企业或组织的发生、存在或发展的基础，它们的参与状况直接影响到组织租金的大小或其他团队成员的价值。因此，"资产专有性"与"资产专用性"相区别，如果说后者反映了某种资源的价值依赖于企业团队生产的存在，面临被其他团队成员机会主义行为威胁，在谈判中处于被动地位的话，那么前者就正好相反——资产专有性强调了某种资源被其他团队成员所依赖，处于谈判的主动地位。②

在市场化劳动契约中，由于劳动还没有进行专有性人力资本投资时，缔约双方是一种纯粹的市场关系。任何一方都没有动力去维持长

---

① 张维迎：《企业的企业家——契约理论》，上海人民出版社1995年版，第210—211页。

② 杨瑞龙、杨其静：《专用性、专用性与企业制度》，《经济研究》2001年第3期。

期的契约关系,作为中心合约人的企业家随时可以解散原有团队,重新组织新团队,而不会造成太大的损失。这也是为什么许多民营企业主不愿意与一线工人签订长期雇佣合同的原因。在没有合同约束的情况下,业主可以随时从严重供大于求的劳动力市场上雇用到新的更廉价的工人,而不会招致效率上的损失。

但随着合作的深入,人力资本的信号显示逐步由弱变强;同时由于"干中学"效应,劳动者在实践过程中学习和积累的知识越来越多,团队成员之间就会出现多层次的相互依赖关系,形成关系型团队。资产专有性程度越高,依赖关系也就越强。随着雇员知识的积累和人力资本存量的增加,专有性人力资本的生产力越来越高,缔约各方的谈判力对比会发生改变,从而企业初始劳动契约关系必然因此而进行边际调整。例如劳动者的收益水平会不断提高,所掌握的决策权和控制权会不断增大。青木昌彦(1980,1984)更是明确地将专用性投资和人力资本谈判力直接联系在一起,其认为企业的组织租金是工人的人力资本与物质资本联合生产的产物,工人凭借着对这种专人力资本的所有权就能够获得与资本家谈判的胆量(boldness),从而可以分享到一部分组织租金。

因此,资方与劳方在生产中都有资产专有性,但是值得注意的是,随着经济结构的调整,人力资本专有性从无到有对生产力影响越来越大,越来越受到重视,意即面对资本,人力资本的谈判力越来越强。

假设4:在其他条件不变的情况下,该要素被使用状况的信息与谈判力是负相关的,即该要素被使用状况的信息越容易完备,其可监督性就越强,在企业中的谈判力就越弱,即 $dy/dx_4 < 0$。

新古典经济学假设信息是完备的,经济人不用花费成本就能获取信息,但以后的学者对完全信息的假定进行了修改。阿罗(Arrow,1985)把信息不对称问题分为两类:一类是隐藏信息的问题,指代理人拥有委托方不知道的私人信息,如他的能力和承担工作的意愿等信息,隐藏信息所带来的问题被称为逆向选择;另一类是隐藏行动的问题,指委托人看不到代理人做了些什么,如雇主不知道雇员工作是否努力,工作是否细心等,隐藏行动所带来的问题被称为道德风险。

由于企业规模与分工的扩大,企业主从集管理和投资为一身的角色转换为单纯的投资者,对劳动的信息的掌握从完备慢慢到不完备,股东可以用机制设计、监督或者业务流程来使要素使用状况变得信息完备,比如要求经理每日汇报,每周开会;但这仍然不能避免信息的不完备所带来的谈判力的削弱。对于企业管理者,由于其工作内容难以标准化,其人力资本难以被监督,因此与比一般员工相比,企业经营者具有更强的谈判力。企业管理者直接接触一般劳动者,因此对劳动者的信息比较多,所以股东经常考虑控制经理人或与其结盟来改变其对劳动的信息状态。

反观一般劳动者,除了对自己劳动信息的掌握,对企业其他要素的信息却一无所知。由于工作流程的标准化、程序化,使一般劳动易于被监督,从而降低了一般劳动者的谈判力。同时公司制度规定,不准拉帮结派,同部门的不准结婚,不得宴请财务人员,不得向其他人告知自己的工资奖金等措施,这在一定程度上限制了不同班组的信息传递;劳动者对整个企业的运营状态,重大事项更是无从知晓。因此,普通劳动者一直处于信息劣势状态,而相比之下劳动者的信息可以通过很多方法被资本知晓更容易被监督。

因此,除了管理者等高级人力资本所有者,一般劳动者由于自身信息的可监督性,但却对资本的信息无从知晓,从而造成了一般劳动者谈判力的降低;而股东虽然由于分权造成的信息缺失,但其可以通过业务流程、机制设计、控制管理者等多个渠道来使劳动的信息完备。

假设5:在其他条件不变的情况下,资产专用性程度高,易于被其他要素所有者"套牢"(lock - in),其在企业中的谈判力就越弱,即 $dy/dx_4 < 0$。

以 Williamson(1975,1985)(与此类似的观点见于 Klein、Crawford 和 Alchian,1978)为代表性的交易成本经济学理论认为一旦专用性资产存在,专用性资产较强的一方容易被另一方"敲竹杠"。如果专用性资产的供给者事前预期被"敲竹杠",那么其将降低投资水平造成专用性资产投资不足。怎样解决准租金谈判中的机会主义行为对专用性准租金的掠夺问题？交易成本经济学认为通过这样一组制度安排，即将控制权的界定交给专用性实物资产投资者，使机会主义行为能被监督。

在生产要素谁有资产专用性问题上，Williamson（1975）早期研究认为在企业中实物资产是企业专用资产，而人力资产却不具有专用性。其原因在于工人只提供一般性技能，一个劳动力完全竞争性市场可以保护工人；而企业的实物设备一旦用于其他用途将会贬值。但后来Williamson（1985）在讨论劳动也存在专用性投资的治理问题时，主张劳动力也有专用性，专用性人力资本是这样一种人力资本，即一旦将这种资本改用于其他最佳用途必然会发生价值上的损失。因此其认为应该在治理结构中考虑类似阶梯工资、晋升机制等保护劳动专用性投资的机制，但同时又认为劳动专用性始终不如物质资产专用性。

随着信息化、电子化、资本市场管制的发展使得资本的流动性得到很大的提高，资本不断地以各种金融创新的形式高效便捷地在不同的国家之间快速、自由地流动，资本被套牢的风险正在减少。

但是反观劳动者是否也会被套牢？如果劳动者掌握的工作技能与经验不具有通用性，一旦离开企业其人力资本价值就会大大贬值。由于劳动力停留在载体之内，劳动力的流动性受高额的流动成本与地方就业保护政策的制约，劳动力无法像资本一样充分流动，因此导致劳动力在与资方谈判中处于弱势。

总之，在其他条件不变的情况下，不论是物质资本或者是人力资本，资产专用性程度高就易被其他要素所有者"套牢"，其在企业中的谈判力就越弱。其实资产专用性有两面性，虽然随着资产专用性程度的提高很容易被敲竹杠，但如果这种专用性能提高生产力，就会变成被其他资源所依赖的资产专有性，因此，进行专用性投资必须以提高其生产力为目的，并形成资产专有性以此来增强谈判力；否则将会出现"套牢""敲竹杠"（hold-up）现象，从而削弱谈判力。由于要素强弱之分受很多因素影响，因此本书认为单从资产专用性这一个因素就得出资本容易被套牢，造成资本的弱势，从而要用赋予企业所有权的方式来保护专用性投资的分析是有失偏颇的。

假设6：在其他条件不变的情况下，该要素所有者在 T_{t-1} 期的控制权分配越多，其在企业中的谈判力就越强，反之亦然，即 $dy/dx_3 > 0$。

企业的控制权不仅可以制定公司制度、业务流程从而改变信息的状态，使其他要素主体易于监督；企业的控制权还可以改变各种要素的结盟状态从而改变谈判力。因此企业控制权是影响谈判力其他因素的一个重要变量。

企业最初期的控制权一般为市场上稀缺的要素所有者即物质资本所有者所有；但进入到企业后，按组织理论与一般权力理论，控制权是一个动态的争夺过程。青木昌彦（1995）认为剩余控制权也不尽归雇主一方专有，它具有在企业中广泛分散、分享的倾向。

但是受传统主流企业的影响，股东天然的获得企业的控制权。因此股东可以利用企业控制权监督劳动者，可以拆解劳动者的结盟，并可以利用控制权与管理者结盟，从而使资方处于强势地位。

假设7：在其他条件不变的情况下，要素主体的结盟总是比非结盟的情况下具有更强的谈判力，即如果 A_1 为要素主体结盟状态，A_2 为要素主体非结盟状态，那么，

$y_1 = A_1 f(x_1, x_2, x_3, x_4, x_5, x_6) > y_2 = A_2 f(x_1, x_2, x_3, x_4, x_5, x_6)$

由于劳动者相比资本有更多的偏好差异，所以劳动者的异质性强于资本的异质性。联盟随着人数的增加，其交易成本也就增加，每个人获得的收益减少，这更增加劳动者的联盟的难度。总之，资本要素主体总是比劳动者更易结盟，因而联合起来的资本在企业中往往具有较强的谈判力。同时，在资本内部，由于联合的交易成本问题，大股东总是比小股东易于结盟。当然，联合起来的工会比单个劳动者的谈判力强，并可以形成与资本相抗衡的力量。本书在下面将要具体分析结盟问题。

综上所述，通过影响谈判力的诸多因素来看，资本的谈判力是强于劳动者的。这些因素同样对分析管理者、小股东等也适用。

第四节　谈判结构

集体谈判结构是指集体谈判的集中或分散程度。采用什么样的谈判结构直接关系到集体谈判中谁与谁结盟的问题、结盟内部情况问题，以及谁是代表的问题。由于结盟改变要素谈判力，所以政府在考虑平衡劳资双方谈判力时，应当关注集体谈判所采取的结构。

一　关于谈判结构的理论研究

(一) 员工的结盟

Littler (1982) 认为劳动关系失衡的内在原因在于劳动关系的隶属性，即工人对雇主的依赖性。其依赖程度由两大因素决定：一是满足工人需要的资源，如就业机会、生活福利、社会保障等；二是工人联合起来与雇主对抗的能力。由于满足工人所需要的资源的稀缺性导致工人对雇主的依赖加深，但工人联合起来能提高与雇主对抗能力从而有利于改变工人的弱势地位。[①]

Wright (2000) 认为劳动力市场中工人对抗力量包括"结社力量"（associational power）和"结构力量"（structural power）两个方面。其中，"结社力量来自工人形成集体组织的权力，即工人群体形成自己的组织、通过各种集体行动表达自己诉求的能力；而结构力量则是工人简单地由其在经济系统中的位置而形成的力量。当工人的结构力量不足，可以由群体的结社力量予以弥补，工会便是增强工人结社力量的途径。工会可以使劳动者个人意志通过劳动者团体诉求出来，由团体代表所有劳动者交涉劳动过程中的事宜，这有助于增强劳

---

① 参见游正林《管理控制与工人抗争——资本主义劳动过程研究中的有关文献述评》，《社会学研究》2006 年第 4 期。

动者一方的力量,克服劳资关系的不平衡"①。

员工的结盟的确可以改变员工的谈判力。如果是分散的单个工人与资方谈判,由于劳动力数量众多将导致同质劳动高度竞争,劳动力供给近似完全竞争状态,因此单个劳动者只是价格的"接受者",谈判力弱。而此时,企业所有的劳动者与同一个资方谈判,资方更像是一个垄断者,因此资方谈判力量较强。但如果分散的单个劳动者结盟形成工会,那么情况就大不一样。由工人结盟形成的工会与企业进行谈判,那么资方单边垄断的局面不复存在。此时,劳资之间的谈判呈现出双边垄断的局面。劳方具备了与资方垄断相抗衡的力量,与资方在讨价还价中形成劳动力的数量和工资。因此,工会组织以整体的力量使劳方在与资方的谈判中形成了强大的力量。

(二) 工人联盟的内部结构

如果考虑工人联盟的内部结构,那么必须知道两个数据——工会密度、谈判覆盖率。Flanagan (1999) 用"工会密度、谈判覆盖率以及谈判协作等因素来表示集体谈判的结构。工会密度是工会成员数占所有工人数的百分比,即有多少人加入工人联盟,有多少人游离在联盟之外;谈判覆盖率是报酬和就业由集体谈判协议覆盖的工人数(包括参加和没有参加工会的工人)占所有工人数的百分比,谈判覆盖率可以度量集体协议相对于个体协议的重要性。工会密度和谈判覆盖率之间产生的差异,主要来自于集体协议对非工会部门的强制覆盖,以及雇主中加入集体合约的雇主联盟数"②。谈判协作表示谈判双方之间的合作的程度。

Aidt 和 Tzannatos (2008) 具体分析了影响谈判结构中另一个因素——谈判协作,谈判协作比较难以衡量,其包括六个因素:工会的集权化程度、工会的集中度、雇员的集权化程度、谈判层面、非正式

---

① Wright, E. O., "Working - Class Power, Capitalist - Class Interests, and Class Compromise", *American Journal of Sociology*, Vol. 105, No. 4, 2000.

② Flanagan. "Macroeconomic Performance and Collective Bargaining: An International Perspective", *Journal of Economic Literature*, Vol. 37, No. 3, 1999.

的协作与其他方面；谈判协作指标间的关联度很高。工会的集权化程度代表工会对工资水平的决定能力；工会的集中度越高，表明工会组织集中在少数几个组织中，协调作战能力越强；雇员的集权化程度表明了雇员对工资水平的影响能力。两位学者同时还给出了谈判协作的36个指标体系。[1]

关于工人联盟结构特点对谈判结果影响的研究中，Jack Fiorito 和 Wallace E. Hendricks（1987）对美国 1971—1980 年生产企业 3000 份工会合同中的谈判结果水平、数据与工会的特点进行了研究，发现了工会特点影响谈判的结果，即工会的民主程度（集权程度）、工会规模、谈判策略、谈判集中度对工资、福利的结果有影响。调查结果表明：工会民主需要分散权威，但却限制了谈判的有效性，工会集权能够在谈判中发挥有效的作用（Kochan，1980）。工会规模大（工会密度大）的工会意味着更多的罢工基金，更多的抵抗能力，因此工会规模和谈判结果呈正相关关系 Barbash（1969）。Bok，Dunlop（1970）都有这样的观点，即工会规模与谈判有效性相关，谈判的集中度越高，也能争取到更多的谈判成果。[2]

（三）劳资双方的谈判级别

谈判结构还包括集体谈判在哪些级别上进行，即是哪些工会和哪些雇主组织谈判的问题。谈判级别具体来讲，是指集体谈判建立在企业级别上，还是建立在行业级别上；是建立在地方一级上，还是建立在全国范围内；是建立在单个级别上，还是建立在多个级别上等。我们可以把集体谈判分为三个级别，即企业级谈判、行业（产业）级谈判和国家级谈判，但是政府无论采取哪种谈判结构，各国的集体谈判结构都是多层次混合的，以企业级为主的国家也同样存在大量的行业级谈判，反之亦然。

---

[1] Toke Aidt, Zafiris Tzannatos, "Trade Unions, Collective Bargaining and Macroeconomic Performance: A Review", *Industrial Relations Journal*, Vol. 39, No. 4, 2008.

[2] Jack Fiorito, Wallace E. Hendricks, "Union Characteristics and Bargaining Outcomes", *Industrial and Labor Relations Review*, Vol. 40, No. 4, 1987.

表 4-1 谈判级别的分类

谈判级别	谈判主体	谈判特点	覆盖国家
企业级谈判	企业工会（地方工会）与企业资方	企业级别分散化谈判	北美、日本、英国
中央或国家级谈判	中央级别的雇主联盟和工会联盟	国家级别集权化的谈判	挪威、瑞典和奥地利
产业或行业级谈判	雇主协会与行业工会	行业级谈判	大多数西欧和北欧国家，包括德国、法国、意大利、荷兰、瑞典、挪威和芬兰等

注：这里表明的是一个国家普遍存在的谈判级别形式。

关于谈判级别对谈判结果的影响，Jack Fiorito 和 Wallace E. Hendricks（1987）认为谈判的集中度越高，谈判结果的有效性也会越高。两位学者具体分析了国家级别对谈判的结果的影响。国家由于控制了关键性的决定因而会增加谈判有效性，最明显的是国家能消除"囚徒困境"的策略（拉齐尔，1983）。此外，国家比地方更容易获取相当多的信息渠道并消化这些信息，但是国家级谈判也会存在冲突。冲突的产生在某种程度上是由于国家的谈判目标和地方官员的目标不相吻合。例如，如果国家试图最大化整个国家成员的福利，而地方只是想最大化本地成员的福利，国家可以通过消除一些管理的战略选择来达到比地方更好的谈判效果。[1]

资本流动的全球化打破了劳资组织之间的力量平衡，因此谈判的结构也随之变化，谈判结构可能突破国界。为了应对资本"全球化战略"造成工会组织之间的竞争，从而削弱劳方谈判力的问题，劳方组织有可能在国际层面上调整谈判结构。

综上所述，西方已有谈判结构理论一般涉及同种要素所有者的联盟范围与结构，比如雇员的联盟范围是企业级别还是行业级别，工会覆盖率等。其没有涉及不同要素所有者的联盟情况，特别是没有关注企业内部的联盟结构，例如企业管理者在企业里与谁形成联盟是劳资谈判结构中的重要影响因素。

---

[1] Jack Fiorito, Wallace E. Hendricks, "Union Characteristics and Bargaining Outcomes", *Industrial and Labor Relations Review*, Vol. 40, No. 4, 1987.

二 公司内部的结盟：被忽略的谈判结构

假设在一个 100 人企业的博弈过程中，局中人集为 $N = \{1, 2, 3, \cdots, 100\}$，1 到 5 都是股东，6 到 10 为管理层，11 到 100 为员工。在 $2^n - 1$ 个子集中，有些联盟根本就不会形成，如局中人股东与员工根本不能形成一个小联盟，即 $\{1, 2, 3, 4, 5, 11, \cdots, 100\}$ 这个子集根本不存在。除这种情况外，还有某些情况，虽然某一联盟能形成，但该联盟对每个局中人的吸引力是不一样的，不然除非有特定的促成这一联盟的条件，一些局中人可能很少有兴趣参加该联盟，如管理层和员工的联盟，在大多数情况下，更容易看到股东与管理者形成联盟，因为公司的治理结构中股东选举董事，董事会任命管理者的这一规定为其联盟创造了条件；因此，为了拆解其联盟，我国公司治理结构又创造出外部董事的制度。如果股东不是同质的，存在 1 是大股东的情况下，又可能看到股东内部联盟的分化，大股东和小股东根本不结盟，而是大股东与管理者的结盟一起侵占小股东的利益。公司治理结构能改变各个联盟吸引力，给各个联盟的形成创造条件，从而可以改变各要素所有者的结盟关系，因此公司治理结构是企业内部谈判结构的一个重要组成因素。

（一）股东内部联盟的分化

在传统企业理论中，我们一直把股东看成同质的联盟。在前面章节本书已经分析了大小股东利益要求的差别，这为他们联盟的分化埋下了伏笔，本书下面研究一下股东联盟的分化。

当股东会对某项决议进行表决时，一般是 50% 以上有表决权股票同意即为通过，如果 1 个大股东可以控制公司 50% 以上的表决权，那么这个大股东便是实际的独裁者。如果其余股份持有处于分散的持有状态，那么这些小股东对于要做出的决议没有任何影响，这样的局中人本书称为哑人。如果控制 50% 以上表决权的不是一个大股东，而是几个股东的联盟，本书称为获胜联盟，那么这个获胜联盟有没有哑人都能通过股东会的决议，但这个获胜联盟将不会包括小股东。因此，本书认为企业存在大股东的情况下，小股东从股东的联盟分化出来。

(二) 控股股东与管理者的联盟

如果按照谈判力七个决定因素来分析管理层,可以发现管理层的谈判力是较强的,其具有高级人力资本的稀缺性,对企业生产至关重要性,是企业信息的知情人,同时还具有控制权。那么在存在控股股东的情况下,控股股东的权力如果没有得到有效的监督,很容易形成控股股东与管理层的联盟。一方面,两者联盟能够产生一个正的溢出(positive spillover)效应,使双方整体利益增进,同时利益分配使双方所得比不联盟的单独所得更多,从而存在联盟的动机;另一方面,由于控股股东对管理层有委任罢免权,这又为联盟提供了可能。利用联盟的思想,可以很好地解释"隧道效应"产生的根源。

控股股东与管理层为什么会结成联盟,因为联盟使双方利益存在帕累托改进。因此,本书首先要分析联盟的超额收益,这是联盟整体利益的增进;接着分析联盟租金的分配,这是个体利益的提高。

令 $R(C)$ 为控股股东和代理人结成联盟后的联盟租金,其特征是 $R(1) = R(2) = 0$,即单个联盟成员单独行动不能获得联盟租金。联盟的超额收益大于联盟成员单独行动的利益加总,如下式:

$$e(C, U) = R(C) - \sum_{i \in C} U_i \geq 0$$

罗建兵(2008)分析大股东与管理者的联盟是通过项目投资、盈余管理或者是利润分配等渠道获得联盟租金 $R(C)$。

对于联盟租金的分配,取决于双方对联盟租金分配的谈判。但是,无论最终怎么分配,联盟的双方总存在利益的帕累托改进,联盟的参与者都将得到比不结成联盟更好的收益。

罗建兵(2008)用轮流叫价博弈分析联盟租金的分配问题。针对租金 $R(C)$ 的分配,控股股东和代理人之间展开完全信息的动态博弈,在无限期轮流提出分配方案的过程中,将存在唯一的子博弈纳什均衡解,即:

控股股东分配的租金为

$$R_P^C = \frac{1 - \delta_A}{1 - \delta_A \delta_B} R(C)$$

管理层分配的租金为

$$R_A = \frac{1 + \delta_A - \delta_A\delta_B}{1 - \delta_A\delta_B} R(C)$$

由于联盟是在一定制度条件下的某种选择，那么从组织内部的角度说，加强激励或者加强监管和惩罚都不是制衡联盟的最优方法。[①] 要拆解管理者与控股股东的联盟，需要有一股力量来制造联盟内的利益冲突，一旦联盟内存在利益冲突，联盟就不再稳定。

(三) 小股东的联盟

小股东的联盟包括两种形式，一种是流行于美国的小股东群体的联盟，隐身于机构投资者中；另一种是存在于德国的小股东与债权人的联盟。

首先先分析一下小股东隐身结盟于机构投资者这种形式。由于弱势的小股东从强势股东联盟中分化出来，只有依靠证券市场集结在一起，通过集体行动来增加自己的力量。但是如果证券市场存在大量内幕交易，或者小股东由于时间精力问题无法快速地对股价做出反应，那么小股东在证券市场就会变得越来越弱势，因此越来越多的小股东退出市场，用购买基金的方式变成了基金持有人，而这些机构投资者作为小股东退出市场的重新集结，对其他强势要素主体有着制衡的作用。国外机构投资者占 GDP 的比重相当高，截至到 1998 年年末，西方七国集团除德国外，人寿保险、养老基金和共同基金等机构投资者的资产总值占 GDP 的比重都在 50% 以上，其中英国、美国和加拿大等国机构投资者的资产总值占 GDP 的比重超过 100%。

其次再来研究一下小股东与债权人[②]的联盟。德国在公司治理方面的一个显著特征就是高度集中的表决权，德国私人投资者（相对于控股股东来说的小股东）如一些投资团体如政府、金融机构、保险公司、投资公司、非金融实业公司等一般不直接进入股票市场，

---

① 罗建兵：《合谋的生成与制衡：理论分析与来自东亚的证据》，博士学位论文，复旦大学，2006 年。

② 德国银行的身份特殊，一方面是企业的债权人，另一方面又是股东。本书认为德国银行在公司治理中所起的作用是债权人的特性。为了凸显其债权人的特性，这里把德国银行当成债权人，而不是股东。

他们一般把所持有的证券托管在银行里,并委托银行代理行使股票的投票权,于是银行就拥有了远远高于其持有股份额的投票权。虽然德国企业大多数存在家族的大股东,但是私人投资者与债权人联盟,无疑成为与大股东平衡的力量。这样就使小股东汇成一股力量和债权人一起,使银行和保险公司在公司治理过程中扮演着非常重要的角色。

表4-2是1996年VEBA公司股东大会与会者名单与投票情况。从表中可以看到,1996年实际参加VEBA公司股东大会所持有表决权的股东拥有49.96%的表决股份。出席股东大会的股东按持有表决权的比例排列前三位的是:德累斯顿银行(占32.29%)、Kapitalanlag(占17.77%)和德意志银行(占9.3%),但是德累斯顿银行与德意志银行所拥有的自持股份却是0。同时还有多个没有自持股份的投资公司与银行一起拥有大量的表决权(大约为当前表决权的49%),而这些都是银行代理其他股东行使的表决权。由各个公司所控制的表决权大约为8%,其余的少量表决权由其他方拥有[1]。

表4-2　　VEBA公司1996年股东大会上的表决权分布情况　　(%)

有表决权的股东	有表决权的自有股份	其他直接控制股票	由其他人寄存的股票	有表决权的总股票	在出席股东中持有票面价值的百分比	在总票面价值中所占的百分比
出席总数				1219423255	100.00	49.96
未出席数				1221472445		50.04
总票面价值				2440895700		100.00
德累斯顿银行	0	0	405939535	405939535	32.29	16.63
Kapitalanlag-G-esellschaften	0	219512250	0	216715250	17.77	8.88
德意志银行	0	0	113401145	113401145	9.30	4.65
其他德国私营银行	0	400000	112129320	112529320	9.23	4.61
其他公司	3200	93552800	0	93556000	7.67	3.83
WestLB	0	0	42820065	42820065	3.51	1.75

---

[1]　宁向东:《公司治理理论》,中国发展出版社2005年版,第277—279页。

续表

有表决权的股东	有表决权的自有股份	其他直接控制股票	由其他人寄存的股票	有表决权的总股票	在出席股东中持有票面价值的百分比	在总票面价值中所占的百分比
Chase 银行	0	0	36202560	36202560	2.97	1.48
其他州银行	75000	0	34702220	34777220	2.85	1.42
BHF 银行	0	0	24426855	24426855	2.00	1.00
Commerz 银行	0	0	22793400	22793400	1.87	0.93
其他信用合作社	0	0	18244415	18244415	1.50	0.75
Bayerische – Hypo – bank	0	0	16782800	16782800	1.38	0.69
DG 银行	0	0	14982660	14982660	1.23	0.61
NordLB	0	0	14615585	14615585	1.20	0.60
Bayerische – Vere – insbank	0	0	13968900	13968900	1.15	0.57
Bankgerellschaft – Berlin	5780800	0	2197795	7978595	0.65	0.33
外国银行	0	0	6410420	6410420	0.53	0.26
小股东	n.a.	n.a.	n.a.	4019820	0.33	0.16
股东协会	0	1258950	1815005	3073955	0.25	0.13
Allianz – Kapital – anlagegeschbchaft	0	0	2797000	2797000	0.23	0.11

注：表中的 n.a. 表示不详细或无法获得。

资料来源：宁向东《公司治理理论》，中国发展出版社2005年版，第278页。

（四）员工的结盟——工会

由于员工的结盟可以提高工人的谈判力，因此员工的结盟并非是一帆风顺的。以美国为例，可以看到，改变劳工谈判力的结盟一开始就遭到了资方的激烈反对。

美国工会从诞生时起就遭到资方的顽强抵抗，工会不仅没有罢工的权力，并且资方还要求工人签订禁止加入工会的"黄狗合同"。面对资本的压迫剥削，工人为了生存和权益，劳资对立非常严重。一直到1935年美国通过了《劳动关系法》，罗斯福总统才公开承认工人有组织起来的权利。至此，有组织的群体劳工斗争合法化了，美国工人的权益才有了法律保证。

（五）管理者的结盟

在分散的小股东广泛存在的美国，管理者处于强势状态，其并未出现亚洲新兴国家的股东与管理者的结盟的情形；为了谋求自己的私欲，管理者自身形成了联盟。CFO人员做假账，CEO选择外部审计公司帮助CFO设计逃脱证券市场对其的接管。安然事件、世界通信丑闻、环球电讯的破产表明了管理者联盟合谋对公司财产的觊觎。

安然事件促成了《萨奥法案》，该法案是自20世纪30年代美国经济大萧条以来，政府制定的涉及范围最广、处罚措施最严厉的公司法律。这个法案使财务管理人员与董事、经理等其他管理者不能再形成联盟来损害公司的利益。其规定上市公司应设立会计监管委员会（PCAOB），同时上市公司负责人（CEO和CFO）被要求分别对财务报告的真实性、公允性作出承诺和保证，并且必须负担建立完善内部控制制度的职责。

综上所述，谈判的优势属于在现有的谈判框架下，拥有谈判实力的主体，而谈判结构是能有效地改变谈判力的因素；谈判的有利结果显然是青睐谈判力强的谈判方。

第三章

劳资谈判博弈的演化博弈路径

劳资谈判达成有利于双方的合约是解决囚徒困境的途径,其可打破劳资在低水平上的均衡(冲突,冲突),而在更高水平上形成均衡(合作,合作)。但要注意的是囚徒困境是对称博弈,因此暗含的意义是谈判力平衡的劳资谈判才是有效谈判,才能解决囚徒困境。如若谈判力不平衡,那么将会产生怎样的后果?以下将分析谈判力平衡与谈判力不平衡的劳资谈判的演化博弈路径。演化博弈(Evolutionary Game)是把博弈理论分析和动态演化过程分析结合起来的一种新理论。演化博弈分析框架与人们在现实决策活动中的实际行为模式比较接近。在这种分析框架中,博弈分析的核心不是博弈方的最优策略选择(这是大多数经济分析、决策分析的核心),而是有限理性博弈方组成的群体成员的策略调整过程、趋势和稳定性。本书下面将具体分析劳资谈判力平衡的谈判和劳资谈判力失衡的谈判的演化路径。

第一节 谈判力平衡的劳资谈判博弈的演化路径和稳定策略

本书认为谈判达成对双方有利的合约是解决囚徒困境的方法,这一结论是建立在模型的对称性上的。对称博弈是指当参与者都有相同的策略集合,参与者使用相同策略的收益相同,交换参与者的策略时,他们的收益也被交换。

谈判力平衡的劳资谈判,是指劳资双方谈判力经过谈判结构的修正，最后劳资双方的谈判力在一个相对平衡的状态。在分析谈判力均衡的劳资谈判时，本书借用了博弈论中对称的模型，这时候劳资谈判力是平衡的一个极致，劳资双方的谈判力是相等的。本书采取经典的"鹰鸽博弈"，"鹰"表示对抗性策略，"鸽"表示合作性策略，得益矩阵如下图。

劳　方

		冲突	合作
资方	冲突	$1/2 \times (v-c), 1/2 \times (v-c)$	$v, 0$
	合作	$0, v$	$1/2v, 1/2v$

图4-3　谈判力平衡的劳资谈判博弈

其中，v 是双方争夺的剩余，c 是对抗的损失。矩阵左上角表示双方都采取冲突的策略，意味着谈判破裂或者没有谈判机制存在的情况。没有谈判并不意味双方没有谈判力，这里也可以理解为对抗的力量，由于谈判力（对抗的力量）是平衡的，因此双方冲突会产生一个激烈对抗的损失。资方获胜的概率是1/2，劳方获胜的概率也是1/2，因此双方的期望利益是 $1/2(v-c)$。矩阵右下角表示如果双方采取合作的策略，这时存在谈判机制。由于谈判力相当，资方的期望收益是 $1/2v$，劳方的期望收益是 $1/2v$。矩阵右上角和矩阵左下角表示一方采取合作，一方采取冲突的策略，也就是劳资不存在双方合作，那么采取冲突策略的获得 v，采取合作策略的一方得不到剩余。

设 $v = 2, c = 12$，由于双方的谈判力（对抗的力量）相当，因此双方采取冲突策略导致的劳资对抗必然是激烈的，其损失必然是惨重的，因此获得的利益常常低于为此造成的损失，比如工会所采取的罢工策略。

直接运用 2×2 对称博弈复式动态的一般公式来求出这个博弈的复制动态方程。用 x 表示采用"冲突"策略博弈方的比例，求出采用"冲突"策略博弈方比例的复制动态方程：

$$\frac{dx}{dt} = F(x) = x(1-x)\left[\frac{x(v-c)}{2} + \frac{(1-x)v}{2}\right]$$

当 $v = 2, c = 12$，激烈的冲突获得的利益常常低于为此造成的损失，特别是对其中失败一方，那么复制动态方程为：

$$dx/dt = F(x) = x(1-x)(1-6x)$$

根据该复制动态方程，不难解出复制动态方程的三个稳定状态 $x^* = 0, x^* = 1, x^* = 1/6$。进一步容易证明，在这三个均衡点中只有 $x^* = 1/6$ 是进化稳定策略，因此 $F'(0) > 0, F'(1) > 0$，而 $F'(1/6) < 0$，根据复制动态方程的相位图，也可以看出只有 $x^* = 1/6$ 是真正稳定的进化稳定策略。

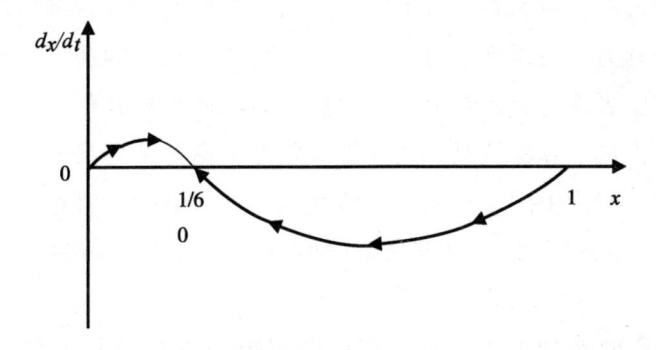

图 4-4　谈判力平衡的劳资谈判博弈的复制动态相位图

结论：在谈判力均衡的谈判博弈的大规模群体进化中，由于双方谈判力（实力）相当，采取冲突策略的博弈方的数量最终会稳定在 1/6 左右，5/6 的大多数人会采取比较合作策略。这意味发生严重的劳资对抗的机会虽然存在，但可能性小（大约 1/36），相互间合作的可能性最大（大约 25/36），一方采取合作，另一方采取冲突策略的劳资隐形冲突的可能性居中（约 10/36），这是比较稳定的状态。[1] 但是这个结果依赖于 v 与 c 值的设定，如果 v 值一定，那么 c 的值越大，即由冲突策略所引起效率损失越大，在群体进化中，所采取冲突策略的博弈方的数量所占的比例越小。因此，谈判力平衡的劳资谈判会自然演进形成大多数情况下的劳资合作。

---

[1] 谢识予：《经济博弈论》（第二版），复旦大学出版社 2006 年版，第 256—258 页。

第二节 谈判力失衡的劳资谈判博弈的演化路径和稳定策略

本书利用对称的鹰鸽博弈分析了谈判力平衡的劳资谈判博弈的进化路径和稳定策略，但如果用非对称的鹰鸽博弈来描述谈判力失衡的劳资谈判博弈，情况就大有不同。谈判力失衡的劳资谈判博弈是指劳资双方谈判力经过谈判结构的修正，最后劳资双方的谈判力在一个失衡的状态，表现为无谈判模式下的谈判力失衡和形式化的谈判模式下由强势一方说了算的情况。在分析谈判力失衡的劳资谈判博弈时，本书将借用博弈论中的非对称劳资谈判的模型；但是非对称与失衡还不完全一样，因此本书在假设数据的时候尽量让非对称的情况更严重一些。

当劳资的谈判力不一样，那么劳资所争夺的目标价值也就不一致，假设资方所争夺的目标是剩余的 V_1 份额，劳方所争夺的目标是剩余的 V_2 份额；并假设 $V_1 > V_2 > 0$，C 为冲突损失。矩阵左上角表示如果双方都采取冲突的策略，这时或者是不存在劳资谈判机制，或者是形式上的劳资谈判破裂等情况，由于谈判力（对抗的力量）的悬殊，可以假定资方获胜的概率是 3/4，劳方获胜的概率是 1/4（为什么劳方会有获胜的概率？原因在于劳方可能用极端的方式比如跳楼讨薪等来获取胜利；如果劳方的谈判力趋近于 0 的情况下，获胜的概率会更小），因此资方的期望利益是 $3/4 \times (V_1 - c)$，劳方的期望利益是 $1/4 \times (V_2 - c)$。矩阵右下角表示如果双方采取合作的策略，这时存在形式上的劳资谈判，由于双方谈判力的悬殊，资方的期望利益是 $3/4 \times V_1$，劳方的期望利益是 $1/4 \times V_2$。矩阵右上角表示当资方采取冲突的策略，劳方采取合作的策略时，这时不存在劳资谈判，资方所得利益为 $V_1 + \mu$，μ 为资方对劳方的利益侵占比如工资克扣，这意味着资方不仅获得目标份额的剩余，还侵占了劳方用于补偿劳动力的价值，劳方没有得到剩余。矩阵左下角表示当资方采取合作的策略时，这时不存在劳资谈判，劳方采取冲突的策略，劳方获得消极怠工、小偷小摸所得到对资方的利益侵占 μ，但没有获得剩余；由于劳方的隐形冲突导致效率低下、剩余下降，我们假设一种极端的情况，剩余有可能为 0。

		劳 方	
		冲突	合作
资方	冲突	$3/4\times(V_1-C)$, $1/4\times(V_2-C)$	$V_1+\mu$, 0
	合作	0, μ	$3/4V_1$, $1/4V_2$

图 4-5 谈判力失衡的劳资谈判博弈

		劳 方	
		冲突	合作
资方	冲突	-3/2, -3	10, 0
	合作	0, 2	6, 1

图 4-6 谈判力失衡的劳资谈判博弈具体运用

本书直接对这个非对称劳资博弈群体进行各自的复制动态和进化策略的分析。假设资方采取冲突策略的比例为 x，那么采取合作策略的为 $1-x$；同时假设劳方采取冲突策略的比例为 y，那么采取合作策略的比例就为 $1-y$，那么资方的两类博弈方的期望得益为：

$U_{1F} = -1.5 \times y + (1-y) \times 10 = 10 - 11.5y$

$U_{1C} = y \times 0 + (1-y) \times 6 = 6 - 6y$

$\overline{U}_1 = x \times (10 - 11.5y) + (1-x)(6-6y) = 4x - 5.5xy - 6y + 6$

在劳方博弈的"冲突""合作"策略中，两类博弈方的期望得益 U_{2F}，U_{1C} 和群体平均得益 $\overline{U}_2$：

$U_{2F} = x \times (-3) + (1-x) \times 2 = 2 - 5x$

$U_{2C} = x \times 0 + (1-x) \times 1 = 1 - x$

$\overline{U}_2 = y \times (2-5x) + (1-y)(1-x) = 1 - x - 4xy + y$

分别把复制动态方程用于两个位置博弈的博弈群体，得到资方的复制动态方程为：

$dx/dt = x(U_{1F} - \overline{U}_1) = x(1-x)(4 - 5.5y)$

得到劳方的复制动态方程为：

$dy/dt = y(U_{2F} - \overline{U}_2) = y(1-y)(1-4y)$

首先对资方的复制动态方程进行分析，当 $y = 8/11$，dx/dt 始终为 0，也就是所有 x 都是稳定状态；当 $y > 8/11$，$x^* = 0, x^* = 1$ 都是两个稳定状态，其中 $x^* = 0$ 是进化稳定策略；当 $y < 8/11$，$x^* = 0, x^* = 1$ 都是两个稳定状态，其中 $x^* = 1$ 是进化稳定策略（图4-7）。

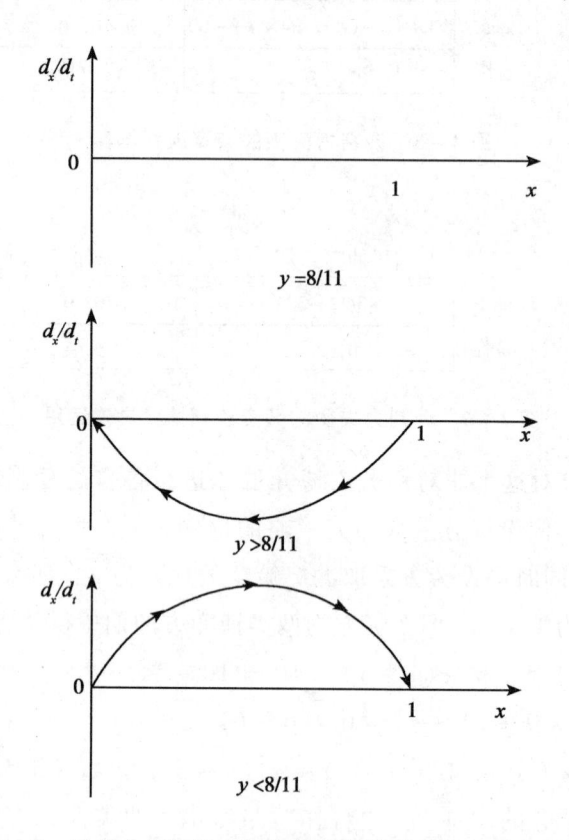

图4-7　谈判力失衡的劳资谈判博弈的资方复制动态相位图

其次对劳方的复制动态方程进行分析，当 $x = 1/4$，dy/dt 始终为 0，也就是所有 y 都是稳定状态；当 $x > 1/4$，$y^* = 0, y^* = 1$ 都是两个稳定状态，其中 $y^* = 0$ 是进化稳定策略；当 $x < 1/4$，$y^* = 0, y^* = 1$ 都是两个稳定状态，其中 $y^* = 1$ 是进化稳定策略（图4-8）。

把资方和劳方的复制动态方程用一个坐标平面图表示（图4-9）：

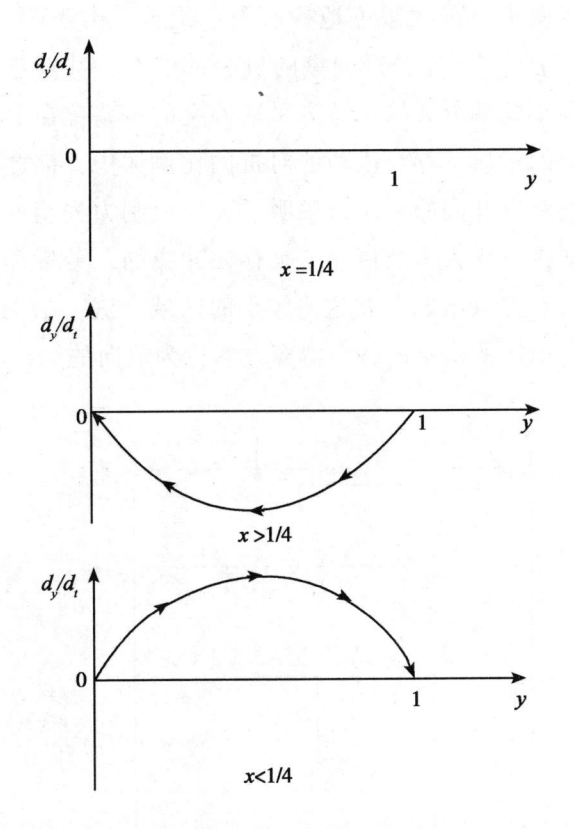

图 4-8 谈判力失衡的劳资谈判博弈的劳方复制动态相位图

当初始情况在 A 区域会收敛到进化稳定策略，$x^* = 0, y^* = 1$，即资方都采取合作的策略，劳方都采用冲突的策略；

当初始情况在 D 区域会收敛到 $x^* = 1, y^* = 0$，即资方都采取冲突的策略，劳方都采用合作的策略；

当初始情况在 C 区域会收敛到 $x^* = 1, y^* = 1$，即劳资双方都采取冲突的策略；

当初始情况在 B 区域会收敛到 $x^* = 0, y^* = 0$，即劳资双方都采取合作的策略。

结论：因此有限理性博弈方通过长期的学习和策略的调整，大部分情况下最终会收敛于 D 区域，谈判力强的资方采用"冲突"策略，谈判力弱的劳方采用"合作"策略。这与现实情况一致，资方经常侵占劳方的利益，劳方一般都是忍气吞声的"合作"，这样的合作我们认为是在高压政策下最大限度地榨取剩余价值。由于劳资实力悬殊，劳方被动的"合作"，连公开冲突的机会都没有，甚至连怠工的机会都很少。在最小的部分 A 区，劳方采取冲突的策略；在 C 区，劳资双方都采用冲突的策略，存在激烈的对抗的比例居中；因此，ACD 区域都不存在劳资双方共同的合作，说明了劳资谈判力失衡的情况下，劳资双方自然演进在绝大多数情况下是存在冲突的，劳资都选择合作策略即形成劳资合作只出现在 B 这一较小的区域。这个结论是符合非对称博弈的利益结构所决定的各个博弈方的行为取向的。

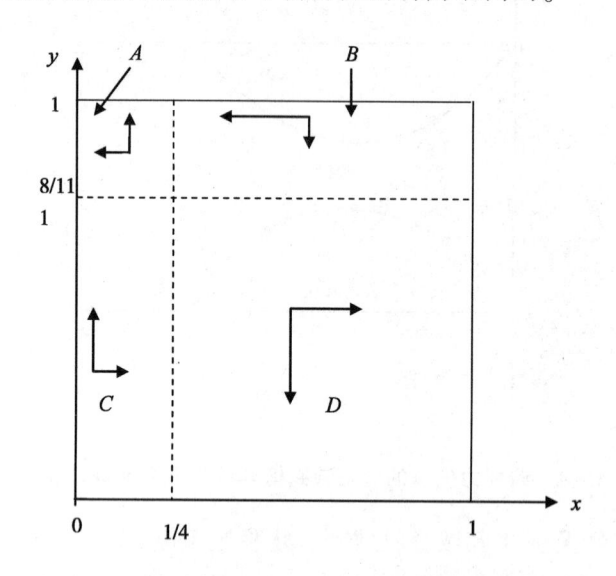

图 4-9　谈判力失衡的劳资谈判博弈中两博弈方群体复制动态和稳定性

综合对比谈判力平衡的劳资博弈与谈判力失衡的劳资博弈，可以发现谈判力平衡的劳资博弈的演化稳定策略中，25/36 的大多数会形成劳资合作；而谈判力失衡的劳资博弈的演化稳定策略中只有 B 区域即 9/44 的少数会形成劳资合作。

第四章

政府与劳资谈判力平衡

劳资合作能否变成现实，政府在劳资关系中的作用相当重要，Dunlop（1958）在其产业系统理论中"将政府看作产业关系系统的三方之一"；并且政府的政策也是一个影响劳动关系的重要环境因素。Kochan、Katz、Mckersie（中译本，2010）从研究美国集体谈判体系历史演变的动态角度来分析"政府的战略选择对微观层次劳动关系的影响"[1]。Ben（1985）总结了政府在劳动关系中扮演的五种主要角色：政府扮演第三方管理者角色，为劳资双方提供互动架构与一般性框架；政府扮演法律制定者的角色，通过立法规定工资、工时、安全和卫生的最低标准；如果出现劳动争议，政府提供调解和仲裁服务；政府为公共部门的雇主；政府是收入调节者。[2]虽然学者们对于政府在劳资关系的角色都有定位，但是政府在劳资谈判中作为第三方的作用到底是什么，还没有学者系统的涉及，本书下面就来分析一下这个问题。

第一节 政府不介入谈判力平衡的形成

政府如果不干预劳资双方谈判力平衡的形成，而是由劳资双方自主演化形成，那么本书认为这需要一个长期的过程，并且这个过程是一个充满劳资冲突，并不断找平衡的过程。本书把这个过程分为三个

---

[1] ［美］托马斯·寇肯、［美］哈瑞·卡兹、［美］罗伯特·麦克西：《美国产业关系的转型》，朱飞等译，中国劳动社会保障出版社2008年版，第16—38页。

[2] 丁胜如：《论社会转型期政府在劳动关系中的职责》，《实事求是》2006第3期。

阶段。

第一阶段：谈判力失衡的个体冲突阶段。弱势的个体劳动者会用怠工和退出企业相威胁，虽然个体抗争会给企业造成损失，但是这个损失和资方机会主义的收益相比是很小的，所以资方还是会采取强硬的手段来应付个体所有者的抗争。因此劳动者发现个体的抗争是无法改变自己的境遇，一部分人选择妥协，而另一部分人会选择通过联盟的手段来提高自己的谈判力。

第二阶段：谈判力失衡的群体冲突阶段。劳动者通过结盟增加了谈判力，但同时群体冲突增加。因为罢工等群体事件作为谈判力的显示机制，为的是让资方相信劳方的谈判力增加了和"威胁"是可以置信的，从而对资方的策略产生影响。但是劳方的联盟过程是一个充满斗争的过程，资方首先不让其结盟或者破坏其联盟，而劳方则不断的抗争，因此群体冲突也会不断升级。

朱福林、何勤（2012）根据荷兰生物学家 P. F. Verhulst（1938）提出的 Malthus 自然增长模型，绘制出了群体性劳资冲突自主演化趋势的曲线，整个群体冲突过程可划分为初始期、扩张期及成熟期。K 为环境容纳量，N 为集体中参与人的个数，t 为时间。

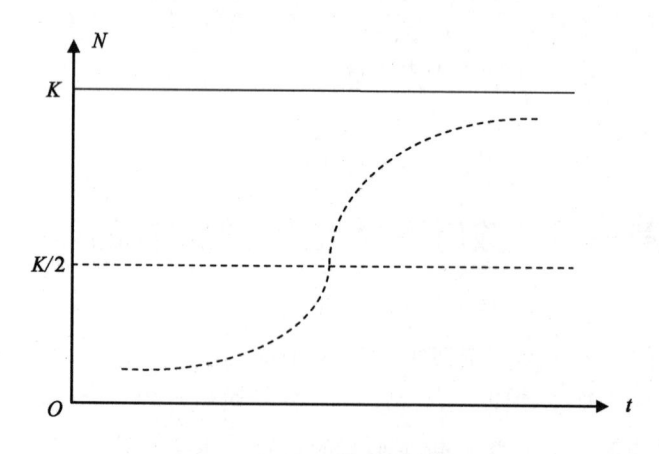

图 4 - 10 群体性劳资冲突自发演化趋势

资料来源：参见朱福林、何勤《基于博弈论及自组织理论群体性劳资冲突的理论研究》，《企业经济》2012 年第 6 期。

在劳资群体冲突初始期，由于存在着引致冲突的客观因素，当隐性的不合作情绪发展到一定程度时,在偶然事件的刺激下劳方员工容易采取集体冲突行为。这种群体冲突究竟在何时、何地及以什么方式发生,都带有一定的突发性。强调突发性是针对劳方之外的人的感受;对劳方而言,导致冲突爆发的原因是逐渐形成的,冲突的爆发是必然的。由于突发性较强,许多参与者都是受到同伴的影响自愿加入到群体冲突之中,因此参与人数有限,曲线表现为平缓上升的趋势。

在劳资群体冲突扩张期,由于没有协调机制的外力干预,初始期的偶发性集体行为规模逐渐扩大,成员之间的合作与默契更加深入。由于觉察到集体行为的巨大力量,导致冲突一方期待增多,其数量也急剧增加,因此往往表现出失控性、狂热性和失范性。

在劳资群体冲突成熟期,冲突一方规模接近于极限值。与前两期不同的是,此阶段个体成员表现出参与自主性和专业性。这一时期工人的自组织性特征表现较强,组织化程度不断提高。绝大多数工人加深了自身共同特质及利益诉求的认知,因此对冲突的支持也由他人影响转为自觉参与。[①]

在群体冲突不断升级的过程中,劳方联盟的谈判力逐步增加,群体冲突对资方造成的成本也逐步增加,因此对资方的策略产生压力。一些"开明"的资方有可能采取妥协的策略,但是大多数资方还是采取强硬策略,直到劳资双方谈判力平衡,进入下一个阶段。但是进入下一个阶段并非必然,因为群体冲突有可能演化为社会冲突,还没有进入下一阶段,就已经用社会的动荡与更替的形式来实现劳资关系的平衡。

第三阶段:谈判力平衡的劳资谈判。如果社会能够承受劳资群体冲突所带来的损失,那么才有可能进入第三阶段即劳资谈判力平衡阶段。由于双方实力相当,退出给对方造成的损失很大,因此威胁是可以置信的。在这个阶段,劳资双方会自己想办法协商解决问题。由于谈判力的改变是一个动态的过程,对谈判力相对平衡状态的微小偏离

[①] 朱福林、何勤:《基于博弈论及自组织理论群体性劳资冲突的理论研究》,《企业经济》2012年第6期。

引起的分配问题都可以通过谈判来解决以达到一个新的平衡，这一次协议的达成到下一次协议又重新谈判。这个阶段的群体冲突很少，就连罢工等手段都是作为谈判的"威胁"力量而存在，而不是经常使用。

但是要注意在这一阶段，一些大事件诸如经济危机、战争等容易造成联盟整体利益即创造剩余的能力锐减，不仅企业的稳定性受到挑战，而且整体利益的不足还将引起分配的问题。此时劳资双方通过谈判机制达成协议需要较长的谈判回合与时间，在经济危机中还没有等到谈判机制自动调节恢复劳资平衡状态，企业就已经难以为继。因此，企业一旦破产，劳资双方的平衡将被打破，劳资之间又将爆发冲突，并需要重新建立平衡。

因此，由劳资双方自主演进形成谈判力平衡的路径不仅所需时间长，并且是一条充满劳资冲突的艰难过程；而且群体冲突一旦冲破了社会承受的范围还可能造成社会动荡，使劳资关系不会自然演进到第三阶段；同时，重大事件会造成谈判力的再次失衡。因此，政府在其间的作用就十分重要。

第二节　政府介入谈判力平衡的形成

观察劳资关系的历史会发现政府干预劳资关系是一个普遍现象，但不同国家采取不同的干预模式。为什么不同的管理劳资模式会被不同的政府采用？本书认为是因为这个模式与本国劳资状况有良好的嵌入性。良好的嵌入性的标准是什么？本书认为虽然各国政治经济制度不同，政府所依据的价值判断基准、采取的干预劳资关系的制度不同；但这些制度有一个共性就是可以有效地平衡本国的劳资谈判力。于是本书提出了一种假说，即不同国家的政府采取不同学派思想的目的都是能有效地平衡劳资谈判力。因此，接下来将具体分析政府介入谈判力形成的好处。

劳资冲突自主演进从第一阶段的个体冲突到第二阶段的群体冲

突，是由于劳资谈判力偏离了平衡的状态，形成一方单赢局面导致的破坏性结果。因此，政府无论是第一阶段还是第二阶段都应介入谈判力平衡的形成，以制度约束资方权力以及通过改变谈判结构来平衡双方谈判力，以求快速地让劳资双方认识到不合作的损失大于冲突的得益，促进劳资实现合作，减少劳资双方自主博弈的长期性与冲突，从而实现经济效益和社会稳定，并加速进入第三阶段。

只要政府持续形成谈判力平衡的制度，劳资双方进入谈判力平衡的第三阶段，政府根本不用介入到劳资的实质谈判，劳资双方自己就会想办法，无论是通过谈判机制或者是其他类似机制来解决劳资冲突。因为双方退出的威胁都是置信的，资方不愿意对方使用罢工的手段，劳方也不愿意看到资方破产导致自己失业。因此，只要保持谈判力平衡的机制存在，谈判力平衡的谈判能通过劳资之间自由谈判来解决问题，此时群体冲突作为"威胁"存在和偶尔有序的使用，而不是频繁的爆发。

在这一阶段由于重大事件使劳资谈判力再次失衡并且无法在短时间内通过自平衡机制恢复平衡，此时也需要政府介入，以求加速回到平衡状态，避免爆发大规模的劳资冲突引起社会动荡。

因此，政府已经成为平衡劳资利益协调结构背后的决定力量。在劳资利益关系的发展过程中，政府一般不直接参与到具体的劳资事务中来，而主要是通过立法介入来调整、监督、干预劳资利益关系的运行，而这些制度的出台都是要使劳资关系中劳方和资方的力量处于一种相对平衡的状态。

第五章

政府构造谈判力平衡的劳资谈判

如果劳资谈判是谈判力失衡的谈判，那么劳资自主演化的结果在大多数情况下会陷入不合作的境地；如果劳资谈判是谈判力平衡的谈判，那么结果是在大多数情况下的劳资合作，这个结果符合帕累托改进并达到一个均衡状态；这个均衡满足了双方各自的利益，从而合作是稳定的。因此怎样形成谈判力平衡的劳资谈判进入研究的视野。如果由劳资自主形成平衡的谈判力，本书认为这个路径是充满劳资冲突并不断找平衡的过程，因此希望第三方政府能够尽快缩短这一过程，构建谈判力平衡的劳资谈判。

谈判力的不平衡状态主要包括两个方面：一是资强劳弱，二是劳强资弱。政府干预谈判力的手段主要有是否给予联盟的谈判主体地位、改变谈判主体的联盟程度与谈判结构等。

当资强劳弱时，为了增强劳方谈判力，首先可以明确工会谈判的主体地位，增加劳方的联盟程度，扩大工会的影响力和规模，通过利益吸引员工参与工会，通过工会的合并减少工会之间的竞争，通过员工参与管理来提高谈判力；其次，可以对资方的实力进行制约，通过股权的分化制衡控股股东的行为，通过拆解管理者与控股股东的联盟来削弱资方的谈判力；最后，利用谈判级别来平衡谈判力，选择行业级别的谈判有利于劳动者对抗实力强大的资方。

当劳强资弱时，为了增强资方谈判力，首先鼓励大股东的持股，鼓励资方的联盟；其次，可以削弱劳方的联盟，通过减少加入工会的利益减弱对员工的吸引力，通过多工会制度增加工会的竞争；最后，选择企业级别的谈判以此来削减工会谈判力。

下面接着分析政府用于干预谈判力的手段，其包括谈判主体地位、联盟程度以及谈判结构三个方面。

第一节 谈判主体地位明确

谈判的开展首先要明确谈判主体资格问题,也就是法律承认联盟的合法性,以及这一主体资格应该如何取得或主体应该具备什么条件的问题。集体谈判是否能够取得成功,一个至关重要的因素就是谈判主体必须具有独立性和代表性,必须具有法定权利和组织能力来代表从企业级别到国家级别的工人和雇主。

一 劳方组织——工会

在工人运动的历史长河中,工会作为劳资关系矛盾的产物,因其特定的组织和斗争形式,被赋予了不同的含义。以下定义体现了从不同角度对工会性质、职能、作用与地位的不同理解。

关于工会的定义,《牛津法律大辞典》认为工会是现代工业条件下雇佣工人自我保护的社团。西方劳工运动理论的先驱韦伯夫妇认为:"工会是工人为维护或改善其劳动生活状况而设立的连续的组织。"[1] 国际劳工组织对于工会组织的界定则更强调组织工会的目的性,把雇员组织工会的权利与集体谈判权、罢工权作为一个整体来看待。而在马克思的笔下,工会组织是用于阶级斗争的利器,"通过工会使工人阶级作为一个阶级组织起来。而这是非常重要的一点,因为这是无产阶级的真正的阶级组织"[2]。

对于工会的职能、作用和活动方式等方面,詹姆斯·坎尼森(Jemes cunnison)认为,工会是"工人的垄断性组织,它使个体劳动者能够相互补充。由于劳动者不得不出卖自己的劳动力从而依附于雇主,因此工会的目标就是要增强工人在与雇主谈判时的

---

[1] 韦伯夫妇:《英国工会运动史》,陈建民译,商务印书馆1959年版,第1页。
[2] 《马克思恩格斯文集》(第三卷),人民出版社2009年版,第413页。

力量"①。

根据上述对工会内涵的分析,本书对工会的谈判主体地位从以下三个方面加以明确:

第一,工会是雇员的代表,首要任务是维护雇员利益。工会由雇员自愿结合而成,是为雇员谋取利益的权益维护团体,其首要职能在于为雇员谋求工资、就业、安全保障等经济利益的经济职能。

第二,由于单个工人没有能力与强大的资本力量相抗衡,工人必须组建工会,工会的政策目标就是使单个劳动者形成整体,使雇主面对相对更加强大的集中起来的谈判力量。工会的主要作用在于平衡劳资双方的力量,从单个工人与企业主谈判发展到工会与企业主谈判,改变了单个工人的谈判力。

第三,工会以集体谈判为基本手段。工人选举代表与企业组织(雇主组织)进行谈判,工会通过集体谈判为劳动者争取相应的经济利益,并在工资水平、员工福利、工作条件等方面建立了模板谈判,其中劳动报酬是集体谈判的核心。集体谈判是劳资利益关系的核心运行机制。

二 资方组织——雇主协会

工会组织所形成的劳动力要素供给垄断增强了劳方的谈判力,雇主因此感受到了威胁,雇主为了维护自己的利益开始结盟。因此,雇主协会是由雇主组成,旨在维护雇主利益的组织。雇主协会有别于传统的行业协会,其旨在整合强化雇主会员的谈判力量,以使同劳工组织的力量抗衡,从而为雇主在劳资谈判中争取最大利益。

雇主协会主要采取直接参与和间接协助两种方式来代表和维护雇主会员的利益。雇主协会作为雇主代表,根据当时的社会经济形势和劳资关系状况,从雇主整体利益出发,确定统一的行动计划和目标来与工会垄断力量相抗衡。直接参与方式是雇主协会在工资、福利等方

---

① James Cunnison, *Labor Organizations*, London: Cambrige University Press, 1970, p. 53.

面直接与工会组织进行谈判并签订集体协议。与此同时，雇主协会不仅参与谈判、签订集体协议，还要以仲裁调解的方式解决劳资冲突问题。当企业内部申诉体制无法解决劳资双方对全国性或区域性集体协议的理解分歧时，往往需要雇主协会通过调解或仲裁的方式来解决企业层面的谈判所不能解决的区域性或普遍性问题。间接协助方式包括四个方面：准备谈判的基本资料（如协议模板、法律资料、政策规定等）；为雇主提供法律咨询处理劳资纠纷；在劳资冲突激化时，对个别雇主停止营业、闭厂等行为给予一定期限资金支持与法律援助，为谈判提供威慑力；通过游说政府部门，期望取得政府部门对雇主成员更为有利的政策与法律方面的支持。[1]

第二节 谈判结构合理

根据影响谈判力的七种因素可知，在不同的经济发展阶段劳资双方的谈判力很容易出现失衡。本书在前述已经分析了谈判力失衡的演化路径，因此需要构造谈判力平衡的劳资谈判。而谈判结构是一个影响谈判力的重要因素，合理的谈判结构能够使失衡的谈判力归于平衡；相反，不合理的谈判结构会让谈判力的失衡加剧。

一 谈判级别适合

集体谈判的级别分为全国级别、行业级别的多雇主谈判制度及企业级别的单雇主谈判制度。企业级别的单雇主谈判也有不同的结构，即企业或集团层次的谈判、工厂或工作场所的谈判，以及英国一些地方出现的车间或部门的谈判。不同的谈判结构会影响劳资双方的谈判力。[2]

---

[1] 罗宁：《中国转型期劳资关系冲突与合作研究》，经济科学出版社2010年版，第166—167页。

[2] 程延园：《集体谈判：现代西方国家调整劳动关系的制度安排》，《教学与研究》2004年第4期。

工会和资方组织内部联盟的紧密程度是影响谈判结构的最主要因素。一般而言,谈判主体组织紧密程度越高,相应的谈判层次也较高。如果资方是强势主体,那么与之相匹配的应该是强大的工会。强大的工会表现在较高的工会密度、较高的谈判覆盖率以及较高谈判的级别。为什么需要较高谈判的级别?如果谈判时一边是强大的资方,一边是企业工会,那么结果是显而易见的。因此,当资方是强势主体时,劳方联盟的工会作为平衡的力量也必须足够强,应该选择行业级别或者是更高级别的谈判,而且与之相匹配的也应是较高的工会密度与谈判覆盖率,例如德国。如果资方是相对弱势主体,那么与之相平衡的工会也不能强势,工会密度与谈判覆盖率都处于相对低的水平,谈判的级别也需要比较分散的企业谈判,例如美国。

二 联盟内部的合作、竞争与劳资关系适应

联盟的内部结构不同决定了联盟内部的合作与竞争状态。资方在产品市场上的竞争,而面对劳方又结成联盟是一件有趣的事情。如果资方在产品市场上近乎完全竞争状态,例如在一些劳动密集型行业,或者由于地理位置集中造成在产品市场上竞争激烈,当面临一个强大的工会时,那么企业之间就更需要联盟来增加谈判力。越紧密的联盟越能有效避免工资水平的无序竞争,阻止工会各个击破,因此联合起来比各自为政所造成的竞争更有利于加强雇主的谈判力量。但是资方在产品市场上的竞争又可能使这个联盟不稳定。如果存在着高的集体谈判覆盖率,那么集体谈判有可能使同一行业实现同工同酬,结果那些效率低下、规模较小的企业,由于经受不住内部成本的压力和国际竞争被迅速淘汰(Visser, 1996)。正是因为这个原因,小企业又有脱离资方联盟的冲动。

那么怎么保持小企业的适度竞争性而又不被快速兼并,劳方联盟工会的强弱是其关键。如果工会很弱,那么资方也可能不会形成联盟,或形成的联盟不那么紧密,进而保持了适度的竞争性;反之,工会越强,资方的结盟也就越紧密,有可能造成快速的兼并。因此,在美国小企业中更多的是分散的企业谈判,分散的谈判削弱了工会的力

量并与资方力量相平衡,进而保持了适度的竞争性。如果资方在产品市场是近乎垄断地位,在产品市场上没有如此多的竞争对手,那么资方联盟相对变得容易很多,而且面对工会底气也十足,因此与之平衡的是行业级别的谈判。

多工会结构中工人联盟工会个数越多,就越会分散劳方的谈判力;甚至会导致工会在劳动关系中处于不利地位。因为雇主对一个企业中几个工会就同一问题提出的不同要求往往不予理睬。例如,在一个企业的工资增长谈判中,甲工会要求按某一百分比增加工资,乙工会提出按某一具体数额增加工资,雇主有选择权,有时干脆不予理睬。特别是在竞争谁有资格与企业谈判的时候,多结构的工会组织之间的竞争造成了工会联盟的分化,为了在与其他工会竞争中获胜,不得不竞相压价。因此,为应对工会会员的减少削弱集体谈判力量这一状况,越来越多的工会选择合并来增加谈判力。①

三 公司治理结构与劳资关系匹配

如果企业中存在控股股东,那么与劳方相比,其是强势的。控股股东很容易依据投票权控制董事会,继而控制高管的委任权力,因此控股股东与高管很容易结盟来谋求超额收益。高管由于管理企业因而有信息和控制权的优势,因此控股股东与高管的结盟是企业中最强的两个主体的结盟。这种强强联合,不仅会造成劳资双方的谈判力更为悬殊,还会缩小其他要素所有者的利益空间。因此,在存在控股股东的企业中,公司的治理结构应该与其匹配:第一,拆解强强结盟,德国双层决策制度和监事会就是匹配的,监事会监督高级管理人员,双层决策制度改变了控股股东对高管的委任权力独享的局面。第二,由于控股股东的强势,需要小股东联合在股东会与董事会上对其行为进行监督与抑制,因此促进小股东联合来参与企业管理是平衡强势控股股东的一个途径,小股东可以隐身联合于机构投资者,或者把股票投

---

① 刘彩凤:《英国劳动关系的发展——工会、集体谈判与劳动争议处理》,《当代经济研究》2010年第3期。

票权力委托给银行。第三,加强劳方的联合,正因为资方的强势,劳方的联合应该更为紧密,以形成强大的工会来平衡控股股东的强势,同时劳方参与企业管理。

如果企业是分散的小股东持股,那么企业中强势的要素主体就是管理者。如果管理者与管理者自行结盟,例如 CFO 与 CEO 结盟,那么将会加强管理者的强势,因此在企业治理中需要形成对管理者的制约。此时分散的小股东需要并不强势的劳方与之平衡,公司的治理结构也应该与其匹配:第一,设置独立董事与聘请外部审计监督高级管理人员。第二,小股东结盟形成机构投资者来参与企业管理。第三,因为资方的弱势,作为平衡力量的劳方联盟也不需要那么紧密,强大的工会反而会给企业造成负担。

第五篇
政府行为选择的国际经验与制度比较

本篇主要研究资本主义国家政府在劳资关系中的作用。虽然不同国家的政府干预劳资关系的措施不同，但具有以下共性：政府根据市场环境制定经济目标，为了达到这样的目标，制定对劳资关系的措施，干预的措施通常是以平衡劳资的谈判力为中心。由于影响谈判力的因素在短期之内是非常难以改变，比如改变市场的劳资供求关系，提高劳动者的人力资本，因此对政府而言，在短期内更容易改变劳资谈判力的措施是从改变谈判结构入手。例如阻止某个团体的联盟，或者是拆解某个团体的联盟，或者是促进某个团体的联盟，或者是改变公司治理结构等。如果这些措施运用不当反而会造成强者更强，弱者更弱的状态，那么将加剧劳资力量失衡，从而引发劳资冲突。因此，这些措施必须以平衡劳资谈判力为中心，以实现促进劳资合作的功效。

第一章

美德日政府在劳资关系中的作用
——平衡劳资谈判力

第一节 理论综述：政府在劳资关系中的作用

一 调节模式

在处理劳资关系时，各国政府奉行以下三种截然不同的思想，美国奉行的是新古典主义思想；日本奉行的是管理者主义思想；德国奉行的是正统多元学派的思想。基于这三种思想的具体劳资模式如下：

美国政府的劳资政策受新古典主义的影响，主张以市场决定工资和福利水平，使雇员的收入和绩效联系得更紧密。同时，为了平衡劳方与分散资本的力量，主张政府应该限制工会的组建与权力。这样，劳动和资源的配置才会更加灵活，从而实现市场配置效率。

日本政府对劳资关系实行的是管理者主义模式。管理主义学派看到"纯市场"经济的局限性，主张采用新的、更加弹性化的工作组织形式，认为政府应该增加对人力资源培训来加强员工和管理方之间的相互信任和合作认为，政府应该把工会从传统的"对立角色"转变为更为认同的"伙伴角色"。

德国政府对劳资关系奉行的是正统多元学派的思想。正统多元论学派尤其支持政府在经济结构调整和教育培训方面发挥更加积极的作用，主张在由雇员、雇主、省级或国家级政府三方组成的经济管理体系中，三方都有权对与劳动关系有关的公共问题施加影响以平等地制定决策。德国是实施正统多元论学派政策最典型的国家，德国模式的特色是施行强势劳动法、雇员参与制度、工人委员会制度、政府为工会提供信息、咨询服务和共同决策权等制度。①

二 角色定位

Ron Bean（1994）在《比较产业关系》一书中指出，政府在劳资关系中有五种角色：一是第三方管理者，为劳资双方提供互动框架与一般性规范；二是法律制定者，通过立法规定工资、工时、安全和卫生的最低标准；三是劳动争议的调节和仲裁服务提供者；四是公共部门的雇主；五是收入调节者。②

Bellace（1993）分析了政府在工业化不同阶段的不同作用，认为在工业化的早期，政府对工人及劳工运动采取敌视的态度，其角色因此表现为劳工运动的合法镇压者。在工业化的中期，政府对劳工逐渐采取较温和的态度并开始容忍工会。在工业化后期，政府则采取新自由主义的政策让市场在劳动关系中发挥主导作用。因此，自工业革命以来，随着社会经济结构的变化，政府在如何实现劳资关系协调发展中扮演着重要的角色。③

无论是学者对政府在劳资关系中的调节模式，还是角色定位的研究都忽略了一个问题，不同的国家政府为什么会选择不同的劳资调节模式，政府在调节劳资关系中的作用共性是什么？本书认为尽管从表面上看政府对劳资关系的干预程度不同，导致劳资双方法律地位与工会组织的规模与密度、集体谈判的级别与覆盖率的不同，但是不变的宗旨是，把政府当作是改变劳资谈判结构和力量的规则制定者以平衡劳资谈判力。为了证明本书的观点，下面将从美国、德国、日本等国的历史中寻找政府平衡劳资谈判力的脉络。

---

① 程延园：《当代西方劳动关系研究学派及其观点评述》，《教学与研究》2003 年第 3 期。

② Ron Bean, *Comparative Industrial Relations*, New York：Routledge, 1994, pp. 102 - 103.

③ 张波：《劳动关系中政府定位的应然选择与国际经验》，《甘肃社会科学》2010 年第 5 期。

第二节　政府平衡劳资力量的历史脉络

一　美国

在美国成立之初，早期的劳资关系比较简单，行会师傅和伙计之间的劳动关系也比较合作。"从签订学徒合同之日起，年轻的工匠就每天沐浴在民主的状态中。在作坊的工作和生活里，亲密无间，相互合作之情沁润着每一个成员。"然而随着工业化的生产，劳资的矛盾越来越突出。

（一）19世纪初至20世纪初：资强劳弱与劳资群体冲突

1. 政府对劳工：无罢工权利的形式结盟

由于历史的原因，美国从建国之初就没有否认工人结盟的权利，但是工会只有形式，没有权利。19世纪上半叶，法院将工会寻求提高工资和改善工作条件的罢工归为犯罪。19世纪下半叶，随着美国工业化的发展，劳资冲突的规模、频率和持续的时间加剧，面对日益尖锐的劳资对抗，美国政府虽然不再用共谋罪指控劳工罢工，但法院普遍采取"劳工禁令"来禁止各种罢工。[①] 由于工会为争取罢工权利的斗争受到资方强烈的阻挠，在20世纪初，工会因此转向争取"谈判"的权利。劳资冲突所带来的企业不稳定使一些企业主开始接受劳资谈判，对工会的权利也达成了一些共识，但这些共识还未能上升形成国家法律意志。

因此这一时期，政府虽然允许工人有结成工会联盟的权利，但是工会本身是没有实际的权利，罢工等威胁是不可置信的，因此劳工只是形式上的联盟，劳资双方的博弈力量相差悬殊；同时这一时期已经出现了劳资谈判的萌芽，虽然没有上升到法律的意志，但其在一定程度上缓和了劳资冲突。

2. 政府对资本：尝试拆解垄断资本

19世纪末，美国企业的大合并运动开始了，托拉斯成为美国经济

---

① William, B., Gould, *A Primer on American Labor Law*, Massachusetts: Mit Press Books, 1982, pp. 12 – 29.

的统治力量,掌握国家的经济命脉。面对风起云涌的罢工运动,虽然政府没有从立法上保护工会的职能权利,但至少是允许员工联盟;同时为了限制资本的力量,最终在1890年出台了《谢尔曼法》,其限制了企业联合起来或者垄断企业在产品市场上垄断价格,从而保护市场的充分竞争状态。

政府对日益强大的垄断财团表现出既爱又恨的态度。垄断财团虽然为选举提供政治献金,但是他们又凭借强大的经济实力对政府进行要挟。因此,美国这一时期的总统为拆解强大的资本而做出了努力。1908年,总统塔夫脱极力反对垄断行为,试图摧毁摩根旗下的两大托拉斯——美国钢铁公司和国际收割机公司。1911年,美国最高法院判定标准石油公司垄断违法,妨碍了自由竞争,并下令解散标准石油公司。

总之,这一时期政府对强大的托拉斯并非是无可作为的,面对日益高涨的工会运动,拆解资本的联盟在某种程度上是对尖锐的劳资关系的缓和的一种尝试。

(二) 20世纪初至第二次世界大战前:拆解资本的力量与劳资谈判力平衡

1. 政府对劳工:集体谈判和罢工的武器

19世纪末20世纪初,美国劳联倡导的作为劳资冲突转化方式的劳资集体谈判逐渐为美国企业所接受。巴尔的摩州的煤矿和洛克菲勒的标准石油公司都开展了劳资之间的集体谈判,达成并实施了双方认同的劳资合同。集体谈判是雇主和工会之间进行沟通和化解冲突的一种有效机制,劳资双方都希望借助集体谈判来实现自身的利益诉求,劳资谈判至少在一定程度上比罢工来得温和。直到20世纪30年代,集体谈判最终成为美国劳资关系法的基石。

从第一次世界大战前后,劳联用政治选票与政府联系在一起,[①]20世纪30年代"大萧条"时期,即罗斯福新政时期,美国政府颁布

---

① Joseph A. McCartin, *Labor's Great War*, Carolina: The University of North Carolina Press, 1997, pp. 20 – 35.

了《国家劳工关系法》(或称瓦格纳法)。Rogers（1994）认为这部法律的政治构想是把工人组织变成一种抗衡资本统治的"制衡性"力量，以实现劳动和资本的相得益彰。① 在该法案中，政府力图在劳资争议的管理上保持中立地位，原则上不直接介入劳资之间的斗争，而是由各方运用法律赋予的手段，工会通过罢工和设置纠察，雇主通过解雇等手段展开博弈，通过集体谈判承认各自的利益并和平解决劳资争议。②

那么《国家劳工关系法》是由劳工斗争而来的吗？本书认为这是美国政府自上而下的顶层设计。Atleson（1983）认为在《国家劳工关系法》制定中，劳工组织不是决定性力量。1933年，劳工组织的力量已大大衰落，工会会员只有不到1920年时的一半，因此劳工组织的衰落决定了工会组织不可能左右这部法律的制定。

因此，政府用《国家劳工关系法》等相关法律保护了劳工组织工会、进行罢工和集体谈判的权利。政府允许各种行业工会、产业工会的存在，使处于弱势地位的劳动者可以结盟以集体的力量与资方抗衡，这就改变了美国劳资之间博弈的力量对比关系，把工人组织变成一种抗衡资本的"制衡性"力量，以实现劳动和资本在社会经济发展中的相得益彰。同时集体谈判制度的建立，为劳资冲突提供了一个解决的通道，以防企业内部矛盾演变为大规模的社会冲突。

2. 政府对资本：瓦解垄断资本

美国政府继续为瓦解垄断资本做出努力。1912年的总统威尔逊保持了反对托拉斯的传统，本书以摩根为例分析美国政府如何拆解资本的垄断。

案例5-1：美国政府对摩根财团的拆分

1913年美联储的建立本意是为削弱大的银行家摩根等财团的垄

---

① 周剑云：《美国劳资法律制度研究（1887—1947）》，中央编译出版社2009年版，第8页。

② 周剑云：《略论美国劳资关系管理模式的演变》，《烟台大学学报》（哲学社会科学版）2007年第4期。

断势力。① 但自美联储最初建立的 20 年间,摩根财团的利益却没有受到任何威胁,因为以摩根控制的联储银行,以政府信誉之名,行卡特尔之实,最终为其信贷扩张行为提供了支持。

1914 年《克莱顿反托拉斯法》通过后,紧接着 1916 年,威尔逊总统任命布兰代斯为美国最高法院的终身大法官,其在"纽黑文铁路"一案中,成功逼退摩根财团。1933 年针对摩根财团颁布的《格拉斯—斯蒂格尔法案》,摩根财团被强行分拆为 J. P. 摩根和摩根士丹利两家,金融帝国时代最终结束。1942 年,摩根财团从私人合伙制转变为公司制,同年 8% 的摩根股份首次向公众出售,摩根财团首次将收益公之于众,开始接受公开监督。

为了规范资本的行为、繁荣证券市场、保护小股东的权利,美国政府针对证券公司利用虚假信息进行炒作的行为,公司内幕交易的行为,上市公司信息不披露等行为,于 1933 年出台了《证券法》,其确立了证券一级市场的信息披露制度,详细规定了招股说明书应披露的信息内容,以及对初次信息披露应承担的法律责任。1934 年又颁布了《证券交易法》,对二级市场的信息披露进行法律约束。

在上一个时期,美国政府仅仅宣判资本的托拉斯联盟为违法;而在这一时期,美国政府通过一系列的法案使强大的资本化整为零,摩根等一系列巨无霸帝国被分拆,继而推向资本市场,从而由大多数人持股来代替家族对财团的把持,资本在这一时期的力量大大被削弱。

(三)第二次世界大战后:制约工会的发展与劳资力量再平衡

1. 政府对劳工:制约工会的发展

依靠《国家劳工关系法》和全国劳资关系委员会对劳工的保护,第二次世界大战结束后,工会会员人数激增,工会的组织结构也发生了巨大的变化,几乎所有的工会组织都有明显加强的集权趋势。工会上层领导人抓紧了对员工的控制,集体谈判大权也掌握在工会最高领导人手里,工会也因此变成了"美国最强有力的经济组织"。工会就

---

① 参见纪录片《华尔街》主创团队:《华尔街》,中国商业出版社 2010 年版,第 43 页。

工资、工时和工作条件及福利保障直接与雇主进行谈判,为成员争取经济利益。同时,工会筹集金钱与选票支持为工人利益说话的总统候选人。但随着工会自身力量的增大,美国政府在1947年出台了《劳资关系法》(《塔夫脱—哈特莱法》),其目的是限制工会的继续壮大,削弱劳方的谈判力,同时扩大了美国法院限制工会的权力和雇主控告工会的能力来平衡劳资之间谈判力量。

2. 政府对资本:发展证券市场与股东分散化

对强大家族资本的拆解使企业发展资金的内源性融资受到抑制,企业资金需求被迫转向其他途径。然而美国从建国以来就抑制银行机构的发展,早在20世纪初期就通过立法来限制银行的并购和跨州经营。按照美国学者罗伊的说法,美国的政治反复阻止了金融中介机构发展到拥有足以在最大型企业中产生影响力的大量股票。美国的法律不仅拆散了中介机构并抑制了它们结成金融联盟,还对它们和它们的投资组合进行了拆散。因此企业的资金来源就只能依靠证券市场,进而促进了证券市场的繁荣。证券市场的发展又进一步促使企业股权高度分散化,因此美国企业除了极少数的家族企业外,都具有股东数目众多且极为分散的特点;并且单个股东持股数量非常有限,所持股票份额占公司总股本的份额很低,公司最大股东的持股份额也很少超过5%。

资本的分散导致资方谈判力的弱化,这种做法与政府削弱的劳工联盟相互匹配,劳资博弈力量趋于平衡。然而股权分散的结果使管理层大权独揽,成为了企业内强势主体并形成企业内部人控制问题。因此研究怎样约束管理层,解决代理问题在美国公司治理中变得尤为重要。

二 德国

德国的工业化晚于英国、法国和美国,因此它设计了用来促进快速赶上竞争对手的法律与结构;但是德国受到战争的影响较大,因此使劳资关系民主化进程中断,也正因如此德国社会民主的呼声也异常高涨。

（一）俾斯麦时期——第一次世界大战前：劳资冲突与政府干预

俾斯麦时期德国作为后起的资本主义国家，为了挤进国际市场，提高竞争力，因而对工人的压榨尤为严重。1865年德国的工人平均工资比英国低38%，比美国低77%，比法国低20%。为了缓解劳资矛盾，国家开始出面协调劳资关系。俾斯麦一面打击工人运动，一面以各种保险立法形式出台保障劳工方面的法令来缓和劳资冲突，推行了广泛的劳工保险制度例如《疾病保险法》《工伤保险法》及《养老、残疾、死亡保险法》，但是政府始终没有赋予劳工结盟组成工会的权利。

1871年德意志帝国建立之后，经济危机频频爆发，工人运动空前高涨。工人组织在地下斗争中结成了紧密的"卡特尔"组织，几乎所有的工会成员组织都建立了罢工基金、旅游基金、疾病和死亡受益计划、辞退补偿计划及地方性劳动服务基金。①

（二）第一次世界大战末至第二次世界大战末：政府家长式权威与劳资关系民主化进程中断

第一次世界大战末期，德国建立了德意志历史上第一个民主共和国——魏玛共和国，战争使工人运动异常高涨。1919年，德国工会组织建立了全德工人联盟（All-gemeiner Deutscher Gewerkschaftsbund, ADGB），其政治代言人是社会民主党。工人联盟异常强大，于是资本家与劳工达成妥协。政府不仅推行国家福利政策，而且承认工会的合法地位，承认工会有权进行集体合同谈判，并建立在企业层面上的企业共决制度。

但由于战争赔款的沉重包袱与1930年经济危机使德国经济复苏举步维艰，在魏玛共和国后期，劳资关系不断恶化，国家强制调解逐步取代劳资自主谈判机制。

纳粹党因支持"企业共同体"思想而获得了以工会团体为主的左翼力量的支持，最终赢得了1930年国会选举。纳粹上台后将"企业共同体"思想写入劳动法，1934年《民族劳动秩序法》中的"企业

---

① 杨海涛：《德国工会发展的历史考察》，《中国劳动关系学院学报》2007年第6期。

共同体"劳资关系模式得到确立。但是,纳粹德国时期推行的劳工政策更多的是回归德国历史传统道路即用政府强大之手安排的劳资关系。1933年希特勒上台推行国家自上而下地安排劳资关系的制度。在美国华尔街资本的资助下,企业主和劳工获得了就业岗位,因此劳工虽然失去了组建利益代表组织的权利,但企业福利的改善掩盖了劳资矛盾。但是这种自上而下的政府家长式权威,把整个德国推向战争。

(三)第二次世界大战后:强大的工会与大股东的平衡

1945年纳粹集权体制垮台后,德国摒弃了政府强权,导致了产业民主运动的风起云涌。1952年德联邦议会的《集体合同法》明确了工会和雇主协会是劳资双方的利益代表组织,制定了集体谈判的规则、起因、内容和程序,使整个集体谈判和集体合同纳入了规范化的轨道,恢复了劳资利益团体的谈判自主权,同时排斥了国家劳动机关进行强制干预的可能性。为了自己的利益工人们纷纷加入代表劳动者利益的组织——工会,战后工会的力量发展非常迅速。

第二次世界大战后,由于许多家族企业的延续,资本迅速集结而造成了大股东的普遍存在。银行在战后经济复苏中也发挥了重要的作用,银行不仅是债权人,当公司拖欠欠款的时候,银行还成为公司的股东。这样银行和大股东就成为掌控公司的资本阶层,其不仅股权比重大而且极其稳定。

因此,德国的大股东制度与强大的工会作为一组平衡力量改写了第二次世界大战后的劳资关系,德国进入劳资冲突缓和时期。

(四)20世纪90年代至今:工会与资本的再平衡

近二十年来政治经济及国际环境的变化打破了德国劳资平衡的关系。面对激烈的国际竞争以及经济低增长的状况,资本的势力日益渐微。因而政府不得不出台新的措施促进资本的发展,以求重新平衡劳资力量。这些措施包括经济上对资本进行减税、放开雇主的解雇限制、增强劳动力市场的灵活性、摆脱高福利的包袱等,这些措施不仅削弱了工会的基本利益,还打击了工会的谈判力。

同时劳动者联盟的分化也削弱了工会的力量。由于劳动者的利益偏好差异,为劳动者联盟的分化埋下伏笔。工业革命时期工会组织主要由制造业工人或者是产业工人构成,但从20世纪80年代起,企业的员工构成开始发生了分化,到了90年代知识工作者成为企业员工的主体。知识工作者具有较强的个体差异性,人力资本含量高,使他们个体与资方的谈判力比工会其他员工高,在企业中享有较高的工资与福利;即使要加入联盟,也是知识工作者自己组建新的联盟,因为新的联盟比待在旧的联盟(以前的工会)里获得的利益更多。因此知识工作者与体力劳动为主的工人联盟产生了分化,知识工作者分离出组织使得工会会员减少,工会组织所覆盖的比例也迅速下降。工会组织率的下降意味着工会无法像以往那样代表一个团结而统一的雇员阶层,进而其在与资方的集体谈判中的谈判力也明显下降。

表5-1　　1993—2003年德国几大工会联盟会员人数的变化

工会名称	1993年（万人）	1998年（万人）	2003年（万人）	1993—2003年的变化（%）
德工联	1029	831.1	736.3	-28.40
公务员联盟	107.9	118.4	122.4	13.40
基督教工会联盟	31.1	30.3	30.7	-1.30
总计	1168	979.8	889.4	-23.90

资料来源:Mark Carley, *Trade Union Membership 1993—2003*, Dublin: EIRO, 2004, pp.10-45。

由于政府的原因和劳动者联盟分化的原因造成了德国工会的力量的削弱,工会密度从战后最高50%左右下降到25%;工会与经济发展疲软中的资本在新的水平上开始重新平衡,因此谈判的模式发生相应的变化,德国的集体谈判出现了向非集中化发展的趋势(卡茨,1993)。

三　日本政府

第二次世界大战后,日本政府学习西方国家先进经验确定了具有本国特色的发展道路。国家干预劳资关系的措施和企业内部的经营管理,都对战后经济发展起了重要的推动作用。

(一)第二次世界大战后:劳资群体冲突与政府干预

战后的日本,资源极度短缺,生产陷入停滞,对外贸易几乎完全断绝,饥饿威胁着绝大多数国民的生存。同时政府坚持走工业化路线,压制需求,把资源投入重工业。在战后资源贫瘠的日本,工业化要发展,只有靠压缩工人工资来完成这一政策。为了生存,工人斗争如波涛汹涌,连绵不断。例如1946年5月1日,东京50万人在人民广场举行示威集会活动,工人迅速结盟组建日本企业工会。1946年,日本工会总同盟和全日本产业别工会会议成立,这是日本最重要的两个工人机构。

这一时期,政府对劳工的政策主要是镇压劳动者的罢工,同时又出台一系列法律政策来缓和劳资冲突。例如,1947年日本政府颁布《雇佣保障法》,一方面限制雇主随意招聘工人;另一方面严禁随意解雇工人以此来保护工人的利益,期望缓和劳资冲突以免对经济发展产生破坏。

政府对资本的政策顺应了盟军要求解散财阀的做法,把股权分散到普通公众手中,不过这个工作不够彻底,财阀的联合结构和各个组成部分,在这个过程中保留下来。

(二) 20世纪50年代中期至80年代末:传统的劳资合作关系与劳资力量平衡

这一时期日本政府采取引进技术的经济政策,技术兴国需要人力资本的支持,企业从压榨工人转向到开始关注人力资本的培养,从而产生了终身雇佣制。终身雇佣制[①]、年功序列制和企业工会,构成劳资双方合作的基础。

50年代中期,盟军开始退出对经济的控制,日本的公司和银行发起了交叉持股运动。交叉持股运动是原财阀的关联企业相互购买股份,股份购买者约定既不出售股份,也不要求提高分红比例。结合在一起的股份不是为了追求股份可能产生收益,而是为了企业集团内部的商业关系以及日本经济持续增长的共同利益。交叉持股运动基本按照原来的财阀体系进行,原来被打破的财阀结构又重新恢复在一起。

---

① [美] 高柏:《日本经济的悖论——繁荣与停滞的制度性根源》,刘耳译,商务印书馆2004年版,第159—318页。

因此，为了稳定目的的交叉持股并没有形成强势的股东，反而是银行走向前台，真正的股东隐退。

总之，这一阶段在政府的主导下，日本逐渐进入劳资力量平衡的时代。私人股东的隐身，主银行的凸显，作为债权人与股东双重身份的主银行使企业追求稳定而多于利润。股东的淡化与"员工以企业为家"的企业工会在企业内形成了一股平衡的力量。管理者为了保持企业稳定，形成了终身雇佣制、年功序列制的劳动关系。为了稳定，企业需要把劳资冲突都放在企业内解决，因而最终确立了劳资协商制度、集体谈判制度。劳资双方先通过劳资协议会解决双方之间的争议，如果不能解决，就进入集体谈判程序。

劳资和谐的局面随着两次石油危机结束了日本经济高速增长而发生了变化，企业希望通过解雇过剩员工以缓解竞争压力，但工会一方却要求增加工资。双方谈判达成协议，一方面工会接受工资增长的减慢，另一方面公司被迫继续实行终身雇佣制。

（三）20世纪90年代："新J形"劳资关系与劳资力量再平衡

90年代的"经济危机"由于银行与企业的紧密关系而演变为全日本的"金融危机"，因此，政府不得不剥离主银行与企业的关系。《商法》《证券交易法》的修订放松了企业回购股份的限制，控股公司的解禁加速了股权结构的变化，使企业与银行的交叉持股趋于消解。同时主银行因其自身实力的衰落，无法为众多企业提供长期援助，不得不卖出部分股票，从而主银行对企业的影响也因持股关系的削弱而降低。主银行的退却，政府呼唤股东的责任，企业模式开始改革。

呼唤股东的责任，就必须把股东利益最大化放在第一位，于是日本学习美国"以股东利益最大化"的企业模式。保持企业稳定的终身雇佣制与年功序列制被企业放弃了。终身雇佣制的放弃使员工失去了终身生活保障，同时企业也失去了要求员工对企业忠心的权力，企业也不再从零开始培养员工的工作技能。雇佣方式的变化引起了年功序列制的变化，代表垄断资产阶级利益的"日经联"提出了工资与绩效挂钩的年薪酬体系。

在日本经济长期停滞的状况下，工会逐渐丧失了与资方谈判的主动地位。21世纪初期，小泉内阁进一步遏制工会的发展，提出"打破工会既得权利"的口号，使工会在面对资方时失去了战斗能力。工会改变了要求策略，"春斗"方式也变得缓和、协调，极少采取罢工等强硬手段。"春斗"的内容也变成以增加工资、改善劳动条件并重的内容。

"新J形"劳资关系的产生是为了促进日本经济复苏，但是以美国为蓝本的市场主义经济改革，除了带来短暂的经济复苏的效果外，在长期中却加剧了失业率；由于剩余来自劳动者的创造，因此对终身雇佣制的放弃使企业的创新能力、产品质量下降，并且也损害了日本的国际竞争力；企业收入的下降又使国内总需求下降，使日本陷入了泥潭，因此企业的改革也是日本长期萧条的一个重要原因。

综上所述，可以看出国家根据经济发展的不同阶段，制定资本与劳工的平衡策略来平衡劳资谈判力。美国劳资关系的发展没有受到战争的中断，劳资关系自发演进的倾向比较强，尽管如此政府干预的脉络还是很明显。在垄断资本主义时期，面对资强劳弱造成的群体冲突，美国政府一直在拆解垄断资本，特别是在1933年资本主义大危机后，政府的干预彻底使垄断资本瓦解，同时鼓励工会发展与资本相平衡；但是工会的日益壮大与分散的资本不再平衡，因此美国政府限制工会的发展，以此形成第二次世界大战后分散的资本与分散的企业工会（有些产业除外）的平衡新局面。德国劳资关系受战争影响较多，因此政府干预的强度也最强。第一次世界大战后德国已经形成集体谈判和双重治理模式，但第二次世界大战又中断了劳资关系的发展，战后民主运动的高涨催生了强大的工会，造成了资本集中的延续与强大的工会相对应。日本政府在第二次世界大战后平衡劳资关系方面，因受盟军的影响首先拆解资本，但反而形成了特有的交叉持股的资本特色，为了日本经济的稳定形成了职工以企业为家的共生模式。政府也为这种模式创造条件，比如终身雇佣制度、企业工会。因此，政府在劳资关系中的作用非常重要，其是劳资平衡关系的设计者，为改变劳资的力量创造条件。

第二章

谈判结构Ⅰ：谈判级别的选择

为了配合政府劳资关系平衡的思路，政府对集体谈判级别有三种选择：中央或国家级谈判、产业或行业级谈判和企业级谈判。这些集体谈判级别的分类在很多文献中都有详细的叙述，但政府选择不同的谈判级别的原因是什么呢？从上一节政府对资本与劳动的平衡中可以看出思路，谈判级别的选择用于配合劳资不同类型的联盟，其作用是平衡劳资的谈判力。

第一节 美国分散化谈判模式

美国资方联盟包括全美商会、全国制造业协会、企业界圆桌会议和代表小企业的全国独立企业联合会等。劳工联盟的结构呈现出多样性，不仅包括企业工会、行业（产业）工会、服务业工会、地方工会，而且许多地方工会又联合成更大的全国性工会联合会，其是最高的工会实体。除了全国性工会，还有劳联—产联，这是美国总工会。除劳联—产联之外，大型的工会联合会还有美国汽车工人工会、联合矿业工人工会和货车司机工会。

就谈判级别而言，美国的集体谈判是分散的。全国性工会联合会一般不直接参与集体谈判，主要工作是协调下属全国产业工会和地方工会的活动，并帮助处理重大劳资纠纷。美国的集体谈判结构比较复杂，体现了美国工会自由主义的倾向，其原则是追求谈判结构利益最大。但总的说来，集体谈判有在企业内进行的倾向。美国政府为资本与工会的聚集和拆解创造系统性条件与框架，实际并不干预劳资之间谈判。

选择分散化的谈判模式是平衡劳资力量的结果。第二次世界大战后由于股权分散化，并且长期以来禁止金融业染指实体企业的制度，使美国并不具备条件形成的强大的资本联合。如果此时与强大的工会进行行业级别谈判，那么分散的资本将处于弱势的地位。因此美国政府在第二次世界大战后一直抑制工会壮大并且抑制工会之间的联合，同时选择分散化的劳资谈判来削弱工会的力量，以构建劳方与资方力量平衡的状态。

第二节　德国行业级谈判模式

战后民主运动使工会异常强大，劳动者联合未受到政府的抑制，因此，德国工会组织的集中度较高；同时家族企业与银行持股导致了德国的股权集中。强大的工会与德国的大股东持股这样的模式是一对孪生兄弟，行业级别的谈判油然而生。

德国的集体谈判主要在行业级别，谈判形式是在行业工会与雇主协会之间进行，企业里不允许有工会谈判。德国四个最重要的企业家联合会是：德国工业联合会、德国雇主联合会、德国银行联合会和德国工商大会。德国工会联合会是全国性的工会组织，但是德国工会联合会只是全国性工会协调机构，进行劳资谈判大多都是由行业工会出面，行业级别的集体谈判占据统治地位，只有行业工会拥有与行业雇主组织平等谈判签订集体协议的权利。行业级别的集体谈判大多每年进行一次，工会与相对应的雇主协会谈每一年的工资标准，企业再把集体协议细化到企业内部。比如，金属制造业工会与雇主协会谈判的结果是当年增加工资3%，那么金属制造业工会所属的所有企业工会都会把这个谈判结果在企业中进行细化。在德国集体谈判中，罢工是一个有序促成谈判达成结果的手段。如果集体谈判破裂，要先进行调解程序，调解不成后再罢工才是受法律保护的，不然就是违法；而且罢工行为全部围绕谈判来进行，在集体合同的有效期内，一般来讲不允许罢工。

近年来在德国，集体谈判有分散化趋势，企业级别的集体谈判的重要性不断上升，这种变化与德国劳资关系出现新的平衡有关；但是，企业级别的集体谈判仍然没有超越行业级别的集体谈判。即使在分散化发展迅速的地区，行业级别的集体合同的标准仍是企业级别谈判的重要依据；而企业一级的集体谈判则成为行业级别集体谈判的重要补充，在事实上加强了行业一级集体谈判的影响力。[1]

因此，劳资力量趋于平衡的谈判是劳资之间自由的谈判，德国政府在行业级别集体谈判中的作用，主要是通过立法规范劳资双方的权利和义务来引导谈判力的。

第三节　日本的企业谈判模式

由于第二次世界大战后经济的恢复与发展需要稳定的社会环境，因此政府把劳资冲突的解决限定在企业内，把工会谈判也限定在企业内。企业的资方与企业工会是谈判的主体，企业把谈判主体限制在企业内从而制约了工会的强大，日本工会80%以上是企业工会。企业工会又组成产业工会，这些产业联盟和一些重要的企业工会组成全国性工会组织，但全国性工会组织只负责提供信息与协调活动。

日本的谈判模式以"春斗"最为著名。"春斗"把劳资谈判限定在企业的范围内，劳方谈判的主体是企业工会。日本的企业工会和美国、德国的工会不一样，日本工会比较维护企业，因为企业垮了，工会就没有了。劳资谈判的内容主要是劳资双方根据工资市场行情，自主谈判确定工资水平。当劳资双方的谈判难以达成协议时，由劳资双方和社会公益方代表组成的劳动委员会进行裁定。当劳资双方不服社会公益方代表的仲裁时，可以向法院起诉。通过"春斗"谈判机制，实现了劳资两利，促进了劳资关系的和谐与稳定，但是金融危机以

---

[1] 陈力闻：《德国劳动关系集体谈判的分散化趋势》，《就业与保障》2008年第8期。

后，工会不能以罢工相威胁，因为罢工无疑会造成社会的不稳定。在政府的号召下，工会不得不将以罢工为威胁的"春斗"方式，改为缓和的、协调的"春斗"方式。

因此，日本政府把"员工以企业为家"的企业工会与单个企业因交叉持股弱化的股东相匹配，使双方的谈判力趋于平衡，最终促进了劳资关系战后的稳定与经济的发展。

第三章

谈判结构 Ⅱ：联盟的结构状态

谈判结构不仅包括谈判级别，即谁与谁谈的问题；还包括劳资双方联盟的内部结盟情况，即工会密度、谈判覆盖率、谈判协作（Flanagan，1999）。工会密度是工会成员数占所有工人数的百分比；谈判覆盖率是其报酬和就业由集体谈判协议决定的工人数（包括参加和没有参加工会的工人）占所有工人数的百分比；[①] 谈判协作表示谈判双方之间的合作程度。本书认为联盟的内部结构还应包括工人联盟即工会的内部结构与资方联盟的内部结构，其都会造成联盟内部的竞争与合作，从而影响谈判力，因此也应该属于谈判结构的一个因素。

第一节 工会密度

工会密度表明了工人内部结盟的紧密与松散程度，有多少雇员参加了工会，有多少没有参加。因此工会密度越高，反映工人内部更紧密，工人的谈判力也就越高。不同的谈判结构导致不同的分配，那么作为谈判结构影响因素的工会密度也对分配有所影响。

国际劳工组织（2011）对经合组织20个国家的数据分析表明，工会密度（劳动者中工会会员的百分比）每提高一个百分点，低工资就业的发生率就会下降1.5个百分点。[②]

工会密度压缩了工资分布的范围并减少了收入的不平等（Blanch-

[①] 蔡彤：《工会与集体谈判理论研究述评》，《经济学动态》2009年第6期。

[②] International Labour Office, *Global Wage Report* 2010/11: *Wage Policies in Times of Crisis*, Geneva: International Labour Press, 2010, p. 57.

flower，1996；Freeman，1980b；Gosling，Machin，1994）。工会密度对非工会部门工资的方差有重要的影响，在较高谈判覆盖率的国家中，由于非工会企业也执行集体谈判协议，因此会使非工会企业工资的方差缩小，即使是在美国，工会密度仍然对非工会工资有影响。虽然美国由于工会部门的狭小，以及缺乏把谈判合同扩展到非工会成员的正式组织形式，工会对非工会雇员工资的影响与德国相比要小得多。但卡恩和柯姆（Kahn，Curme，1987）发现，在美国如果一个行业的工会密度越大，那么该行业非工会雇员的对数工资的标准差也就越小；即使不存在扩展到非工会劳动者的正式合同，非工会企业也会倾向模仿工会工资结构和工资水平。①

工会密度不仅反映了劳工个体结盟的愿望，工会密度还与组成工会联盟的个体性质有关。单个个体的谈判力越低，结盟的愿望越强烈，联盟组织越紧密。因此，个体差异造成了不同行业的工会密度的不同。在德国，不同行业工会密度差异很大，矿山、钢铁企业一般达到100%，银行业只有20%；从工会员工身份看，公务员占64%，职员占20%，工人占50%。② 因此，随着产业结构的变化，传统行业的退出，以人力资本为主的新兴行业的诞生，造成了个体组成比例的变化，工会的密度也随之变化。

Aidt、Tzannatos（2008）指出工会密度在过去几十年中是不断变化的。他们对比了19个OECD国家1970年、1980年、1994年和2000年的工会密度和谈判覆盖率数据发现，各国的工会密度平均值从1970年的43%上升到1980年的47%，随后出现下降，到1994年时，各国平均工会密度下降为40%，2000年更下降为35%。③

总体来看，德国的工会的集中度较高，20世纪80年代左右工会密度达到36%，虽然90年代有所下降，但也有30%左右；80年代日

---

① [美]奥利·阿申费尔特、[美]戴维·卡德：《劳动经济学手册》，宋玥等译，经济科学出版社2011年版，第136页。

② 王福东、于安义：《德国企业的集体谈判》，《外国经济与管理》1997年第4期。

③ Toke Aidt, Zafiris Tzannatos, "Trade Unions, Collective Bargaining and Macroeconomic Performance: A Review", *Industrial Relations Journal*, Vol. 39, No. 4, 2008.

本工会密度为30%，随着日本经济的衰退，目前的比例约为22%。[①] 美国的工会密度最低，一直不到20%，并且美国平均工会密度下降的速度与幅度也是最快的。例如，美国全国性工会的会员比例从20世纪80年代开始呈稳定的下降趋势。由于美国占绝大多数的私人小企业工人不集中，并且工人内部的层次差异较大，组织在一起非常困难，因此，美国的私企工人入会率仅为8%。

因此，最直接反映工人联盟情况的工会密度指标在工会强大的国家会较高，如德国；而在美国和日本则比较低，这也和本书前述分析的思路一致，德国第二次世界大战后需要强大的工会与大股东抗衡，因此工会密度高；而美国政府需要分散的工会与分散的股权对应，因此工会密度低。

表5–2　工会密度与谈判覆盖率的国际比较（1970—2000）

国家	工会密度				谈判覆盖率（%）			
	1970年	1980年	1994年	2000年	1980年	1990年	1994年	2000年
德国	33	36	29	25	91	90	92	68
日本	35	31	24	22	28	23	21	18
美国	23	22	16	13	26	18	18	14

资料来源：Toke Aidt, Zafiris Tzannatos, "Trade Unions, Collective Bargaining and Macroeconomic Performance: A Review", *Industrial Relations Journal*, Vol. 39, No. 4, 2008.

第二节　联盟内部的结构

联盟内部结构的不同造成了联盟内部的合作与竞争。美国的小企业众多，企业在产品市场上竞争激烈，在没有外力的情况下很难合作结成坚定的行业联盟。因此为了与分散的小企业资方谈判力相

[①] 黄燕东、杨宜勇：《美、德、日集体谈判制度的比较研究》，《首都经贸大学学报》2006年第6期。

适应，政府限制劳方联盟成为强势主体，工人联盟的多工会结构也是其选择的措施之一。多工会的联盟结构鼓励了工人联盟内部的竞争，从而削弱了美国工人联盟的力量。在100多个全国性工会组织中，除去其中50多个隶属于劳联—产联之外，还有相当数量的独立的全国性工会，这就造成工会力量的分散，"合法的谈判单位执行系统通过工会间的竞争阻止了一个单独的工厂中产生工人的代表"（海曼，1975）[①]，工会难以形成统一的强大势力，斗争力也大大减弱。

德国企业间的竞争程度相对于美国来说要低，控股股东的存在使资方变得强势，作为平衡强势资方力量的行业工会，其工会的谈判资格无须通过竞争而获得，因此不但德国的企业资方比较容易联合，而且德国的工会内部竞争程度也不高。

经济全球化给劳资谈判的结构带来了新的变化。资本跨国流动和生产的国际化造成了各国工会的竞争，大大减少了工会集体谈判的内容和影响与工会权利。与资本的国际流动趋势相比，各国工会是不是也应该跨国联盟，谈判的结构是否会发生相应的变化呢？W. N. Cooke（2005）运用囚徒困境模型研究了在全球化背景下，跨国集体谈判的情况。他指出在过去20年中，跨国公司通过控制国内和国际投资，利用各国工会组织之间在投资和工作问题上的竞争来削减工会的力量，阻止工会参与投资选择的决策。因此，Cooke强调，工会和集体谈判问题已经突破国界，跨国的联盟与谈判结构需要引起进一步的关注。工会组织之间的合作能够对跨国公司的决策产生影响，但是工会组织之间选择联盟还是不联盟不仅要受到合作成本与潜在收益的约束，而且还要受到政治因素的影响，因此工会组织组建跨国联盟是一个艰难的课题。[②]

[①] [英] 理查德·海曼：《劳资关系——一种马克思主义的分析框架》，黑启明译，中国劳动社会保障出版社2008年版，第26页。

[②] 蔡彤：《工会与集体谈判理论研究述评》，《经济学动态》2009年第6期。

第三节 谈判覆盖率

谈判覆盖率可以度量集体协议相对于个体协议的"重要性",意味着可以将工资协议从相对强势的工人群体传播到处于劣势的工人群体,覆盖工会组织率低的企业或劳动生产率低的工作场所,能够打消企业利用一些经营战略,如将业务外包给非工会组织化的机构,以节约人工成本的想法。另外,谈判覆盖率制度也可以避免工人内部的两极分化,避免工人为工资竞争,减少企业抑制工资增长的压力。因此,谈判覆盖率越高,谈判惠及的工人越多,从而避免了工人两极分化与竞争。

谈判覆盖率是一把双刃剑,其有利于防止雇员两极分化,但同时也限制了工会成为垄断力量。如果集体谈判的合同条款只覆盖工会成员,那么很容易使集体合同成为工会吸纳会员的筹码,造成工会联盟的垄断。谈判覆盖率越高,谈判成果越容易覆盖到非工会员工,不仅减少了劳资冲突,还减少了雇员的一致行动。奥尔森(Olson, 1965)认为集体谈判的成果作为一种公共物品,并不为表面意义上的"行业工会会员"所独享,而是覆盖全行业,这意味着许多个体完全可以不参与集体行动而获得个体状况的改善。因此,这种公共物品所分享的人群规模越大,就越难说服集体组织中的每个成员都采取一致的集体行动,召集和协调集体行动所付出的成本也就越高,采取集体行动的可能性也就越低。[①]

工会密度和谈判覆盖率之间的差异,主要归因于集体协议对非工会部门的强制扩展,以及雇主中加入集体谈判合约的百分比。谈判覆盖率平均稳定在70%左右,比工会密度高,较高的工会密度往往导致较高集体谈判覆盖率,例如瑞典、比利时、丹麦这些北欧国家,其工

[①] 闻效仪:《集体谈判的内部国家机制——以温岭羊毛衫行业工价集体谈判为例》,《社会》2011年第1期。

会密度和谈判覆盖率都相对较高；但是逆向关系不成立，比如西班牙和法国，从 1970 年到 2000 年，平均工会密度只有 20% 左右，工会密度相当低，但是两个国家在同一时期的平均谈判覆盖率则分别达到 80% 和 90% 左右。从时间趋势上看，自 1980 年以后工会密度和谈判覆盖率都呈现下降趋势（OECD，2004）。[1]

虽然较高的谈判覆盖率减轻了工人两极分化，减少了劳资冲突，但是很多学者研究了它的负面作用。澳大利亚、法国和芬兰等具有较高谈判覆盖率的国家其失业率、通货膨胀率较高，就业率较低；而美国、日本和加拿大等谈判覆盖率较低的国家其失业率、通货膨胀率较低，就业率较高。因此，具有较高谈判覆盖率国家的工会能够导致工资和劳动成本的高增长（Traxler，2003a）。另外，Niekelll、Layard（1999）还发现，谈判覆盖率导致劳动力供给增加，并导致长期和短期失业率提高，但是对劳动生产率没有任何作用，谈判覆盖率还与减少收入不平等现象有关。Aidt，Sena（2005）认为，如果集体合同覆盖了没有参加谈判的行业，那么谈判覆盖率与经济绩效负相关。[2]

第四节 谈判协作

高层次的谈判覆盖率往往与相对较差经济表现有关，但这种不良的效应至少可以通过高层次的谈判协作得以缓解，而在缺乏谈判正式机制的劳动力市场上，非正式谈判协作机制将会发挥很大作用。"只有集中的谈判是不够的，需要谈判协作适当的支持确保协议的结构"（Aidt，Sena，2008）。[3] "高度的谈判协作能够帮助快速化解劳动力市场在较低成本下的各种冲击"（Blanchard，Wolfers，2000）。

一般有着高层次谈判协作的国家工会密度和谈判覆盖率也很高，

---

[1] 蔡彤：《工会与集体谈判理论研究述评》，《经济学动态》2009 年第 6 期。

[2] 同上。

[3] Toke Aidt, Zafiris Tzannatos, "Trade Unions, Collective Bargaining and Macroeconomic Performance: A Review", *Industrial Relations Journal*, Vol. 39, No. 4, 2008.

如德国；但是日本好像有些例外，谈判协作程度高，谈判密度和谈判覆盖率在20世纪90年代以前也很高，符合这个规律；但是90年代后谈判密度和谈判覆盖率快速地下降，原因在90年代开始学习美国模式的企业改革所导致。一般有着较低谈判协作的国家工会密度和谈判覆盖率也较低，如美国（见表5-2）。

Flanagan（1999）比较了谈判级别与谈判协作的关系（见表5-3）。德国和日本的谈判协作程度高，不仅让我们联想到了德国的共同决策制度与日本的"员工以企业为家"的劳资关系；美国的低度协作也和其市场治理的企业运营有关。

表5-3　　　　　　　谈判级别、谈判协作比较

国家	谈判级别		谈判协作		政府参与谈判	
	1980年	1994年	1980年	1994年	1977—1980年	1990—1992年
德国	行业级别	行业级别	高度协作	高度协作	扩展集体协议	扩展集体协议
日本	企业级别	企业级别	高度协作	高度协作	提供经济预测	提供经济预测
美国	企业级别	企业级别	低度协作	低度协作	确定最低工资	确定最低工资

资料来源：根据 Flanagan, "Macroeconomic Performance and Collective Bargaining", *Journal of Economic Literature*, Vol. 37, No. 3, 1999 的研究结果编制。

第四章

谈判结构Ⅲ：公司治理模式的选择

经典企业治理理论认为公司治理是要解决因所有权和控制权相分离而产生的代理问题，也就是说它要处理的是公司股东与公司管理人员之间的关系问题。但本书认为，公司治理结构是一组联系各要素主体的正式和非正式关系的制度安排，其根本目的是通过这种制度安排，达到各要素主体间权力、责任和利益的相互制衡。公司治理结构会改变企业内部要素所有者的联盟关系，即会改变不同要素所有者即股东、管理人员和职工之间的关系，因此会产生不同的谈判结构。

第一节　美、德、日公司治理结构与平衡要素主体谈判力

公司治理主要包括英美模式和大陆模式这两种模式。前者以英美为代表，后者以日德为代表。有学者根据日本与德国文化传统的不同，把大陆模式细化为日本模式和德国模式。20世纪90年代以后，东亚家族治理模式也引起了广泛关注（王巍，2001）。

不同的公司治理模式各具特点。德国和日本的公司治理，股权比较集中，公司的目标以利益相关者利益为导向，德国工人参与的双层决策制度和日本的主银行制度是最大特色，大陆模式有利于股东对管理者的控制与保持相关各方长期关系的稳定，但却缺乏灵活性。英美股权的分散化，公司目标以股东利益为导向，强化信息披露和独立董事制度，并倚重发达的证券市场，公司治理结构主要为了解决分散化的股东的代理问题，英美模式不利于建立长期稳定的合作关系。

两种不同的公司治理模式究竟谁好谁坏？主流企业理论与利益相关者理论有明显不同的见解。主流企业理论虽然承认英美模式有一些缺陷，但英美模式由于能有效地保护股东的权益，所以其是企业模式的最佳选择。Shleifer、Vishny（1997）认为在全球化浪潮的推动下，公司治理模式最终将会收敛于英美模式。但多数人都没有注意到，假如英美模式如此之好，为何德国和日本没有采用这样一种模式？布莱尔（1999）则坚持认为日德模式关注企业相关者的利益关系，不仅有利于企业的稳定与长期生存发展，更有利于社会的和谐进步，必将成为21世纪全球公司治理的标准范式。

学者对一种公司治理模式的赞同而否定其他形式，是因为没有看到各种治理模式都有一种共性。公司治理模式都是基于不同的经济、社会、文化以及历史传统所做出的合理的制度安排。即使是在全球化的背景下，各种公司治理模式也没有形成同一模式。事实上，就算是日本学习了美国的独立董事制度，也只是形式相似，而实质却很不同。

不同公司治理模式的共性是什么？本书提出一种假说，公司治理结构是一种要素主体的博弈框架即是一种谈判结构，不同的公司治理结构促使或者拆解要素主体之间结盟，以形成不同的谈判结构来平衡各要素主体谈判力。各要素主体博弈最终所达到的企业内部均衡时的公司治理结构，是能满足各利益主体的利益要求与合作效率的。

一　美国：以"股东利益"为导向的模式

英美模式的最大特点是股权高度分散，并且流动性强。分散的股权使股东对公司治理不感兴趣，不足以形成对管理者有效的监督；但是分散的股东可以求助于发达的资本市场，股东用脚投票使控制权更替，因此资本市场对管理者形成间接的约束。同时在美国企业内部，公司治理结构强调以高度透明的信息披露和相应完善的管理机制来解决管理者的代理问题。代理问题的解决要求管理层以股东的利益一致，因此英美模式把股东财富最大化视为公司经营的最高目标（秦晓，2000）。

(一) 股权结构——分散的股东

所谓股权结构，是指股份公司中股份所有主体及其所占股份数量的比例。由于股权的集中或分散程度意味着股东的结盟程度，意味着股东是否强势，这会直接影响劳资谈判力，因此公司股权结构的性质对公司治理的运行方式和状况有着重大的影响。

美国拥有世界上最强大的证券市场，股权也分散。1987年，Cosh和Hughes发表了他们用54家最大的美国和英国公司样本进行的研究。他们发现美国公司最大股东持股数量占公司总股份比例的中位数是5.1%；并揭示了美国公司股权结构分散程度进一步加大的趋势。

为什么美国股权是分散状态？分散的股权为什么会导致特有的公司治理结构呢？Roe (1994, 2000) 分析了形成美国分散股权模式的政治原因。他认为，美国的政治环境更加诱使公司治理结构中管理者与股东的利益保持一致。由于美国对私人经济权力集中的不安，政府不仅拆分了家族性质的股东，而且还不断地排斥金融机构的集中，利用法律拆散金融机构和他们的投资组合（足以产生对公司有影响力的股票），以及他们相互结成网络的能力。这一过程早在19世纪强行拆散美国的第二银行之日就已开始，自此以后，各州都创立了自己单独的银行体系，从而使美国银行体系与其他发达国家都不同。美国法律不仅对银行体系进行限制，法律还抑制金融机构对企业的染指，规定对同一家企业的持股量不能超过一定比例；法律同时也抑制了它们结成金融同盟，并对投资组合进行拆散，阻止他们进入企业的董事会。[1] 例如1933年的Glass–Steagall法案严禁美国的商业银行提供经纪人与投行业务，从而导致美国的商业银行不能持有公司股票，直到1999年这一法令才被禁止。然而在德国，银行最多可以用其15%股本持有一家工业公司股票，其持有所有公司的股权价值不高于银行资产的60%即可。在日本，银行持股一家工业公司股票上限为5%，但是银行可对非金融公司及其子公司持股高达15%。[2] 因此美国金融机构很

---

[1] [美] 马克·罗伊：《公司治理的政治维度：政治环境与公司影响》，陈宇峰等译，中国人民大学出版社2007年版，第153—155页。

[2] 郎咸平：《郎咸平学术文选 (2)》，人民出版社2007年版，第619页。

少能有效地集中投资,每一个金融机构持有一家公司的股份比例很小,一般在1%到2%。

(二) 以股东利益为导向的公司治理

这些拆解资本的政治决策与美国企业治理模式形成是否有关系?分散的股东怎样才能控制企业的强势主体管理者?美国管理者为什么以股东利益最大化为准则,而不是其他所有者,而这种准则在德国却没有?只能这样解释,在企业各利益主体冲突的目标中,通过平衡,最后以"股东的利益"作为美国企业的目标,并把股东的利益当作企业的利益。"以股东为导向"的美国式公司模式是怎样形成的呢?

美国由于政治压力、金融机构被分割等原因,产生分散的股东所有权,以此催生了世界上最强大的证券市场,股权也就更为分散。分散的股权使企业内部控制权落入管理者之手;同时美国抑制工会的壮大,因此劳方不可能参与企业治理,那么员工也不能监督管理者。美国分散股东的利益保护诉诸证券市场的用脚投票,但仅依靠市场又不能完全解决美国企业的代理问题。"强管理者,弱股东"的局面引起了美国学者的忧虑,因此以美国公司为研究对象的Jensen与Meckling的代理理论是以怎样控制代理人为中心的理论,即管理层对股东的利益侵占要求通过机制设计来约束代理人,保护被代理人的利益。因此,企业内部通过投票、控制董事会和信息交流等方式来对管理者施加影响,似乎比市场的间接影响更加有效。

20世纪40年代,美国分散的资本与联合的工会造成了工会强、资本弱的状态。美国政府通过抑制工会的壮大以及采取分散化的谈判模式使劳资处于相对平衡的状态。因此,企业内部最强势的主体是管理者,这使得管理层与股东的矛盾凸显,然后才是管理层与雇员的矛盾。如果美国公司治理结构采取德国模式,不但会促使形成企业内雇员与管理者的联盟,使管理者更强,并且还会使雇员的力量增强而打破劳资之间的平衡。因此,美国公司的治理结构必须对强势主体管理者进行抑制,通过把对管理者的控制权赋予股东来解决管理层与股东的冲突,并增强股东的谈判力。沿着这一思路,美国公司的治理结构因此形成了股东选举董事,董事选举管理层的单层治理的结构特点。

如果这一措施运用在德国的经济环境中,将会造成控股股东与管理层的结盟,而在美国却是分散的股东用于监督强势管理者机会主义的工具。

因此美国的公司治理机制不仅要防止管理者对股东利益的侵占,还要防止管理者与雇员的联盟;并且同时还要促使管理者与股东的利益趋于一致。透明性财务、高额的激励性薪酬、外部董事监督等治理机制不仅促使管理者与股东利益保持高度一致;同时这些机制还打破了管理者的连任偏好、过度规避风险偏好和规模偏好的目标,而这些也恰恰与雇员的目标相互重合。股票期权设计则提高了管理者的目标和股东的目标相互重合的部分。①

管理者的强势与代理问题的突出,不仅使美国公司治理机制不断完善,还促使美国股权结构发生了变化。分散的股东希望形成新的联盟——机构投资者来监督管理者。从 70 年代开始,美国股票市场上出现了股份从分散的个人向机构投资者的集中的现象,以保险公司、养老基金、共同基金、投资公司等为主的机构投资者目前已成为美国公司最重要的股东。当管理层的业绩表现不佳,机构投资者可以在证券市场上"用脚投票"对管理者进行监督;但是持股总比例较重的机构投资者为什么不能在企业内"用手投票"控制管理者呢?原因在于美国法律的限制造成单个金融机构持有一家公司的股票比例比较少,一般是1%—2%。安然事件后,美国学界对于机构投资者参与公司治理的呼声依然高涨,Zingales、Luigi(2009)在一篇关于证券法规的文章指出,投资者认为经理制造假账粉饰公司的短期收益,他们被向谁都不负责的经理骗了。因此,应该改革目前的公司治理制度,赋予机构投资者提名自己的董事会的董事。为了保护这些机构投资者,有必要通过一种格拉斯——斯蒂格尔法案分开共同基金管理的投资及商业银行业务。② 现在机构投资者已经逐渐尝试走进企业"用手投票"

---

① [美] 马克·罗伊:《公司治理的政治维度:政治环境与公司影响》,陈宇峰等译,中国人民大学出版社 2007 年版,第 39 页。

② Zingales, Luigi, "The Future of Securities Regulation", *Journal of Accounting Research*, Vol. 47, No. 2, 2009.

来控制强势主体管理者。

表5-4　　　　　美国机构投资者股权结构历年变化　　　　（单位:%）

年份	1960	1970	1980	1990	2000	2009
总值	12.05	28.73	34.94	45.09	45.80	50.6
保险公司	2.94	3.30	5.12	5.04	6.50	7.30
养老基金	4.05	9.18	17.45	26.99	19.00	20.7
共同基金	3.48	4.72	2.77	6.61	18.50	20.9
其他	1.60	11.53	9.60	6.37	1.80	1.60

资料来源：根据WIND数据库相关资料整理。

同时，一些美国企业中持股份额相对较大的股东也正在增加自己的持股比例，以解决管理者的监督问题，这也是为什么越来越多的学者发现美国的股权也出现集中化趋势的原因。这种股权结构的集中化直接解决了管理者不承担风险和信息不对称的问题。[1]

综上所述，美国管理者和股东之间的距离往往要小于其他地方的管理者和股东之间的距离，这是因为美国的公司仅仅受到微弱的工人运动压力与股东分散化造成的。而民主运动强大的国家往往都会在强势股东控制与公司的日常运营之间打开裂口，以保护雇员免受大股东的严密控制。[2] 美国将金融机构分成若干块削弱了股东的声音，同时，又用公司治理结构来平衡要素主体的利益；而德日等国家，则允许股权的集中，但同时缩小股东所有权在公司内部的活动范围，并抑制了纯粹的股东目标，使管理者更加偏向雇员。

二　德国：公司治理以"利益相关者"为导向的模式

大陆模式企业中股东相对集中稳定，并大多存在控股股东。家族与银行持股份额高是德国企业的一大特点。大陆模式的公司治理更着眼于公司的长远利益，强调利益相关者的协调与合作。德国企业实行

---

[1] 郎咸平：《郎咸平学术文选（2）》，人民出版社2007年版，第633页。

[2] [美] 马克·罗伊：《公司治理的政治维度：政治环境与公司影响》，陈宇峰等译，中国人民大学出版社2008年版，第30—156页。

董事会由监事会选派,管理层由董事会选派的双层结构,并强调"劳资共同治理"的治理模式。

(一) 股权结构

与美国公司相比,德国公司很少由分散化的证券市场持有,而是由控股股东持有,即股份通常是由一个家族或者金融机构包括银行、保险公司或者其他公司所持有。截止1999年年底,其89%的上市公司至少有一个占有25%股份的大股东(coffee,2000),并且股东很稳定,稳定的控股股东持股使证券市场发展缓慢。这样的股权结构是如何形成的呢?

战争使德国的社会民主运动高涨,强大的工会使企业从追求股东的权益最大化转到追求社会利益最大化。不断壮大的工会使雇员变得强势,不仅要求高福利,而且雇员偷懒的行为也开始影响企业效率。面对强大的工会,一个分散化的股权结构是无法保障股东利益的。因此,作为工会对立面的雇主来说,集中的股权结构是其必然的选择,资本集中通过作为大股东的身份来和工会抗衡。因此,第二次世界大战前,德国由一些家族企业创始人所创立的大公司由于工会的原因在战后继续保持了资本所有权的集中状态。为了保持股权的集中,当一个家族售出其股份的时候,也是将其卖给一个新的大股东,而不是那些分散的股东们。

集中的股权现象不仅表现在家族的大股东持股,还表现在主银行持股。主办银行与企业的存贷关系使银行成为制约家族股东的力量,成为影响劳资关系的重要力量。主银行最先只是企业的债权人,企业还不了贷款,银行成为了股东,因此德国银行不仅能持有公司的股份,而且还可以代表银行操作的投资基金行使代理投票权,这使德国形成了在企业年会上银行拥有多数投票权的局面。同时,银行大量持股获得有利地位后,必然有理由反对那些争夺其业务的竞争对手出现;企业稳定的获得银行的支持,也没有必要求助证券市场。因此,大股东持股的稳定性造成了并购较少与银行大量持股造成了股票交易不活跃,这两种因素导致了德国证券市场的不发达。

(二) 公司治理结构

稳定的控股股东持股与强大的工会形成了一对平衡的力量,反映在公司治理结构中就是劳资共决制度。德国公司实行双层结构,设监事会(监督委员会)和董事会(管理委员会);监事会在上,董事会在下。股东代表、雇员代表共同组成监事会,主要起监督作用;监事会选出董事会,董事会负责公司具体运营。这样的公司治理结构是怎样形成的,它能够平衡劳资之间的谈判力吗?

德国强大的社会民主主义运动促使德国采取双层决策制度,法律允许工人进入董事会,并最终把工人董事的人数提高到半数。德国的大公司里必须要有半数的董事会成员来自劳工。但是,股东往往会抵制这种做法,而抵制的最好办法就是建立或保持集中的资本所有权来对抗工人董事。

如果德国实行美国的单层公司治理模式,管理层仅由股东选出,那么将会促使股权集中的股东与管理者之间的强强结盟,而德国这样的双层结构,拆解了有可能的大股东与管理者之间的联盟,平衡了劳资利益,这也是为什么德国管理者更多是以利益相关者的利益为目标的原因。

如果德国实行美国的单层公司治理模式,一旦造成了股东与管理者形成强强结盟,那么能否依靠像美国一样的市场治理来拆解其联盟呢?答案是否定的,因为美国发达的证券市场可以在一定程度上监督管理层;但是本书前述分析了德国的证券是不发达的,因此依靠市场治理的道路行不通。因此,德国双层治理结构在公司内部很好地平衡了强大工会与股权集中的资本的力量,并使管理者保持中立。

三 日本:公司治理以"管理主义"为导向的模式

日本公司治理有一个重要的特点就是日本的股权结构(企业交叉持股制度)、债权人与企业的关系(主银行制度)、劳动管理制度(终身雇佣制度)是相辅相成的关系。

(一)股权结构

战前财阀公司一直被认为是日本经济垄断与政治控制的核心。第二次世界大战后,美国要求通过解散财阀,消除家族对经济的控制,期望分散经济力量。美国首先是通过解散财阀的核心——"持股公司"来打破日本财阀实行金字塔式股权结构；其次是排除财阀家族对企业的控制力，令其让与所占有的有价证券给持股公司委员会，并禁止其出任高级公司职位；再次是分散股票所有权；最后是排除集中，把大企业化小（铃木，1993；宫岛，1996）。[1]

解散财阀对于日本特殊的股权结构的形成具有重要影响，由于担心害怕被美国资本收购和控制，而最终形成了法人间相互持股，但是战后日本并没有形成美国企业治理模式，而是形成了交叉持股与主银行为主的具有日本特色的企业治理模式。

（二）公司治理

由于交叉持股的目的并不是为了利益而是为了稳定，股东并不派代表参加董事会会议来监督或积极参与公司的经营，因此交叉持股形成了"沉默"的股东，此时以主银行为中心的金融机构对日本企业公司治理颇为重要。主银行之所以能够对日本企业公司治理起到比沉默的股东还要重要的作用，在某种意义上是因为日本企业的借贷总额要比自有资本总额多得多（菊泽，1995），企业对主银行有严重的依赖性（宫岛，1996）。在公司治理中，股东没有起到应有的作用，稳定的债主却发挥了作用。[2]

"沉默"的股东使股东大会、董事会会议变成一个简短的仪式，总裁会就成为股东大会。以主银行为中心的金融机构持股，则往往对公司有实际的控制权，几个人的意志就可以决定管理层的去留，因此，管理者对其是绝对的忠诚，管理者作为金融机构的代理人，行使其意志。但为什么主银行大股东与管理者联盟的治理模式并没有使大股东成为强势主体，要求更多的非共享收益呢？原因就是长期稳定的主银行的债权人身份，建立良好稳定的企业关系是其追求的目标。例如，从终身雇佣制度和"主银行制度"之间的互补性来看，主银行追求企业的稳定不仅催生了减少劳资摩擦的终身雇佣制度，并且为企业

---

[1] 参见卢山《东亚地区公司治理模式的发展与变革研究》，博士学位论文，武汉理工大学，2011年。

[2] 黄亚南：《公司治理的本质和形式：日本的经验教训》，《上海经济研究》2009年第4期。

提供了长期稳定的贷款，维持了企业的稳定增长，从而更能保证企业对劳动者"终身雇佣"；反过来，终身雇佣制度减少了人员流动性与劳资冲突，维持了企业生产经营的稳定，为银行提供了长期稳定的租金。[①]

由于"沉默"的股东与主债权人的关系使劳资关系退隐，劳使关系凸显。劳方与资方的矛盾在很大程度上表现为同一企业内管理者与劳动者之间的矛盾。管理者贯穿了主银行的意志即追求稳定的企业关系，因此为了降低劳资冲突与管理难度，提高劳动积极性，日本企业的董事会和监察机构几乎全部由企业内部员工构成，决策与执行都由内部人员承担。同时，企业的交叉持股与"主银行制度"避免了企业之间相互竞争，稳定了企业的生产经营，因此也促进了劳资关系的妥协。

所以日本的股权结构特点是和公司治理结构、劳资关系相适应的。虽然交叉持股使股东沉默，但是主银行制度代替了股东来选任公司的管理者。银行追求稳定的企业关系，使管理者以企业内部关系稳定为目标，因此促进了劳资关系的妥协。但这种稳定的平衡关系被外部经济危机打破。

"广场协议"后，日元快速升值，传统的法人交叉持股使经济危机演变为全日本的金融危机。危机后，主银行隐退，政府呼唤股东走向前沿。法人交叉持股使股东沉默造成了以"社长"为首的经营者为绝对权威，股东没有控制权。因此需要引进重视股东的制度，解决社长选任和解任等有关问题。所以，日本出台了以维护股东利益为目标《商法》和《公司法》，开始学习美国公司以股东为中心的治理制度来强化股东选举董事会的权力，强化董事会选任和解任社长的权力，并外聘董事监督董事和社长。

公司治理结构是一个系统性的结构，日本公司改革引进外部董事这种形式并没有起到应有的作用。美国的外部董事是为了解决分散小

---

① 吕守军：《日本劳资关系的新变化及其对中国的启示》，《教学与研究》2011年第11期。

股东无法监督管理层的代理问题,而日本的股权结构并不分散,只要让交叉持股的股东不再沉默,管理者就会受到约束与监督;反而应该担心的是股东与管理者的结盟,而两者的结盟并非外部董事可以解决的,这点已经成为日本学者及企业经营者的共识。例如雅各比(Jacoby,2005)认为,日本近年来对美国的新自由主义的追随的劳资关系改革,"削足适履"地一味地向美国型劳资关系收敛,其结果必然是失败。[①]

因此,日本现阶段是传统的公司治理模式与学习美国外部董事监督等设置的公司模式并存的状态。本书认为在日本经济危机前,传统的公司治理模式较好地平衡了劳资关系;而在外部经济环境发生变化时,学习美国的公司治理模式是日本政府试图重新建立劳资平衡的一种尝试。从现阶段来看,日本的劳资改革还需要有很长一段路要走。

四 公司治理结构的共性:平衡要素主体的谈判力

在不同的时期、不同的国家、不同的经济环境,都会有不同的与企业其相适应的公司治理模式,而公司治理本身,不可能脱离政治环境。或者说,政府构建劳资谈判框架,并在这个框架中平衡劳资谈判力;而公司治理结构是各要素主体之间联盟形成的条件。因此,完善的公司治理结构是适应劳资谈判框架以平衡劳资谈判力的重要制度。

在美国,由于政治压力与金融机构的分割等原因,产生分散的股权,分散的股权使资方的力量并不强大,于是与其匹配的劳方也就不能太强,这也是为什么第二次世界大战后美国政府一直抑制工会发展的原因。分散的股权使企业控制权落入管理者之手,因此与此相适应的企业内部治理结构多集中于怎么解决代理问题,怎么约束强势的管理者成为企业治理结构的重点,于是单层公司治理孕育而生。

在德国,由于战争的影响,民主运动风起云涌,民主运动在政府

[①] 吕守军:《日本劳资关系的新变化及其对中国的启示》,《教学与研究》2011年第11期。

的默许中产生了强大的工会,与之相匹配的就是家族股权的集中和主银行持股的大股东,劳资双方的强势平衡反映在了公司治理结构的共同决策的机制上。

在日本,第二次世界大战后为了稳定的需要形成了企业间的交叉持股和主银行制度。交叉持股形成的"沉默"股东使股权集中的资方并不强势,使得与之平衡的劳方也不能强势,因此以企业工会为主。主银行对企业治理的介入,使管理者的目标与债权人的目标相近即企业的稳定发展,因此,管理者为了使管理更易,一系列以"员工企业为家"的措施出台,不仅表现在终生雇佣制度上,还表现在企业内部治理结构中,董事会和监事会都是由企业的员工组成的。

本书认为一个国家如何解决社会冲突,关键是把劳资冲突消灭在企业内部。无论是英美以股东利益导向的模式,还是德国的共同治理模式,虽然表现形式不同,但都体现了对利益的平衡。市场与政治的压力传导到企业内部,将引起各要素所有者的谈判力变化,于是企业内出现强势主体和弱势主体的分化。如果企业内部治理模式与要素主体谈判力不匹配,那么将造成要素主体谈判的不平衡,导致弱势主体出现不合作倾向。公司治理其实就是为雇主、雇员等要素主体平衡谈判力、平滑冲突提供的一种制度平台。

中国作为新兴经济体,公司治理模式仍然在学习中。我国独立董事制度是学习英美模式的结果,监事会是学习德国模式的结果,而股权集中则是特定的上市阶段造成的。但是,我们要明白公司治理模式是一个系统,它是平衡劳资力量的重要结构。

第二节 东亚公司治理结构的偏差与谈判力失衡

一 高度集中的股权结构

Claessene、Djankov、Lang(1999)对东亚企业的控制权研究发现,东亚企业一般具有高度集中的股权结构特点,企业往往通过交叉持股或金字塔等复杂链条形式使股权集中在少数大股东手中。以香港为例，除汇丰银行以外，在香港联交所上市的大多数公司，从 IPO 起大股东就一直保持控股权。这样的股权结构与治理结构形成了企业的家族模式。家族控制广泛存在于东亚上市公司，比例超过半数，但在国家间的差异十分显著：印度尼西亚、泰国主要是家族控制；新加坡和韩国等国，政府持有大比重的股份，国家控制很显著；[①] 从表5-5可以看出广泛持有型金融机构如基金、养老保险等所持股份在东亚企业股权结构中的比率很低，这一点与美国企业以机构投资者为最大股东的股权结构有很大区别。

表5-5　东亚上市公司的股权结构（以股票市值加权计算）（1999年）

		被观测公司数（家）	公众持股（%）	家族持股（%）	政府持股（%）	广泛持有型金融机构持股（%）	广泛持有型公司持股（%）
10%分界	中国香港	330	0.6	64.7	3.7	7.1	23.9
	韩国	345	14.3	67.9	5.1	3.5	9.2
	新加坡	221	1.4	52.0	23.6	10.8	12.2
	中国台湾	141	2.9	65.6	3.0	10.4	18.1
20%分界	中国香港	330	7.0	71.5	4.8	5.9	10.8
	韩国	345	51.1	24.6	19.9	0.2	4.3
	新加坡	221	7.6	44.8	40.1	2.7	4.8
	中国台湾	141	28.0	45.5	3.3	5.4	17.8

资料来源：参见郎咸平《公司治理》，社会科学文献出版社2004年版，第326—327页。

二　家族企业的治理结构导致大股东侵占

多数美国公司是分散型持股的；但在东亚，广泛持有的公司是少数，占主导地位的是所有权由家族控制。家族经常派出高层管理者，因此代理人问题显著表现为控股股东对外部股东的利益侵占。郎咸平（2004）通过追溯五个西欧经济体和九个亚洲经济体的5897家公司的

[①] 郎咸平：《公司治理》，社会科学文献出版社2004年版，第312页。

最终所有权证明了这一点。Shlfifer 和 Vishny（1997）在的公司调查中也指出，当某一公司附属于一个公司集团，并全部被同一股东控股的话，侵占的可能性就会大大提高，他们发现大约半数的西欧以及东亚公司的确如此。通过制定集团内的货物和服务销售的不公平条款以及通过财产和控制权转移，公司财富会被内部人侵占。

Joneson 等（2000a）考察了1997—1998东南亚金融危机并指出，东南亚起初受到的经济冲击并不大，但由于大量缺乏保护中小股东权益的企业遭遇了控股股东大量的掏空，因此最初的经济冲击酿成了一场巨大的金融危机。马来西亚等国的 GDP 也曾多年保持高速增长，但那些被掏空的公司在金融危机来临时毫无抵抗力。[1]

在明确了东亚存在控股股东的情况后，再思考为什么会存在大股东的利益侵占行为。有很多学者把这个问题归结为家族的持股模式。

Claessens、Djankovand 和 Lang（2000）对东亚国家和地区的2980家公司股权结构进行了深入的分析，发现其中2/3的公司由股权集中的股东所控制。家族通过金字塔式控股方式控制子公司和相关公司，或以交叉持股等方式掌握企业的所有权，使现金流权和投票权相分离以获得超额控制权。[2]

郎咸平（2001）在研究亚洲家族企业的治理问题时发现家族布置了错综复杂的持股结构，其有一个共同特点：上市公司永远在结构的最底层。家族在上市公司的股权很小，但控制权却被金字塔结构放大。凭借金字塔形式的结构对处于最底层的上市公司进行利益转移，从而损害了其他要素所有者的利益。[3]

三 与德国的比较

东亚的股权结构与德国的股权结构有一个共同点即存在稳定的个人（或家族）控股。为什么虽然德国存在家族性质的大股东，但是大股东的利益侵占并不是常态呢？

---

[1] 参见杨松等《股东之间利益冲突研究》，北京大学出版社2007年版，第7页。
[2] 参见郎咸平《郎咸平学术文选（1）》，人民出版社2007年版，第22页。
[3] 郎咸平：《郎咸平学术文选（2）》，人民出版社2007年版，第497—529页。

(一) 郎咸平的研究

郎咸平（2000）在 Claessens（2000）的研究基础上对法国、德国、中国香港、印度尼西亚、意大利、日本、马来西亚、菲律宾、新加坡、韩国、西班牙、中国台湾、泰国和英国公司进行了研究，其使用了 1992—1996 年的会计资料，用以识别每一个公司中拥有超过 5% 股份的最终所有者。La Porta（1999）对 1995 年来自 27 个国家的 870 家非金融公司样本进行了统计，结果表明无论是 20% 或者是 10% 的控制水平，欧洲通过金字塔式和交叉持股而被控股的公司具有更小的比例。表中的 D 栏显示了欧洲的典型控股者，与亚洲相比，在所控制的公司中拥有更高的股份比例（34.6% 对 15.7%），于是侵占小股东利益的动机较小；由于所有权/控制权比例要高得多（0.887 对 0.746），因此进行侵占的机会也小得多。[1]

表 5-6　　　　　　　　西欧和东亚的所有权和控制权

		20% 分界			10% 分界	
		欧洲	亚洲	LLS	欧洲	亚洲
A. 被某种所有者控制的公司比例	控制权比例都小于分界比例	39.01	43.60	36.48	15.60	20.28
	家族	43.13	37.86	30.00	55.90	45.50
	分散持有型的金融机构	10.12	4.94	5.00	19.64	17.80
	分散持有型的公司	2.38	9.02	5.00	1.46	10.61
	其他（外资拥有、交叉持股等）	2.06	0.00	5.19	3.91	0.00
B. 控股股东使用某种控制强化手段的公司比例	高层管理者来自于控股股东家族	68.12	57.10	68.59	66.04	54.55
	其他股东的控制权都小于 10%	54.69	67.80	75.48	54.91	62.26
C. 采用某种控制形式的公司比例	附属于集团	46.30	48.48	11	49.24	63.93
	通过金字塔式的控制	15.33	39.60	27.75	18.41	45.68
	通过交叉持股控制	6.01	10.12	3.15	6.27	11.02
	通过相互持股控制	0.90	n.a.	n.a.	n.a.	n.a.

---

[1] 郎咸平：《公司治理》，社会科学文献出版社 2004 年版，第 44—47 页。

续表

		20%分界			10%分界	
		欧洲	亚洲	LLS	欧洲	亚洲
D. 在另有一名股东的控制权比例超过5%的公司中，最大股东的持有比例均值	所有权	34.60	15.70			
	控制权	37.75	19.77			
	所有权/控制权	0.877	0.746			

注：表中的 n. a. 表示不详细或无法获得。

资料来源：参见郎咸平《公司治理》，社会科学文献出版社2004年版，第45页。

（二）本书的观点

虽然德国家族大股东的持股形式比例很高，但为什么大股东利益侵占却非常态？原因在于西欧与东亚在所有权、控制权结构等关键地方不同，所以不会导致要素主体谈判力不平衡的问题。第一，虽然采用家族形式控制的德国，本应该处于强势地位的大股东受到了强大工会的制衡；第二，受其他法人持股特别是金融机构银行的制约；第三，采用"双层制"公司治理形式避免了管理层与大股东结盟，管理层采取中立的态度，其并不以股东利益为公司的目标。

而在东亚，这样的平衡是看不见的，家族企业利用金字塔形式交叉持股从而获得公司控制权，其处于没有与之抗衡的强势地位。这股抗衡的力量可以是来自其他要素所有者的结盟、劳工的结盟（工会）、小股东的结盟（机构投资者），或其他法人持股。但是东亚没有像德国那样强大的工会，政府主导下的工会大多是在国家的调控下，以不与资本冲突为底线；同时机构投资者股票持有量少，没能使小股东形成有效结盟，因此东亚没有能形成与资本抗衡的力量。

东亚公司治理模式是借鉴美国的单层制度模式，然而这种模式使东亚公司中强势的股东更加强势。董事会的形成由股东（大）会选出，董事会的组成主要以家族成员为主，同时家族成员还承担着公司的管理等职务。企业治理的家族模式促使大股东与管理者形成了强大的联盟。例如韩国财阀的典型情况，董事会成员通常都由控股股东任命，并直接对其负责，这恰好促使了大股东与管理者结盟，形成了更强的力量。管理者没有受到市场的监督与约束，而只是受到来自家族利益的激励，这虽然可以降低内部交易成本，可以最大限度地提高内部管理效率，但大股东和管理层结盟模式最容易发生利益侵占。

所以东亚没有形成与大股东抗衡的力量，东亚也不存在可以拆解大股东与管理者联盟的治理结构，公司治理模式的美国化与股权结构的不匹配，使大股东与管理者的联盟更加强势。虽然以政府主导的发展模式，能有效地协调劳资关系，能迅速地把企业做大；但是劳工联盟的弱小无法形成与资方平衡的力量，因此造成了家族股东的强势，这也是为什么东亚普遍存在家族股东对小股东的利益侵占的原因。同时，损害中小股东利益的资本市场发挥不了融资的作用，企业资本规模扩大受到损害，有的企业也只能依赖国家资本来发展。

第五章

平衡劳资力量的其他方式：社会保障

社会保障是国家和社会通过立法对国民收入进行分配和再分配，保障无收入、低收入以及遭受各种意外灾害的公民能够维持生存，保障劳动者在年老、失业、患病、工伤、生育时的基本生活不受影响的制度。一般来说，社会保障由社会保险、社会救济、社会福利、优抚安置等组成。其中，社会保险是社会保障的核心内容。

社会保障，不仅是工人争取的结果，而且是政府用来平衡劳资力量的手段。为什么美国、德国、日本社会保障模式有所不同？我国到底应该学习德国的全能保障制度，还是学习美国的市场保障制度？政府应该提供社会保障的程度和广度？这些都是需要思考的问题。

如果离开劳资谈判力来谈社会保障，那么就会失去准绳。社会保障在劳工提供保护的同时，也为劳工提供与资本的谈判能力，社会保障可以增加劳工威胁的置信程度。在纳什谈判模型中，工会和厂商谈判的约束条件就已经表明没有工人会在工资率低于失业保险的条件下工作，也就是说如果谈判破裂，由于有失业等保险的补偿，劳工可以退出企业而不必担心暂时的生存；在劳资谈判中，最低工资线可以成为劳动谈判的底线；教育或者职业培训可以增加劳工的职业技能同时增加其谈判能力，这也是劳资关系帕累托改进的关键。因此，政府在提供社会保障的时候，应该考虑到现在的劳资谈判力，把社保作为补充平衡劳资谈判力的其他手段。

第一节 美国：市场模式

与西欧相比，美国不是一个高福利国家。美国价值理念强调新自由主义的个人主义与自由主义。在别的国家，社会保险由政府予以保证，而在美国则变成了雇佣关系的附加福利，私人年金、健康保险、失业保险，在美国更多的是通过雇佣关系来提供，因此让企业和个人来承担责任便顺理成章。法律并不强求雇主提供福利，而只是通过规制让劳资集体谈判来完成，这也与本书前述分析美国政府只是构建劳资博弈的框架，其并不实际插手其间的风格相适应。

全美养老保险制度体系主要包括社会养老保险、私营退休保险、个人储蓄养老保险三个方面。由政府进行全国统筹的养老金待遇水平仅占职工退休后收入的 1/3 左右，而其余部分是靠企业为雇员提供的市场型补充养老保险或者商业保险来解决的。国家只建立起最低的生活保障，为那些虽未完全丧失劳动能力，但仍然不能通过从事实质性工作来获得劳动收入的劳动年龄人口提供社会保障的生活资助。同时，鼓励市场为确有经济实力的需求者提供更高生活质量的保障。

美国的医疗健康保障分为政府承办的社会医疗保险和私人医疗保险两个部分，以私人医疗保险为主。政府不干预市场私人医疗保险本身的经营行为，也不承担医疗保险的主要经济责任。政府提供的社会医疗保险主要资助老人、残疾人、贫困家庭等"弱势群体"，一旦这些"弱势群体"状况改善，就不能再享受社会医疗保险。因此，美国的医疗保障与德国国家卫生服务保障模式有着本质区别。[1]

因此，美国政府只承担社会保障的一小部分，同时将社会保障推向市场，由企业和个人来承担，其养老保险和医疗保险也多是靠市场来运行。这一方面可以鼓励个人努力工作，另一方面也可以减轻政府的负担。美国的社会保障并未刻意加强劳动的谈判能力，这与现阶段美国劳资谈判力量处于相对平衡、集体谈判的模式、公司治理结构相符合。因此"不劳而获"的全民高保障在美国是没有的，美国的市场型社保运作是以其劳资关系作为支撑的；如果没有这样的劳资环境，而只学习市场型社保这样的模式，将会出现很多问题。

---

[1] 张军：《中西福利文化下社会福利制度模式比较分析——基于中国、日本、美国、瑞典四国的考查》，《探索》2011 年第 5 期。

第二节　德国：全能模式

第二次世界大战后，在社会民主的力量下，德国的社会保障制度广泛而全面地发展起来，不但实施的社会保障项目范围广泛、名目繁多，而且为其公民提供"从摇篮到坟墓"的一切服务。全能模式的社保产生与强大的工会有直接关系。第二次世界大战后的政府处于恢复时期并担心国内的稳定，没有能力来削弱工会的力量，因此强大的工会争取到社会保障超出了政府用于保护弱势群体，增强劳动力谈判力量的范围。因此，过多的保护在70年代经济长期"滞胀"的时期引发了经济问题，保障开支居高不下造成财政上入不敷出，赤字增加。1973年以前德国财政还有盈余，至1980年财政赤字已分别占国民生产总值的5.6%。同时"从摇篮到坟墓"的保障降低了工作热情和生产效率，并促使资本外逃。

因此，德国等欧洲国家提出了社会保障改革，不仅减少了受惠对象，还逐步缩小了保障的范围，将面向"全体居民"的全能社保改为真正帮助"贫困者"的社保。尽管如此，德国的社会保障与美国社会保障还是有本质的不同，即政府承担了大部分社会保障的责任。

近年来德国国家又开始从"消极保障"向"积极保障"的方向发展。"积极保障"不但改变保障对象被动等待的观念，让他们积极寻求工作机会；而且还改变了事后救济为主动扶持。政府不再被动地发放救济金，而是积极地加大人力资源的投资，加强对公民的教育和培训，并提供就业岗位。也就是说，把部分原来用于救济的保障资金转移到创造就业机会和继续教育上，将"保障国家"转变为"社会投资国家"。

因此，德国的社会保障经历了一个由"全能保障"到现实的回归。政府提供社会保障只是作为一个平衡劳资谈判力量的手段，以增强弱势群体的谈判力量，或者是保护在劳动力市场之外的人群。而德国政府在工会强大的压力下所实施的已经超出这一标准的全能型社会保障，在经济低迷时，就难以支撑下去，因此政府出面干预希望重新平衡劳资关系，但是限制工会的联盟是一件不容易的事，以英国为首的撒切尔夫人开始对工会的限制至今，工会一直是社会保障改革的阻力。因此在经济繁荣时，怎样使员工在企业的管理中发挥自己的作用，怎样提高生产效率成为劳资关系帕累托改进的关键，而德国的共同治理正是从这个意义上确立的；在经济低迷时，企业整体利益增进受挫，企业联盟稳定性受到挑战，政府应该减少企业负担，同时发挥社会保障的作用使未进入劳动市场的人们加入劳动市场，加强人力资本投入，并提供工作岗位，这些措施也成为促使劳资双方在经济危机中合作的关键。

第三节　日本：共生模式

由于日本工会并不强大，谈判级别多集中在企业层次，工会的联盟也受到抑制，因此在平衡劳资关系中政府有更多的操作空间，我们可以从日本社会保障的发展过程看出政府调控的思路。

日本"隐性"企业保障与社会保障共生。在日本6600万就职人员中有5300万属于雇佣劳动者，比例高达82%，因此企业保障在整个保障体系里占有很重要的地位，企业保障只针对企业对职员及其家属提供的生活保障，企业保障与企业内部劳资关系是相适应的。由于管理者在主银行的监督下，以企业稳定发展为目标，管理者为了使管理更容易，在企业内部掀起了"员工以企业为家"的高潮。因此，以"终身雇佣制""年功序列制"为主要载体的企业的"隐性"保障产生。"终身雇佣制"大大减低了失业水平，减少了失业人口，从而减轻了政府在失业保险方面的负担。另外，本该由政府提供的技术培训、医疗保健等项目在企业内建立，从而替代和减少了政府社会保障的支出。与此同时，效仿欧洲的全民养老保险和全民医疗保险全面铺开，以此来调动员工工作的积极性，因此企业保障与全民保险是互补的。

90年代以后,随着日本经济发展的低迷,在企业亏损严重情况下,终生雇佣制度被打破,"隐性"企业保障开始解体,企业从一个稳固的社会细胞开始变得不稳定;同时随着人口老龄化的日益严重,日本全面的社会保障也如履薄冰,因此政府必须在政府、企业和个人三者间寻求一个新的平衡。为了使企业尽快复苏,日本的社会保障加大了政府和个人的职责,减轻了企业的责任,为企业发展和公平竞争创造了有利的条件,并逐渐形成了社会保险、社会救济、社会福利组成的保障体系。社会保险包括年金保险、医疗保险、劳灾保险、雇佣保险、护理保险。其中年金保险体系包括由政府直接运营的公立年金、国民年金、厚生年金、共济年金,以及企业自愿缴纳的企业年金。企业年金是由企业另给员工增设的养老保险制度,企业年金在一定程度上反映了企业传统的"以企业为家"的观念。

日本政府在平衡劳资关系上的调控思路很清晰,其社保模式既不像美国的市场模式与德国的全能模式,日本的社保模式是与其劳资关系共生的,特别是传统的隐性企业保障和社会保障的相呼应。[①] 当经济低迷时,政府又减少了企业对社保的负担,以期增加企业联盟的稳定性。

综上所述,美国在劳资关系发展过程中形成了自由多元化劳动关系调整模式。美国工会结构的多元化与分散的股权相适应,集体谈判分散于企业级别,同时公司治理结构也限制了强势主体管理者,这样在劳资谈判力相对平衡的条件下,劳资双方从各自的利益出发,自主协商工资水平、福利待遇、安全保障等问题。德国强大的工会与集中的股权相适应,以集体谈判制度和企业共同治理制度为主要手段,使劳资之间建立了较为稳定的"社会伙伴关系"。日本家族式企业自身的特点决定了劳资之间的谈判力悬殊,但交叉持股和主银行制度削弱了股东与管理层联盟的可能性,并形成了终身雇佣制、年功序列工资制等"隐性"企业保障,这些机制使员工获得了"家族成员的权

---

① 张军:《中西保障文化下社会保障制度模式比较分析——基于中国、日本、美国、瑞典四国的考查》,《探索》2011年5期。

利"，对企业充满归属感。

可以看出，尽管美、德、日三国劳资关系制度存在着较大的差异，其协调模式也各不相同，但是本书从中发现一个关键因素，这个关键因素就是需要政府为平衡劳资谈判力提供框架，确立使劳资力量相对平衡的制度。

第六篇

我国失衡的劳资谈判与政府行为偏差

我国现阶段失衡的劳资谈判是"资强劳弱"的劳资谈判，在理论上表现为劳方谈判力趋近于0的谈判，在现实中表现为形式上的劳资谈判，或者压根就不存在劳资谈判。"资强劳弱"的劳资谈判自然演进形成的企业权益结构是一种失衡的结构，并且造成了在大多数情况下劳资冲突的局面，而我国竞争性领域中绝大多数企业的劳资结构正朝着这种失衡的状态发展。要想通过劳资谈判缓和劳资冲突，就必须构建谈判力平衡的劳资谈判。本书运用制度比较的分析方法，寻找我国劳资谈判力不平衡的原因，并认为政府作为第三方主体应该发挥引导劳资双方谈判力平衡的作用。但由于我国政府行为偏差，导致未能有效地平衡劳资谈判力。

第一章

我国失衡的劳资谈判

第一节 谈判主体地位不明确

由于我国经济正处于市场经济迅速发展时期,各级政府强调效率优先的原则。为了改善投资环境、吸引更多资金的投入,地方政府不愿对企业的分配进行干预,更不愿强化工会职能来改变企业权益分配的现有格局。传统的经济理论认为工会垄断了劳动力的供给,通过集体谈判提高工资会造成经济效率的损失,从短期看可能是这样;但从长期看,职工权益的提升能够调动工作积极性和创新精神,刺激人力资本的投资从而有利用于提高经济运行的效率。

一 我国工会的发展与存在的问题

中国企业工会成立于1921年8月(当时的名称为中国劳动组合书记部),几乎和中国共产党同时登上社会政治历史舞台。[①] 1925年5月1日第二次全国劳动大会在广州召开,中华全国总工会宣告成立,实现了全国工会政治上与组织上的团结统一。

计划经济体制时期,在社会主义公有制条件下,生产资料归全体人民所有,劳动者的就业由政府计划调配,劳动关系的实质是劳动者与国家之间的行政关系,劳动关系的矛盾不突出。因此这一时期工会作为国家政治体系的一部分,其主要职能是组织工人生产以及管理劳

---

① 李德齐:《政府、企业、工会:劳动关系国际比较》,华文出版社1998年版,第46页。

动事务，提高工人技术水平与文化素质，改善工人生活条件等。工会并不需要调节劳资矛盾、代表劳方进行集体谈判等职能。

随着市场经济体制的建立和改革开放的发展，企业由单一所有制结构向多种所有制结构发展，劳动关系向劳资关系转变。劳动力要素所有者与资本要素所有者作为追求利益的主体地位得以确立，劳资矛盾逐渐凸显。面对资强劳弱的局面，我国工会为争取工人权益做了大量工作。但总的来说，在"强资本，弱劳工"的背景下，工会转型没有能跟上时代的步伐，暴露出了许多问题。

（一）工会职能定位不准确

新中国成立以前，在中国共产党的领导下，中国工会主要是组织工人参与反帝反封建斗争，具备了鲜明的民族民主革命的政治特色。在计划经济体制时期，在党的领导下，工会主要是调节生产资料公有制基础上的劳动关系（而不是劳资关系）。在经济体制转型过程中，我国工会逐渐开始行使其代表劳方、维护劳方经济权益方面的职能；但是，我国工会仍然在"党政主导"的行政工作模式中。由党政机构发文，固然强化领导机构的权威性，但也为我国工会蒙上了一层更为浓厚的行政化色彩，以为工会通过发文件、开会等一系列行政手段就可以处理好劳资关系。本书认为工会应该在党的领导下，推动劳动立法引导劳资集体谈判。总的来讲，我国工会还没能完全转型，其应具备的职能和权力仍然空缺。[①]

（二）工会缺乏独立性

工会缺乏独立性表现为对政府和企业的依附性较强。第一，对企业的依附性：首先，我国企业工会经费以及工会人员薪资并非如西方发达国家一样全部来自会员的会费，而绝大部分是来自于企业按每月全部职工工资的2%向工会拨缴的经费；其次，企业中工会主席大多数都在原企业工作过，与企业的关系紧密，党委副书记、副厂长兼工会主席的现象普遍存在；同时企业直接决定工会干部的工资，因此工

[①] 罗宁：《中国转型期劳资关系冲突与合作研究》，经济科学出版社2010年版，第172页。

会人员的双重身份使其在维权时不仅难以代表雇员的利益,有些甚至还站到了企业一边。第二,对政府的依附性。总工会及地区工会仍然是国家政权机关的一个有机组成部分,其开展工作的范围和程度都会反映政府的意图;并且中央和地方的财政仍然负担其活动经费和主要管理人员的工资,因此工会在处理劳资关系问题时缺乏独立性。

(三) 职工对工会的活动参与度低

近年来虽然我国工会会员人数与工会规模得到了较快的发展,据有关资料显示,2004年我国工会入会人数为1.37亿,还不到职工人数的一半,而截至2013年6月底,中国工会已拥有2.8亿工会会员,职工入会率达81.8%,全国基层工会组织总数275.3万个,覆盖基层单位637.8万家,是世界上最大的工会组织。① 截至2015年末,全国建立了2.8万个乡镇(街道)工会基层组织,区域性、行业性工会发展到12.2万家,实现了对全国80%左右小微企业的覆盖。② 我国自上而下组建的工会规模虽大,但是工会并非是劳工为了共同利益目标而凝结的结盟组织,因此导致职工参与工会活动与工作的积极性低。职工参与度和信任度低,必然会制约工会工作的开展和维权职能的实现。

二 我国资方组织的发展与存在的问题

1979年3月,中国企业管理协会成立;1999年4月,中国企业管理协会更名为中国企业联合会。中国企业联合会是国际劳工组织和中国政府承认的雇主代表组织,其以企业、企业家(企业经营管理者)为主体,由专家、学者、新闻工作者等社会各界人士共同组成的群众团体。中国企业联合会现已形成机械、轻工、纺织、商业、电子、铁道、交通、煤炭等36个分行业全国性企业团体,拥有直属企业会员近3000家,联系会员企业43.6万家的组织网络体系。

---

① 王燕琦:《中国工会会员总数达到2.8亿》,《光明日报》2013年10月12日第1版。

② 郑莉、张锐、彭文卓:《李玉赋在全总十六届四次执委会议上的工作报告》,《工人日报》2016年2月17日第1版。

中国企业联合会等资方组织，大都是为了交流信息和与政府沟通的目的建立起来的，而并非企业家要抗衡劳方而自然结盟，因此在企业层面上缺乏广大企业家的普遍认同，成员仍然将协会看作是与政府接洽的渠道，而不是雇主组织的代表，因此企业联合会在许多区县仍然没有相应的分支机构。如果开展区域性、行业性的集体谈判，资方的谈判主体缺位问题严重。为了解决资方的谈判主体缺位问题，一些地方采取由地方总工会与下属企业分别签订协议的方法，或者在没有企业联合会的地区由当地主要雇主作为代表签订协议；还有一些地方采取过渡性办法，由政府部门或者是工商局，或者是分管企业的政府办公室代替雇主组织地位，而不是由雇主组织签订集体合同。由于谈判过程没有雇主代表的参与，或者雇主不通过企业联合会参与协商过程，那么谈判的有效程度和普遍性就大打折扣。

第二节　谈判力的基调失衡：强资本、弱劳动

一　初始合同的谈判力：市场的力量

在决定谈判力的七个因素中，市场赋予了初始合同的谈判中劳资双方的力量。由于我国特殊的国情、人口禀赋的特殊性以及资本要素的稀缺性使资方在劳动力市场上占有绝对优势地位。因此，劳资双方谈判力量的悬殊加剧了劳资冲突的产生。

第一，由于城乡二元经济政策造成了不合理的产业结构、巨大的城乡收入差距、社会保障制度的城乡差异以及城乡教育水平的差距。对农民的制度歧视使农民在城市里的就业困难，同时教育文化程度较低更加剧了农民的弱势。因此，内在的素质差异和外在的制度歧视决定了我国农民所处的劣势地位。

第二，1996年开始实行国企改革，从国企"减员增效"分流出的大量劳动力涌入劳动力市场，其中又以年龄大以及社会关系缺乏者为主。相对于当时稀缺的资本而言，劳动力供给急剧增加造成了劳动

力市场过度竞争的局面,并加剧了劳方就业谈判时的弱势地位,只能任由资方"控制与支配"。

第三,随着我国工业化进程的加快,进入工业化中期阶段以来,我国新一轮重化工业化使劳动占比出现收缩现象。由于重化工业是资本密集型产业,因此吸纳就业人口有限,难以吸收富余的劳动力。吴敬琏也指出,重化工业的发展模式抑制了服务业的发展,并且加重了解决就业问题的困难,并加剧了贫富分化。①重化工业路线恶化了劳动与资本之间的谈判地位。

综上所述,结合我国的基本国情,劳动力市场的总体状况仍然是供过于求,从市场中要素的稀缺性来说,资方比劳方更有谈判力;同时由于求职者众多且处于分散状态,这不仅加剧了劳动力市场的竞争,还弱化了劳动者的谈判力。

二 合同的再谈判:企业内的多种因素影响谈判力

(一) 承担风险的能力

张维迎(1996)从人力资本与劳动者"不可分离"的特征,进一步细化出人力资本的"不可抵押性",因此人力资本所有者无力承担风险,而非人力资本所有者才是企业风险的真正承担者。② 陆维杰(1998)明确提出人力资本所有者无法承担全面的企业风险,当企业风险从可能性变为事实后,人力资本往往贬值不能承担风险。③

也有学者持反对意见,方竹兰(1997)认为在企业经营破产时,股东可以通过卖掉股票逃避风险,企业风险的真正承担者是人力资本。④

---

① 吴敬琏:《重化工业模式不利就业,加剧贫富分化》,中国网(http://www.china.com.cn/chinese/jingji/731367.html)。

② 张维迎:《所有制、治理结构及委托——代理关系》,《经济研究》1996年第9期。

③ 陆维杰:《企业组织中的人力资本和非人力资本——也谈企业所有权的发展趋势问题》,《经济研究》1998年第5期。

④ 方竹兰:《人力资本所有者拥有企业所有权是一个趋势——兼与张维迎博士商榷》,《经济研究》1997年第6期。

根据我国《破产法》的规定，企业进行破产清算时，首先要进行破产财产清点以达到对债权人的保障。破产财产包括固定资产、流动资产以及其他财产权益。由于物质资本有形并可以抵押，当企业出现经营风险时，物质资本所有者作为经营风险的承担者。人力资本隐形于劳动者体内，从法律的角度讲不作为经营风险的承担者。因此，从这一点来看，我国物质资本的谈判力较高。

(二) 资产专用性：套牢

从套牢的角度来说，资产专用性会降低谈判力。企业技术设备的专业化、企业规模、广告费用、企业信誉度等，这些都构成了资本资产专用性的因素。由于企业在这些因素上的投入会使资产难以转向他途，从而会降低资方的谈判力。一般大规模的企业，其资本的投入较多，资产专用性比较高，虽然从这个因素来讲可能削弱了资本的谈判力，但从促进生产力的资产专有性的角度，又增加了谈判力。同时最为关键的是资本的高投入产生的利润为企业长期发展打下坚实的基础。

但是我国有很多的中小企业，特别是个体、私营企业，为了提高谈判力，降低被套牢的风险，因而在资产专用性上投资不足；这些企业形成的规模都不大，改变资产使用方向的成本也近乎为零。一般来说，当资产专用性程度低时，资本的机会主义行为倾向更强烈，这也就可以解释为什么资产专用性低的小企业会存在以次充好、伪劣产品、"打一枪换一个地方"的机会主义行为。同时，这些企业在劳动力的使用上更是一种机会主义的短视行为，如不签订合同，或者只签短期合同，任意拖欠工资，缺少劳动保护等。因此，我国中小企业普遍存在尽量降低资产专用性来提高谈判力的短视行为。

同时反观私营小企业的人力资本专用性。人力资本专用性随着劳动者在企业工作的时间越长就越强，就越能更好地掌握企业专用技术，但是也可能造成无法适应别的企业。由于资本的机会主义，劳动者为了减少资本的机会主义侵害，因此也尽力减少人力资本专用性的投入来减少被套牢的机会。

因此，由于害怕被套牢而降低自己的谈判力，劳资双方都减少了己方的专用性资产的投入,也就说资方不扩大企业规模、改进生产线,劳方也没有动力钻研适合于企业的技术。一般来说,促进企业生产力的专用性资产投入可以形成资产专有性,可以促进生产力的发展获得更多利润,但这种形成过程需要较长时间的投入积累。因此,在短期中私营小企业更倾向选择通过机会主义压榨劳动力来实现快速的短期利润,但这种做法不仅对企业长期发展是极其有害的,同时也是劳资冲突加剧的原因。

(三) 资产专有性:生产力

在其他因素不变的情况下,无论是资方还是劳方以提高生产力为目的的专用性投资都可以形成资产专有性,从而提高其谈判力。

对于大规模企业来讲,资方不断向企业投入专用性资产。根据WIND数据库,2000—2015年,我国累计完成全社会固定资产投资3420966亿元,年均增长21%。年度全社会固定资产投资由2000年的32918亿元增加到2015年的551590亿元,是改革开放以来增速较高、持续时间较长的一个时期。围绕生产力的资产专用性越高,即资产专有性越高,所带来的利润也就越高。因此,从长期来看,资产专有性与谈判力是正相关的关系。

劳方通过提升自己的素质即人力资本的专有性投资来提高自己的谈判力。雇员可能通过长期在企业或行业中工作以掌握企业或行业特殊要求的技能和经验,同时和周围的同事形成协作关系产生某种特殊生产力。如果企业解雇这样的员工,当重新招募员工时,需要付出大量的培训费用和承担暂时停工造成的损失。总的说来,从资产专有性这个角度,资本的谈判力仍然要强于一般劳动者的,但不可忽略的一点是高新技术人员的谈判力在逐渐走强。

然而在我国中小企业中又是另外一番景象。由于我国很多中小企业都没有长期发展的打算,因此在短期中选择通过机会主义压榨劳动力来实现利润,所以也就鲜有通过产业升级的方式来赚取利润,因为这不仅需要增加资本的投入,同时还需要激励劳动者的主动性。员工面对资本的机会主义,同时会减少人力资本的资产专用性来减少套牢。从长期来看,如果企业既没有熟练的员工,也没有精良的装备,那么企业产业结构升级将是不可企及的。

(四) 信息

企业的层级结构制度使股东对劳动的信息难以完备,劳动者可能隐藏信息而使工作中的变量难以测量,但股东可以利用其享有的企业控制权,在合同中设定诸多条款来规制劳动者的行为,以使股东对劳动的信息尽可能地完备,比如工作制度和惩罚条例、员工的高能激励与竞争制度、末位淘汰的制度。

但反观劳动者却一直处于信息不对称的状态,资方可能会利用控制权制造信息不对称。例如,劳资双方在签订契约时,资方刻意隐瞒工作难度和强度等真实的信息,为以后契约执行造成留白,从而形成不完全契约;而资方通过控制权使这部分留白由资方说了算,以造成资方的强势。资方还可能会制造虚假财务信息,控制利润的计算和分配,而这些信息劳方都无法知晓。

从信息的角度来讲,资方对于劳动者人力资本使用情况的信息完备性远大于劳方对资方的信息。因此,利用信息的不对称,资方不仅增强了谈判力,还使资方产生道德风险的问题 (Malcomson, 1984; Rosen, 1986)。

(五) T_{t-1} 期企业控制权

企业的控制权在传统企业研究中处于非常重要的地位。与传统研究的角度不同,本书从劳资谈判的角度,把控制权认为是改变信息、结盟等谈判力因素的工具。在其他条件不变的情况下,谁获得企业控制权,谁的谈判力就越高,从而在谈判中处于有利的地位,获得更多的利益。

物质资本所有者是企业的发起人,是机器设备的投入者,在企业中拥有最有价值的资源和最强的谈判力,因此传统企业理论也就赋予了物质资本投入者天然的"中心签约人"的地位,并给予企业正式的控制权与企业的所有权。由于企业的扩展与发展,所有权与经营权分离,管理者开始掌握企业的日常生产决策权即企业经营权,管理者捕捉市场机会并集合生产要素、控制成本、激励与监督劳动者,为最大化利润组织生产。因此,管理者由于其分享企业的控制权,因而具有很强的谈判力。然而在企业中，劳动者主要从事具体的生产经营任务，由于劳动者不享有企业控制权，无法控制其他要素主体，其只有对自身劳动力要素的控制权。因此，没有企业控制权的劳动者在企业中谈判处于弱势地位。

企业控制权可以改变要素信息与结盟状态，而这些因素都是影响谈判力的重要因素。我们先来分析一下企业控制权对其他要素主体的控制。

西方主流企业理论都认为劳动合同是劳资双方自由平等达成的契约，但本书认为由于资本要素所有者享有了企业控制权，因而在劳资契约关系的游戏规则制定方面占据明显的主导地位。首先是资方通过不签订合同来逃避义务与责任；其次是模糊残缺的契约，多数企业的格式合同是由企业单方面制定和出示的，许多企业的合同内容及形式都不符合《劳动合同法》的规定，当资方在单方面制定格式合同时，留下了可以任意使用劳动力要素的弹性空间，从而通过延长劳动时间，提高劳动强度以追求利润最大化；再次是劳动合同不平等，由于劳方缺乏与资方进行谈判的能力，劳动合同不仅增加了资方的权利同时加重了劳动者的义务，造成了权利与义务的不对等。

企业控制权不仅控制着对劳动者的雇佣，还控制着对管理层的委任。因此，资方享有企业控制权可以使管理层离劳动者远一点，离资本近一些，以造成管理者与股东的结盟，关于结盟这个因素将在下一节详细分析。

综合以上因素得知企业存在着资强劳弱的问题，因此为了保护弱势群体，国家出台了对职工个体权益的保护措施以增加单个劳动者的谈判力，例如强制签订劳动合同、颁布最低工资标准、强制企业缴纳养老保险和医疗保险以及扩大农民社会保障的试点等措施。这些措施是在劳资力量失衡时，维护单个职工权益的有效手段，其能增强单个劳动者谈判力，但这些措施只能治标，因为这些措施无法根本改变劳资谈判力悬殊的状态以及解决职工权益低下和收入偏低的问题；因为这些措施只注重单个个体劳资谈判力，忽略了劳资谈判力更重要的影响因素在于结盟。

第三节　谈判结构不合理：强者更强，弱者更弱

一　要素主体结盟前后强势与弱势主体的变化

（一）要素主体结盟前：强势主体与弱势主体

1. "强资本、弱劳动"

上一节已经讨论了我国"强资本、弱劳动"问题。劳资双方的博弈从在劳动力市场上的选择就开始了，即资本市场和劳动力市场的供求状况势必成为影响双方博弈结果的重要因素。劳动力供求关系的失衡，劳动力结构上的低层次同质化造成了资方在市场供求关系中处于相对的优势地位，劳动者处于弱势地位，只有少数稀缺的劳动力资源可能获得相对于资本占优的市场力量。当劳动关系建立之后，劳资双方博弈所拥有资源的质和量，劳方本可以通过拥有优于他人的专门知识，从而比其他人有优势，但是由于用工的不稳定性和资方的机会主义，劳方疏于对自己的人力资本进行投资；同时劳方这一生产要素在被使用的过程中，资方可以利用控制权使劳方的信息趋于完备，但劳方却处于信息劣势。

因此，单个劳动者的力量显然无法与强大的资本力量抗衡，于是劳动者开始组织起来形成劳动者团体，从而增强自身谈判力。劳动者之间的结盟是第一步，由于我国工会的诸多缺陷性，使劳方联盟流于形式；同时部分劳动者还可能背叛劳方阵营与资方形成联盟，原因在于资方利用控制权掌握了职工聘任升迁的权利，并利用"竞争上岗""末位淘汰"等制度造成雇工之间竞争多于团结。

因此，当雇员合法权益得不到保障时，其反抗形式只是单个个体的"怠工""跳槽"等行为，这种"原子状态"的谈判结构，不仅没有改变劳方的弱势谈判力，反而加剧了劳方的弱势。

要注意的是，在"强资本、弱劳动"的全局背景下，局部还存在"相对的弱资本与绝对的弱劳动"的劳资关系。劳动者地位之弱不必

说，民营资本的弱首先是相对于国资、外资的市场实力而言，其次是相对于政府的管制力量而言，他们起步晚、起点低、实力差、地位屡弱，民营企业要生存只有"抽刀向更弱者"，把成本和损失转嫁到比他们更弱的劳工身上（姚先国，2005）。[①]

2."强控股股东，弱外部股东"

根据《公司法》第二百一十六条的规定："控股股东，是指其出资额占有限责任公司资本总额百分之五十以上或者其持有的股份占股份有限公司股本总额百分之五十以上的股东；出资额或者持有股份的比例虽然不足百分之五十，但依其出资额或者持有的股份所享有的表决权已足以对股东会、股东大会的决议产生重大影响的股东。"从理论上讲，控股股东对公司的所有权和控制权比例是相等的，但是在实际情况中，控股股东会通过金字塔结构、交叉持股等方式对上市公司进行间接控制（La Porta et al., 1999），从而形成最终控制人或实际控制人，这时候他们的控制权比例往往要大于所有权比例。因此，所谓控股股东即是指对公司的决策权享有控制权的股东。

近年来强势的控股股东通过占用上市公司资金、关联交易、担保贷款等方式"掏空"上市公司，极大地侵害弱的外部股东的利益（如德隆系、格林柯尔系、ST猴王、三九药业等事件）。这些事件发生的原因在于我国上市公司的股权结构相对集中造成的控股股东的强势，同时没有其他的力量来平衡和制约其强势地位。我国企业的股权结构普遍存在大股东控股现象。

表6-1　　　　　　　2014年中国上市公司控股情况

	总数	第一大股东持股比例（%）	第一大股东持股比例超过10%的上市公司所占比例（%）	第一大股东持股比例超过30%的上市公司所占比例（%）	第一大股东持股比例超过50%的上市公司所占比例（%）
国企	1022	39.59	99.51	69.18	28.57
民企	1477	32.69	97.70	51.73	12.66
外资	113	39.45	98.50	51.88	24.81

资料来源：国泰君安数据库。

---

① 姚先国：《民营经济发展与劳资关系调整》，《浙江社会科学》2005年第2期。

苏勇、张军（2012）选取了 2004 年"《新财富》家族上市公司排行榜"中的 225 家样本数据，对中国家族公司的治理问题进行了研究。研究发现有 87 家公司的控制权和现金流权分离程度≤0.25，其中多元化公司 20 家占 33.32%；其余 138 家公司的控制权和现金流权分离程度>0.25，其中多元化公司占 40.56%。结果表明控制权与现金流权两权分离程度与多元化经营程度呈正相关，意味着中国家族上市公司普遍利用金字塔持股方式实现控制权和现金流权分离并同时控制上市公司；利用多元化经营的方式，通常通过关联交易、担保、资金占用、盈余管理等手段来进行侵占少数股东的利益。[1]

万立全（2015）对 7541 公司样本的描述性统计分析发现，终极股东的控制权，总体上我国上市公司股权处于相对比较集中的水平，终极股东控制权比例平均达到 39.25%。从终极股东的性质来看，国家控制公司终极股东的控制权比例高于民企终极股东的控制权；从趋势上看，控制权比例先是下降，均值由 2006 年的 42.59% 下降到 2008 年的 37.36%，但是 2009 年后又出现逐年集中的趋势，到 2015 年上升到 39.25%，这说明我国上市公司的股权集中度在股权分置改革后曾一度出现较大的分散，但之后又出现逐渐集中的趋势。[2]

3. "强管理者"

表 6-2　2010—2015 年中国高管薪酬与在岗职工平均工资

年份	2010	2011	2012	2013	2014	2015
高管平均薪酬（万元）	66.85	72.2	76.9	81.8	85.6	93.8
在岗职工平均薪酬（元）	36256	42020	47284	52270	57490	63241

资料来源：根据《中国人力资源和社会保障年鉴 2015》及《2013—2014 中国 A 股上市公司高管薪酬调研报告》整理。

高管薪酬的不断走高与企业员工薪酬的差距越来越大，反映了对

---

[1] 苏勇、张军：《中国家族上市公司多元化经营与公司治理问题研究》，《经济纵横》2012 年第 5 期。

[2] 万立全：《我国上市公司终极股东股权结构动态调整的影响因素分析》，《经济经纬》2015 年第 5 期。

高级人力资本的回报，也反映了管理者在企业中的强势地位。管理者的强势地位在不同所有制企业中有不同的表现。

在国企中，自20世纪80年代国有企业实施放权让利改革以来，政府很多决策权已经下放给国有企业管理层，管理层权力不断形成并提升，但管理层作为政府的代理人，却有着强烈的利用获得的权力为自己谋福利的动机。本来应该受到国有控股股东约束的管理者，现在却由于国有性质的实际控制人具有预算"软"约束造成了所有者的缺位（亚诺什·科尔内，1986）。政府控制是一种缓和代理问题的平衡机制，但它同时导致了对管理层的低效干涉（钱颖一，1995）。因此，整个国企改革实质上是在制度转型和治理弱化的条件下衍生出因管理层权力增大而引发的"内部人控制"问题（权小峰等，2010）。管理层因为权利改革享有了越来越多的决策权使自己成为强势主体，代理问题越发凸显。由于缺少股东的约束，管理者成为强势主体，而政府在国有企业改革中引入非政府公司、机构股东、职工股东和私有股东来对管理者的控制权进行约束。

在民营企业中，由于家族控股对管理者约束到位，股东是强势主体，一般不存在国企中的股东与管理者的代理问题。根据CCER数据库，2010—2015年8191家民营企业股东指定管理者的数目高达92.2%，家族直接控制或者交叉持股结构控制上市公司比例占到98.6%，但这并不意味着管理者是绝对弱势的，其只是与控股股东比较相对弱势，而与其他要素主体相比仍然处于强势地位。

（二）要素主体结盟后：强势与弱势主体的变化

1. 强强结盟：控股股东与管理层结盟

在民营企业中，我国的股权结构决定了控制性股东的强势，而在公司治理模式中由股东选举董事的制度，造成了大多数管理层都是内部人士担当，导致了股东与管理层的天然结盟的家族治理模式。

在改革后的国企中，以前的所有者缺位的现象由于改革遭到抑制，国资委强化了对管理者的约束，但国企管理者的更替仍然是由政府任命，此时管理者与大股东的结盟更多地表现为管理者与地方政府的结盟与管理者的行政化。

我国股权集中度容易造成控股股东与管理者的强强结盟。严也舟（2012）以中国 A 股上市公司 2003—2005 年期间数据为样本，实证分析了控股股东与管理者合谋侵占公司利益的行为。研究结果表明控股股东的持股比例与其对上市公司的资金占用正相关，而非控股大股东的持股比例与控股大股东对上市公司的资金占用负相关；集团控股股东对上市公司的资金占用程度显著高于非集团控股股东；董事会中内部董事的比例与控股大股东的资金占用正相关。[1]

陈仕华、李维安（2012）基于 2005 年 3 月—2009 年 12 月我国上市公司的股票期权数据，运用多元回归方法分析了我国大股东与高管联盟的证据。由于我国绝大多数上市公司存在控股股东的高度集中型股权结构，因此大股东在转移上市公司资源时，利用股票期权这一合法性赎买工具对掌管上市公司资源的高管进行赎买，因此，我国的股票期权并不能发挥激励高管的作用，其只是大股东赎买的工具。[2]于是绝对强的控股股东与相对强的管理层结盟了，这个结盟的形成增加了资方的谈判力，加剧了我国的劳资不平衡。

吴军（2015）基于 2005—2012 年深沪上市公司数据，研究了高管薪酬契约与控股股东的控制权关系。控股股东的高持股比例虽然会促使控股股东发挥监督作用，抑制高管寻租行为；但控股股东存在动机与高管合谋掏空公司，从而提供较高的薪酬作为和高管合谋的利益分享。[3]

如果按照此思路，就不难理解为什么高管的薪酬在效益不好的企业仍然居高不下的原因。一些读者可能会对"管理者与控股股东结盟的观点"提出疑问，比如国美事件的发生，是否说明管理者与控股股东的斗争代表了两者关系的常态？让我们重新审视"国美事件"。

---

[1] 严也舟：《外部治理环境、内部治理结构与合谋侵占实证分析》，《管理评论》2012 年第 4 期。

[2] 陈仕华、李维安：《中国上市公司股票期权：大股东的一个合法性"赎买"工具》，《经济管理》2012 年第 4 期。

[3] 吴军：《监督抑或合谋：控股股东与高管超额薪酬》，《财会通讯》2015 年第 27 期。

案例6-1 重新审视"国美事件"

国美事件一直是被当作股东与管理者之间的利益冲突与争夺控制权的经典案例。2005年国美合并永乐，黄光裕担任董事长，陈晓担任CEO。2008年11月，黄光裕因经济犯罪入狱，陈晓临危受命，代理"董事局主席"，黄光裕特别下放了股东大会的权力至董事会，即20%的股票增发的权力。这一权力的下发源于担心国美债务问题使国美资金链断裂，但是这一本属于股东大会权力的下放使管理层有了"谋反"的利器。

2009年6月，以陈晓为首的董事局，利用20%的股票增发的权力引入机构投资贝恩投资，其以债转股的形式向国美注资15.9亿元人民币，占国美股份9.98%，成为国美第二大股东。贝恩入股后，国美电器提出了高管股权激励计划（这是黄光裕所反对的），继续稀释黄光裕股份35.55%到31.6%，因为公司重大事项的特别决议包括"增发股份、公司的合并、分立、解散"需要由出席会议的股东所持表决权的三分之二以上同意，即黄光裕以前的35.55%是有一票否决的制度，而稀释以后31.6%的股份有可能会对这些重大决议失去一票否决的权力；而失去对特别决议中"增发股份"这个决议的控制，将会引起黄光裕股份的继续稀释而彻底丧失对股东大会的控制权。

同时贝恩投资提出的三位非执行董事进入董事会，继续稀释黄光裕在董事会的控制权。以陈晓为首的董事会在贝恩的支持下通过高管的股权激励计划拉拢、控制了董事会，被看作黄光裕代理人的常务副总裁王俊洲、副总裁魏秋立、孙一丁的立场也发生了变化，管理层开始结盟，让黄光裕彻底失去了对董事会的控制权。

因此，在2010年5月11日晚上的国美电器董事会上，黄光裕要夺回在股东会与董事会的控制权，有如下提案：向贝恩投资提出的三位非执行董事提案投出了反对票。以董事局主席陈晓为首的国美电器董事会随后以"投票结果并没有真正反映大部分股东的意愿"为由，在当晚董事局召开的紧急会议上一致否决了股东投票，重新委任贝恩的三名前任董事加入国美董事会，这反映了管理层与机构投资者的结盟。

双方在2010年9月28日，展开了第一回合的股东大战。当天国美在香港召开临时股东会议，黄光裕提出5个提案，其中为了夺回董事会控制权的提案"撤销陈晓、孙一丁的董事职务，委任邹春晓、黄燕虹为执行董事的提案"未获通过，但是"撤销配发、发行和买卖国美股份的一般授权"获得通过，很多人认为黄光裕输了，因为陈晓继续留在了国美阵营里，其实本书认为黄光裕股份没有继续被稀释的风险，保住了股东大会的控制权。事实证明，随着国美董事会成员增加、黄氏嫡系进入权力中心，董事会重新回到控股股东的掌控中，2011年3月，陈晓最终辞去公司董事局主席及执行董事职务。[①]

国美的案例反映了作为管理者在民营企业中的强势地位；但是这个强势只是相对强势，比管理者更强的是控股股东。如果控股股东一旦放松控制，管理者之间就会结盟或者与其他要素主体结盟寻求利益。在国美的案例中，黄光裕因为官司不得已放松了对管理层的控制，但是这个现象在我国并不具有普遍性；因为信任，所以把本属于"股东"的权利下放给了董事会，这才让管理层有机可乘。对于我国民营企业中来讲，控股股东对企业的控制权更多产生的问题是强强联合，即控股股东与管理者的结盟以要求非共享收益的问题。

2. 弱弱结盟受阻

第一，劳工结盟的形式化。近年来，虽然我国工会数量取得了较快发展，但是，在转型期特殊的"强资本、弱劳动"背景下，工会的运作中并未能大幅度增强劳工的谈判力。工会存在着职能定位不准确，对政府和企业的依附性较强，谈判级别层次低，集体谈判流于形式等缺点。同时我国工会主要是自上而下组建的，工会并非是雇工为

---

① 郎朗：《国美股东会之乱：大股东否决贝恩董事》（http://finance.ifeng.com/roll/20100512/2179977.shtml）。

了共同利益目标的结盟组织。因此，我国劳工结盟的形式化，必然会导致劳动者的谈判力降低。

第二，小股东结盟发展缓慢。机构投资者可以打破传统意义上个人股东股权高度分散的状况，使小股东集结成为控股股东的制衡力量。《中国上市公司治理准则》第十一条规定："机构应在公司董事选任、经营者激励与监督、重大事项决策等方面发挥作用。"

唐松莲、袁春生（2012）分析了机构投资人作为投资者的行为与作为投机者的行为。机构作为权衡成本与收益的理性经济人，一旦认识到必须通过参与公司治理才能保障自身利益时，必然会监督公司控股股东及其关联交易等重大事情，积极参与公司治理，更多表现为投资者角色。当机构可以凭借自身拥有的资金实力、信息解读能力甚至是与控股股东沟通以获取内部信息优势来提升股价、诱导散户的买卖，以实现股票低买高卖获取巨额利润，此时机构表现为投机者角色。通常持股时间较长或持股比例较大的机构，更多表现为投资者角色，从公司优异的业绩中获取高额的投资报酬；而持股时间较短或持股比例较小的机构，不会想方设法（如加强对管理层的监督）提高公司业绩，只是通过隧道挖掘方法获取利益。[①]

因此，短期投机型的机构投资者旨在二级市场的追涨杀跌中实现资产的保值增值，其对企业内部治理没有太多兴趣，而长期稳健型的机构投资者则是能有效制约控股股东的力量。在我国资本市场上，寻求短期利益的证券投资基金占了绝大部分，而养老基金、社保基金等长期稳健型的机构投资者持股比例则过小，机构投资者的结构明显不合理导致无法形成制约控股股东的有效力量。造成我国机构投资者结构不合理的主要原因有：首先，企业控股股东利用其强势地位造成的股市投资环境的恶化使我国长期稳健型机构投资者入市的脚步缓慢。随着我国失业、养老等社会保障制度改革的深入发展，失业保险金和养老金的资产额增加很快，保值增值的要求需要进入股市；但由于我

[①] 唐松莲、袁春生：《机构投资者角色发凡：2004—2007 年部分上市公司样本》，《改革》2012 年 1 期。

国股市大股东操纵严重，波动较大，人们对于养老保险等机构投资者进入股市的安全性受到质疑。以经验来讲，存在控股股东控制的股市，散户越散就越没有与其抗衡的力量，控股股东的操纵才会是无忌惮；因此，引入机构投资者是必需的，但是需要先从公司内部的治理开始培养与大股东的抗衡的力量，比如工会、小股东联盟、员工持股以及改变联盟结构的公司治理等。因此，在没有能制衡大股东的措施实施前，我国的机构投资者要像美国机构投资者以从长线投资来获取利益是非常困难的。其次，政府对机构的持股比例的限制使除了极少数的机构（如信托公司、券商）外，机构投资者在某个企业中拥有的份额不大，从而缺乏进入企业内部治理的动力。最后，"代理权征集"制度是机构与中小股东结成联盟的有效机制，可以使小股东对控股股东形成股权制衡之势。机构投资者比散户拥有更多的专业知识、信息获取渠道和丰富的投资经验，能够更准确地评估公司价值。代理投票制度等制度的缺失也是我国小股东无法汇集力量来制约和监督控股股东的原因。

二 谈判级别层次低

虽然《中华人民共和国工会法》明确规定："维护职工合法权益是工会的基本职责。……工会通过平等协商和集体合同制度，协调劳动关系。"① 但《工会法》并没有对我国集体谈判的级别做出强制性规定。在实际操作中，现阶段我国集体谈判主要局限在企业内部，企业级别的谈判主体是企业雇主与企业工会，并且谈判级别层次低。

由于我国中小企业众多，以及存在大量非正规就业的劳动群体，在这些企业中企业工会的组建可能受雇主的公开阻挠，也可能由于人员的流动性强导致无组建企业工会的意愿。在规模较大、制度相对完善的企业中，企业工会的组建虽然已经不再受雇主的公开阻挠，但是雇主仍然有方法来控制企业工会，例如对企业工会主席人选的控制，

---

① 《中华人民共和国工会法》，中华人民共和国政府网（http://www.gov.cn/banshi/2005-08/05/content_20697.htm），本书出现的关于《工会法》的法条都是来自于此。

让企业工会主席实质上脱离工人的联盟,站在雇主一边;同时上级工会对企业工会的组建只重视数量不重视质量的策略,在实践过程中使企业工会并不一定完全代表企业职工的利益。因此依附于雇主的企业工会谈判力低下,既不能承担企业级别劳资谈判的谈判主体,也不能担负有效维权的重任。

要提高工会的谈判力,必须要提高谈判级别的层次,凝聚更多的劳工力量。因此,独立性(针对雇主)更强并有利于维权的工会组织形式即行业工会和产业工会是最佳的选择,但出于维护政治稳定的考虑,谈判级别改革任务虽已提上议事日程,却仍然是欲说还休。行业级别的谈判缺失以及企业谈判流于形式,造成了我国集体谈判得出的集体合同也执行不力。根据《人力资源与社保统计年鉴2015》,截至2014年年底,经人社部门审核有效集体合同170万份,覆盖企业319.6万家,覆盖职工人数1.6亿人。尽管成绩显著,但是由于劳资的谈判力不平衡,因此集体谈判也只能是形式大于实质,存在着集体合同时效性与约束力不够强、合同履行情况不理想等问题。因此国内学者詹宇波(2012)研究了来自于制造企业的工资水平的抽样数据,发现集体工资议价对改善工资水平的作用是有负众望的。[①]

综上所述,我国的强势主体大股东与管理层形成了稳固的结盟,小股东也未形成有效的联盟来制衡管理层,企业的雇员结盟即工会由于其自身的弱点也未能与其抗衡,因此联盟后资方的谈判力越来越强,劳资双方的谈判力相差悬殊。谈判力悬殊的劳资谈判,或者说名义上的劳资谈判是不能够改善弱势劳动群体的状况,解决劳资冲突这个问题的。因此,这就让笔者不得不考虑这样非均衡的劳资谈判会导致劳资关系走向何方?那么怎样解决劳资谈判力的不平衡是我国政府的当务之急。

---

① 詹宇波等:《集体议价是否改善了工资水平:来自中国制造业企业的证据》,《世界经济》2012年第2期。

第二章

我国政府行为偏差

从处理劳动关系的国际经验中，可以看出劳资的博弈还要引入第三方主体——政府。政府在劳资关系中主要扮演什么角色呢？本书认为政府在处理劳动关系的过程中，作用不是干预劳资双方具体的"契约"，而是为劳资双方提供一种博弈的框架与模式，来如何引导劳资谈判力的平衡。因此，包含第三方政府的劳资博弈就表现为劳资利益主体根据各自的目标函数，在政府提供的制度安排框架下，不断调整自己的行动策略，从中获取相应收益的动态过程。以制度体系的视角来看，构建和谐劳资合作关系的关键是政府提供劳资谈判力相对平衡的劳资博弈框架。

在我国，劳资关系中的"资方"长期以来都处于强势地位，数量众多的普通劳动者在劳资关系中处于弱势地位，劳动者一般都扮演着被动接受决策的角色，劳动者对自身权益的诉求不可能独立完成，政府作为劳资关系的第三方，建立和保持劳资关系平衡的意义凸显。2001年我国《工会法》对劳动关系三方机制做出明确规定。在确认了劳资关系中政府作为现代劳资关系第二级扩展中的"第三方主体"基础制度后，政府逐步推进建立集体谈判、三方协商、共同参与等多种形式的劳资关系协调机制，为劳资合作博弈的进行创造了有利条件。但是从目前来看，我国政府仍然存在职能偏差等诸多问题，在劳动立法、劳资关系的管理等方面亟待改善。

第一节 政府职能偏差

在计划经济时代，我国政府属于典型的"中央集权型"，政府不仅调控生产，同时还掌握和控制着劳资关系。在这样的强干预政策下，由于强调国家、企业、职工利益一体化，劳动矛盾和争议相对较少，即使出现问题也是依靠领导的思想工作和上级有关部门的劝解说服来解决。随着市场经济的发展，劳资双方作为追求利益的主体，劳资关系日益复杂化，劳资矛盾和争议直线上升。然而工会在计划经济中的职能仍然保留下来，工会任何博弈行为和维权行动，都被视为违反"利益一致性"的原则。因此，面对劳资关系的新情况，政府职能转变问题便凸显出来，具体来讲存在着两方面的不足：一是政府干预劳资关系的职能偏差；二是中央政府与地方政府目标偏差。

一 政府干预劳资关系的职能偏差

我国政府对劳资关系管理的角色主要集中表现在通过以法律的手段介入劳资合同的具体标准以保护劳动者的基本权利，以行政命令建立自上而下的工会与强制推行劳资协商制度，以及当劳资发生冲突转化为社会冲突时进行调停，注重冲突的事后解决。

在劳资个体冲突阶段，政府主要通过仲裁来解决劳资间的个体冲突；但是由于通过仲裁的时间较慢，于是一部分劳动者选择妥协，另一部分劳动者选择联盟。当联盟起来的劳动者与资本进入群体冲突阶段，政府需要防止群体冲突演变为社会冲突，表现出事后"救火式"干预（见表6-3），这些做法都没能有效地促进劳资谈判力平衡的形成。本书认为我国政府没能有效地发挥谈判第三方主体的作用，干预劳资关系的职能发生了偏差。因此，我国的劳资谈判是一个存在政府形为偏差的、失衡的自发演化过程。

表6-3　　　　　政府对劳资冲突"救火式"的干预

	事件原因	事件解决方式：政府干预
重庆出租车	份钱高、加气难、黑车多	市委书记与出租车司机展开协商对话
吉林通钢事件	建龙入股通钢	经省政府研究决定，建龙将永不参与通钢重组
河南林钢事件	国企改制问题	河南省委、省政府对此处理意见：有关企业出路和职工利益等问题，由林钢职工代表大会集体决定

续表

	事件原因	事件解决方式：政府干预
南海本田	工资低	政府先控制罢工范围，后参与集体谈判
裕元鞋厂	未签订劳动合同、低买社会保障	政府先控制罢工范围，后参与集体谈判，最后督促工人复工

资料来源：作者根据相关新闻报道填制。

同时，政府对劳资关系干预度，即政府利用法律对企业用人的规范力度也备受争论。常凯（2008）认为："公权介入水平是由劳资力量对比决定的，中国资强劳弱的状态，不能由市场引领形成可与资方抗衡的工人力量，而用人单位自律性、成熟性也不及发达国家，所以我国不能简单模仿美国等劳资抗衡型国家劳动立法较为宽松的经验。"但学者杨伟国（2008）认为："中国现阶段处于产业化初级阶段，公权介入过严会限制用人单位活力，对制造业等劳动密集型行业的发展非常不利。"[1] 那么政府干预究竟到什么程度合适，现在理论界还在争论。如果政府管得过多过细，将直接束缚企业的发展，如果任由市场引领劳方自行发展的道路又将是充满劳资对抗的。因此政府对干预度的认识不清楚，将会导致出台的法律也是相互分割的，从而就具体问题解决问题，无法形成一个系统。那么本书认为政府应该以形成劳资谈判力平衡的框架为中心，劳资具体问题的解决应该由劳资双方谈判来解决，政府不应该插手具体的劳资问题的处理。

二 中央政府与地方政府目标偏差

（一）中央政府

中央政府致力于经济的可持续发展和社会的稳定，因此大力引进资本发展经济的同时也弱化了资本的稀缺性，从而改变了劳资谈判力的市场力量；同时以发展教育来提高劳工的素质，从而提高了劳方的谈判力；以及提高就业水平，关注民生，运用社会保障等手段来关注

---

[1] 鄢圣文、谭叙：《〈劳动合同法〉实施一年以来相关研究述评》，《首都经贸大学学报》2011年第4期。

社会稳定，也在一定程度上提高了劳动的谈判力。由于财政制度的特点，中央政府与地方政府的利益不可能完全一致，地方政府更偏重于就业、税收和 GDP 最大化，因此出现了对资本保护的倾向。

(二) 地方政府：GDP 指标与资本倾向

1. 分权体制下的地方政府与微观主体

在以经济建设为中心的政策指导下，地方政府官员的政绩得以提高的关键在于加快本地的经济发展。一般来说，发展本地经济的渠道主要有：激活本地闲置生产要素进行生产经营活动；提高生产要素的使用效率；以及从辖区外引入更多的生产要素。由于在制度变迁的早期阶段，市场体系还很不发达，因此地方政府不得不主要依赖前两种途径来发展本辖区的经济。一是改善既有的国有企业的效率——给予其更多的经营自主权，加强企业内部管理和引入激励机制；二是允许原本被排除在体制之外的本地微观主体参与到经济活动中。不幸的是，单个国企或者其他微观主体是很难自己发动改革或者争取自己的市场权力，这就使得地方政府与本地微观主体之间形成某种互利共赢的合作关系。

分权体制下的地方政府具有对中央政策过滤的功能，从而能够在一定程度上保护地方企业的产权，弱化有损市场力量发挥作用的中央管制。比如，帮助一些民企戴上"红帽子"，为一些企业争取税费减免和定向资金、政策支持。相应地，微观主体经营的空间受到地方政府参与约束和激励相容约束，意味着微观主体的经营活动不能给地方政府带来政治麻烦。

2. 地方官员的个人政绩与劳资冲突

当地方政府官员的个人政绩表现为地方经济发展水平的函数时，地方政府就更有动力弱化微观主体制度变革的约束条件，加速市场经济制度的实施步伐。由于地方政府与企业的合作共赢关系，进一步增加了政府偏离公共管理目标的可能性，本应由政府提供的公共产品和服务，政府却没有充分尽职尽责，甚至出现了"真空"领域。同时，由于分权改革使得地方政府拥有了管理本地社会经济事务的优先权，并掌握着大量公共权力和资源，因此地方官员必然成为众多企业追逐的对象。结果，他们很可能与那些为其提供私人利益的企业形成合谋关系，从而损害公共福利，甚至成为阻碍规范的市场经济体制建立的消极力量。

第二节 政府与失衡的劳资谈判力

一 劳动法与单个劳动者谈判力

原则上说，劳动者权益保护和劳资双方的合作关系可以通过劳资之间在充分尊重双方权利基础上签订的合同来体现。但现实中，除了少数拥有特殊劳动技能或者掌握企业核心知识的劳动者可以凭借市场势力保护自己的权益，在大多数情况下，劳动者都处于相对弱势地位，劳动者的权益必须依靠政府出台制度来保障。2008年1月1日开始实施的《劳动合同法》《集体合同法》《就业促进法》《社会保障法》和《劳动争议仲裁法》（这些法律统称新劳动法）主要目的在于通过法律手段完善劳动合同制度，用外力强制保护单个劳动者的权利和义务，但是新劳动法却是在劳资双方谈判力严重失衡的情况下，谈判协商和博弈机制缺失的条件下出台的。新劳动法注重对劳动者单个个体的保护，却没有建立劳资双方谈判协商的博弈机制，试图用法律形式干预劳资关系具体标准的制定，用"一刀切"的方法解决劳资具体问题，因此必然会造成法律的僵硬和实行困难。本书认为劳资具体问题应该是由劳资协商和谈判来解决，如果单从法律的角度来规定解决方式，将会造成资方的不配合；但用劳资的谈判来解决劳资问题得有一个前提，即需要有平衡劳资谈判力的框架。因此，政府需要规划出平衡劳资谈判力的框架，从更系统的角度平衡劳资的谈判力，以此来完善劳资合作博弈机制需要的制度安排。如果单从法条上来规定解决方式，在劳资的谈判力不平衡的状态下，那么法条也就仅仅是法条而已，这也是为什么新劳动法会存在着如此多的非议与实际实施效果不尽如人意的原因。

(一) 劳资谈判力相差悬殊与合同单方制定

按照我国《劳动合同法》第三条规定："订立和变更劳动合同，应当遵循平等自愿、协商一致的原则，不得违反法律和行政法规的规定。"① 但现实中，这些原则由于劳资谈判力相差悬殊，没有被很好地贯彻落实到实处。尽管劳动者缔结劳动合同时确实是自愿的，但由于我国劳动力市场的分割性、歧视性以及严重的供过于求，大多数劳动契约的签订根本不存在协商过程，表面上的平等暗含着事实上的不平等。虽然由劳动部门统一制定的格式化合同，保证了合同的合法性，但内容条款基本上都是原则性规定，合同其他内容包括合同期限和工资标准都由强势利益主体资方单方提供，劳动者根本没有讨价还价的余地。

(二) 劳资谈判力相差悬殊与法条缺乏可操作性

劳动法有关劳动者权利和企业主责任的规定不明确，同时对模棱两可的行为没有相应的处罚造成了法条缺乏可操作性。《劳动法》第三条规定："用人单位在制定、修改或者决定有关劳动报酬、工作时间、休息休假、劳动安全卫生、保险福利、职工培训、劳动纪律以及劳动定额管理等直接涉及劳动者切身利益的规章制度或者重大事项时，应当经职工代表大会或者全体职工讨论，提出方案和意见，与工会或者职工代表平等协商确定。"第六条规定："工会应当帮助、指导劳动者与用人单位依法订立和履行劳动合同，并与用人单位建立集体协商机制，维护劳动者的合法权益。"② "应当"而不是必须，这样的模糊条框，留给了资方选择的余地，同时对资方如果不这样做的后果没有处罚措施，使法条缺乏可操作性。

(三) 劳资谈判力相差悬殊与资方对劳动法的规避

由于劳资谈判力相差悬殊造成了资方对劳动法的规避。例如关于签订"无固定期限劳动合同"的规定，很多用人单位在员工连续工作

---

① 《中华人民共和国劳动合同法》，中华人民共和国政府网（http：//www.gov.cn/jrzg/2007 - 06/29/content_ 667720. htm）。

② 《中华人民共和国劳动法》，中华人民共和国政府网（http：//www.gov.cn/banshi/2005 - 05/25/content_ 905. htm）。

快到10年时候与员工解约来规避此条,其中包括华为这样的大型企业,其规避的方法是让所有工作年满8年的员工办理"主动辞职"手续,再与公司签订1—3年的劳动合同,以避免"无固定期限劳动合同"的规定。

《劳动合同法》首次对非典型劳动关系予以规范,但是很多企业都选择了规避,甚至信誉比较好的企业都利用"劳务派遣"方式来规避劳动法,使《劳动合同法》适用"空壳化"。

表6-4 　　　　　2015年银行系统劳务派遣情况　　　　　（单位:%）

	农业银行	建设银行	工商银行	中信银行	平安银行	兴业银行
派遣员工	11288	5509	489	6574	5638	10690
员工总数	503082	369183	466346	56489	37937	52016
比例	2.24	1.49	0.10	11.64	14.86	20.55

资料来源:根据上市公司年报整理计算获得。

（四）劳资谈判力相差悬殊与劳工的结盟权利的弱化

《劳动法》第七条:"劳动者有权依法参加和组织工会。工会代表和维护劳动者的合法权益,依法独立自主地开展活动。"第八条规定:"劳动者依照法律规定,通过职工大会、职工代表大会或者其他形式,参与民主管理或者就保护劳动者合法权益与用人单位进行平等协商。"第三十三条规定:"企业职工一方与企业可以就劳动报酬、工作时间、休息休假、劳动安全卫生、保险福利等事项,签订集体合同。"《劳动合同法》第六条:"工会应当帮助、指导劳动者与用人单位依法订立和履行劳动合同,并与用人单位建立集体协商机制,维护劳动者的合法权益。"

劳动法虽然对劳工结盟的权利有所规定,但对关键的能增加劳方谈判力的劳工结盟的权利与机制,如谈判和罢工权利,却大多只有模棱两可的说明。谈判是劳动者合法地、全面地维护自己合法权利的基本方法和途径;罢工则是劳动者维护自己权益的最后手段。这些权利的弱化也是劳动者利益得不到保护的重要原因。当然由于我国特殊国情,罢工是最不希望发生的冲突外化,其在一定程度上会影响中国的经济,但是它作为"威慑"的力量应该存在,只是工人真正实施罢工权利的时候加以程序与制度的引导便是。

因此,劳动法没有改变市场经济劳资关系,也没有影响劳资双方的自由选择。劳动法实施效果有限的原因在于中国"资强劳弱"权利不平等的格局与劳资谈判力相差悬殊。资方居于强势主导地位造成了资方对不明确的条款不执行,明确的条款加以规避;而劳方也认清了资方的机会主义,因此产生的对立情绪很难调动其工作的积极性。由此可见,在法律上的保护力度并不等于现实保护力度,真正的法律并不只是付诸笔墨的法律条文;转型期中国劳动契约的诸多问题核心都在于劳资谈判力不平衡,所以才造成了劳动法的法律条文在实践中的困难。因此,劳动法必须改变的是劳资双方谈判的力量,而不是专注条款本身。

二 社会保障与单个劳动者的谈判力

发达国家社会保障的经验说明社会保障的提供必须要与劳资关系构成一个整体的系统,社会保障提供的深度和广度也与平衡劳资谈判力有关系。由于我国的劳资谈判力的悬殊,因此,我国的社会保障必须起到增加劳方谈判力的作用。

2010年《社会保险法》的颁布为加强我国社保体系提供了法律基础;但是由于我国长期的城乡二元分割结构,缺乏统一的社会成员户籍制度,难以形成统一的社会保障的社会基础;加之我国区域经济发展不平衡,难以形成统一的社会保障的经济基础。因此,我国的社会保障多层次多领域的局面增加了社会保障的复杂性,并存在着如下几个问题:

(一) 社会保障的广度与深度问题

社会保障主体的多层次化导致社会保障法未能改变谈判力最弱群体的谈判力。城镇居民处在不同的企业体制里,在国企中的居民,由于隐性的企业保障,其社会保障水平高;在中小私营企业中的居民,由于企业主只按最低标准交纳社会保险,其实际的社会保障水平不如国企职工高;而农民是逐步被纳入到社会保障体系的,其社会保障水平最低。

从劳资谈判力的角度来看，最应该首先覆盖的是谈判力最弱势的群体，但从我国各种社会保障法律法规所保障的对象来看，各项社会保障主要在全民所有制和大型集体企业中实行。国有企业工会组建完备，员工的谈判力相对于其他人员来讲，谈判力较高，因此，社会保障只会让他们锦上添花。"工农产品价格剪刀差"以及相对糟糕得多的教育和就业机会造成农民工的谈判力最弱势，而我国现行社会保障立法对很多非国有经济和非正规就业人员还没有完全覆盖，因此加强社会保障以增加农民工等非正规就业人员的谈判力就显得十分迫切。完善农民工的社保体系是系统改变弱势群体谈判力的一个重点，特别是针对县以下的小集体、乡镇企业人员、非正规就业人员以及失地农民等绝对弱势农民主体。

由于我国社保主体的多层次性，也就决定了社会保障深度会存在问题。一刀切的方式，不能满足各种主体的需求；过高的社会保障标准不但不能够给最需要的人解燃眉之急，反而会浪费社会资源。本书认为应根据不同的谈判力水平来确定医疗保险的深度问题，保障最有需要的人群；对于收入较高的人群，应该由商业保险来覆盖，一刀切的方式会让社保体系负担繁重。

（二）社会保障的功能问题

我国的社会保障还没有发挥积极意义上的功能，其只是被动地对弱势群体提供最基本的生活保障与就业服务。我国社会保障应该在主动提供就业岗位、提高人员人力资本含量等方面发挥积极功能，为劳资帕累托利益的改进打下基础。

（三）社会保障的执法问题

社会保障具体的法律实施机制和监督机制薄弱，并且必要的法律责任制度欠缺。由于社会保障可以补缴，使一些用人单位心存侥幸；同时社保缴费规定有一个最低基数，而大多数公司也只是根据这个最低基数来为员工缴纳的，多数员工并不能以实际工资来缴纳社保，因此完善社保的执行与监察问题刻不容缓。

三　金融法规与抑制控股股东

劳资博弈力量的失衡主要是因为控股股东的强势，因此政府出台了一系列的法律以约束大股东滥用控制权的行为,可以把这个过程分为三个阶段:第一阶段(1999年以前)出台规范上市公司运作的法律政策,但是这一时期的法律条文往往停留在形式上,缺乏实践执行力;第二阶段(1999—2004年)进一步深化法律法规,完善公司治理,同时对保护中小投资者法律做出了进一步规范;第三阶段(2005年至今)对上市公司操作的法律规范逐步完善并重点加强中小投资者权益保护。

表6-5 近年来法律法规对控股股东滥用控制权的抑制

	年份	法律政策	目的
第一阶段 (1999年 以前)	1993	《股票发行与交易管理暂行条例》	规范上市公司运作和中小股东权益保护
	1994	《公司法》	
	1994	《配股说明书的内容与格式》	完善信息披露,保护中小投资者
	1994	《上市公司办理配股申请和信息披露的具体规定》	
	1997	《企业会计准则——关联方关系及其交易的披露》	
第二阶段 (1999— 2004年)	1999	《证券法》	强化信息披露制度,保护中小投资者
	2001	《上市公司新股发行管理办法》	强制上市公司分红派现,重视对投资者的合理投资回报
	2001	《关于在上市公司建立独立董事制度的指导意见》	上市公司发生的重大关联交易应由独立董事认可并发表独立意见
	2003	《关于规范上市公司与关联方资金往来及上市公司对外担保若干问题的通知》	减少大股东与上市公司之间的关联交易及违法资金占用
第三阶段 (2005年 至今)	2005	《中华人民共和国证券法》(修订)	进一步约束公司控股股东内幕交易的行为
	2005	《公司法》(修订)	加强保护中小股东的利益
	2006	《上市公司证券发行管理办法》	确立分红比例:最近3年现金或股票方式累计分配的利润不少于最近3年实现的年均可分配利润的20%
	2006	《关于规范上市公司对外担保行为的通知》	减少大股东与上市公司之间的关联交易及违法资金占用
	2010	《证券法》(修订)	提高分红比例:最近3年现金或股票方式累计分配的利润不少于最近3年实现的年均可分配利润从20%提高到30%
	2011	《公司法》(修订)	股东大会选举董事、监事,可以根据公司章程的规定或者股东大会的决议,实行累积投票制

资料来源:作者根据相关法律法规填制。

证监会以完善公司治理、加强信息披露等途径来限制控股股东关联交易，以实现对小股东的保护，但是由于我国公司治理结构不但没有制衡控股股东，反而加强了控股股东的强势，控股股东与管理者的结盟不但造成了信息不完善与扭曲，而且还使证券市场的利益侵占屡禁不止。因此政府的强制纠偏机制尚不足以抑制控股股东。

第三节 政府与不合理的劳资谈判结构

一 《工会法》与劳资谈判结构

（一）《工会法》与劳动法的关系

常凯（2012）在对劳动法实施三周年的情况进行总结时，认为："劳动合同法调整的劳动关系实际上是个别劳动关系，不可能使劳动关系得到普遍规范，劳方形成集体的、有组织的力量，劳资关系才有可能平衡。劳资关系中，劳方和资方是不对等的，劳动合同法再规范也不可能使双方力量对等。劳资关系调整的方向还是集体调整，还是要发挥工会的作用，劳动合同法实际上已经预留了工会改革的方向和劳资关系集体调整的空间。"[①] 因此，《工会法》与《劳动法》两项法律制度之间是一种互补关系。

1. 劳动法是劳资组织即工会法平衡的基础。劳动法规定了劳工最基本的权利和义务。劳资双方的谈判方式、交易方式，工会与雇主协会的行为，都要依从于法律法规（正式规则）与社会习俗（非正式规则）对劳资双方权利和义务的规定。劳动法规定了劳动者结盟的权利，从而使工会与资方谈判的内容有了法律规定和基础。

2. 工会法（即劳资力量的平衡）又是劳动法制度平等（即双方权利平等）的保障。劳动法虽然对劳资双方的权利做出了规定，但是其具体的实现却需要依靠劳资之间的谈判。由于单个劳动者与单个资

[①] 常凯：《劳权保障与劳资双赢——〈劳动合同法论〉》，中国劳动社会保障出版社2009年版，第83页。

本要素的谈判处于资方单方垄断状态，力量上存在着较大差异，从而法律所规定的劳资双方权利和义务在单个劳方与资方之间的谈判中往往难以实现。因此，劳动者的联盟可以形成与资方平衡的力量进行博弈，从而保障劳方的权力。

（二）《工会法》与劳资谈判结构

在资强劳弱的现实面前，资本追求利润最大化不惜牺牲劳动者的利益，工会若只强调合作而不进行博弈，就不能实现劳资关系的平衡，从而劳动者利益受损的状况只能会愈演愈烈，要达成所谓"双赢"也只能是一厢情愿。因此工会在劳动关系中只讲合作而不讲博弈的做法是绝对不可取的。我国《工会法》不仅没能确定谈判级别，也没明确工会作为博弈一方的主体地位。

1. 工会是否代表劳动者利益不明确。虽然工会法明确了工会组织是职工利益的代表以及规定了选举程序，即各级工会委员会由会员代表大会民主选举产生，但是在实际操作中，总工会干部自上而下指派任命的做法使工会组织代表地方政府的意图更为明显，同时企业工会成员由劳动者民主选举的程序经常被企业插手，造成企业工会的目标更偏向于企业。因此，为保证工会确实代表劳动者自己的利益，《工会法》应明确工会选举的具体程序和制度，使劳动者真正自己来推选工会干部，实现由党领导下的全体劳动者来选择、监督和罢免。

2. 工会成为独立平等的劳动关系博弈主体不明确。《工会法》第四十一条规定："企业、事业单位、机关工会委员会的专职工作人员的工资、奖励、补贴，由所在单位支付。"因此，现阶段工会经济来源不能独立于企业。为使企业工会摆脱企业的依赖，成为一个有追求目标的有能力的平等的博弈主体，必须解决工会经费来源问题。

3. 工会所代表的劳资谈判结构不明确。《工会法》第二十条规定："工会代表职工与企业以及实行企业化管理的事业单位进行平等协商，签订集体合同。集体合同草案应当提交职工代表大会或者全体职工讨论通过。"第十条规定："企业职工较多的乡镇、城市街道，可以建立基层工会的联合会。县级以上地方建立地方各级总工会。同一行业或者性质相近的几个行业,可以根据需要建立全国的或者地方的产业工会。全国建立统一的中华全国总工会。"但在实践当中,全国总工会建立了,但是自上而下建立的行业工会会员结构松散,企业工会也没能有效地组织流动人员;同时工会法并没有明确工会必须与资方谈判,也没有明确是哪一级工会参与谈判。因此,工会无法明确与资方谈判的组织结构,也没能明确怎样组织工人才能得到合法利益。

4. 工会劳动关系领域的博弈制衡手段缺乏。《工会法》第二十七条规定:"企业、事业单位发生停工、怠工事件,工会应当代表职工同企业、事业单位或者有关方面协商,反映职工的意见和要求并提出解决意见。对于职工的合理要求,企业、事业单位应当予以解决。工会协助企业、事业单位做好工作,尽快恢复生产、工作秩序。"目前,工会在法律上还没有依靠自身组织团结力量的集体行动权,因而无法对劳资谈判产生可置信的威胁,这也是为什么谈判只有形式没有实质的原因。

二 《公司法》与劳资谈判结构

中国作为一个转型经济的新兴市场体,中国的企业迄今还没有一个稳定的公司治理模式。我们仍然处于学习当中,股权集中则是特定的上市阶段造成的,独立董事制度是学习英美模式的,监事会制度是来源于大陆模式的德国。在这样一个蹒跚学步的时期,平衡劳资双方谈判力的谈判结构至关重要。

我国在选择公司治理模式时,可以吸收英美模式、日德模式以及其他各种模式的优点,但需要透彻理解各种模式生存的土壤环境,刻意去模仿甚至照搬某种模式可能是非常危险的。例如,20世纪90年代末期,西方国家中的某些公司治理实践(如股票期权、管理层收购、独立董事制度等)被不断地介绍到我国来,这对开拓研究思路、推进我国企业改革起到了重要的作用。但是许多学者只是注意到了怎样具体操作股票期权、管理层收购和独立董事制度,而忽视了这些制度的产生是为了解决什么问题。相反,某些人正好利用了这些制度的不匹配性,"股票期权"和"管理层收购"成了瓜分企业的工具,独立董事也逐渐沦为"花瓶董事"。①

因此,当我国治理结构学习国外的经验时,先要明确我国需要解决什么问题。在上一章本书分析了我国企业需要解决的是股权过度集中造成的强势控股股东及其与管理层的强强联盟后,对企业的利益侵占问题。一是表现为我国上市公司控股股东采取不正当关联交易进行财富的转移;二是表现为控制性股东与管理层联盟侵占员工的利益。然而,我国公司治理结构究竟有没有解决这个问题?

(一)公司治理结构:三会模式+独立董事

我国《公司法》确立了公司内部治理的"三会"结构,即股东(大)会、董事会和监事会。"股东(大)会"作为公司的最高权力机构,股东(大)选举董事和监事(除职工代表),决定公司的经营方针和投资计划,董事会和监事会对股东会负责。董事会为公司的执行机构,执行股东会的决议,董事会聘用管理层进行公司的日常管理。监事会是专门监督职能的机关,检查财务及违法行为,监督董事会和包括管理层的高级管理人员,同时还试图增强对公司职工利益的保护。同时,在公司治理结构中引入独立董事制度,对公司委托代理结构的核心加以改善,希望一方面可制约控股股东利用其强势地位做出的"隧道"行为,另一方面可以独立监督公司管理阶层,减轻管理层控制权带来的问题。

从"三会"的架构来看,我国公司法奉行的原则偏向于"股东(大)会中心主义",股东(大)会占据主导地位,董事会是股东(大)会的执行机关,监事会虽然有至少1/3的职工代表,但流于形式选择的职工代表更倾向于股东利益。

(二)与国外制度比较

从董事会与监事会的关系来看,我国的董事会和监事会相互独立的模式,不但与奉行单一董事会结构的英美国家不同,也与设立"双层"制度的德国公司不同。

---

① 陈宏辉、贾生华:《信息获取、效率替代与董事会职能的改进》,《中国工业经济》2002年2期。

1. 德国模式监事会

德国公司治理结构采用的是双层制，公司设股东大会、监事会和董事会三个机关。监事会和董事会不是"平行"的，而且是一种垂直构造。公司股东大会和职工代表选举产生监事会，监事会任命董事会成员，监督董事会执行业务。德国公司治理结构的最大特点是监事会和董事会有上下级之别，监事会为上位机关，董事会是下位机关。

同时《德国参与决定法》对监事会中职工代表的比例作了强制性的规定。据欧洲政策研究中心提供的数据表明在德国最大的100家公司中，工会和职工代表在监事会中占据了近50%的席位；在次重要的企业中，工会和职工代表在监事会中也占据了近25%的席位。由于监事会能选举和任命董事，因此，控股股东不能通过控制董事会来控制管理层，监事会能有效抑制控股股东与管理层的结盟。

2. 英美体系的独立董事

独立董事又称外部董事（Outside Director），《公司法》规定独立董事是指不在上市公司担任除董事外的其他职务，并与其所受聘的上市公司及其主要股东不存在可能妨碍其进行独立客观判断关系的董事。美国加州对独立董事任职制定了9条严格标准，规定独立董事不能来自于该公司的高级管理人员、客户、供应商以及这些人员的直系亲属，也不能受雇于与该公司有密切业务联系的相关公司（胡汝银，2000）。[①] 独立董事已经成为美国加强公司内部治理的重要力量。

英美国家建立独立董事制度是为了解决公司被管理层控制的代理问题。美国公司治理采取的是单层制模式，在这种治理模式中没有专门负责监督职能的监事会的设置，董事会既有管理又有监督的职能。由于美国公司的股权非常分散，以至于没有一个股东能控制公司董事会，因此以高层管理人员为核心的利益集团可以通过对内部董事产生有影响的提名，来长期掌握董事会控制权，从而使董事会丧失了监督管理者的能力。所以美国的独立董事制度是为了防止企业内强势主体

[①] 胡汝银：《中国上市公司治理机制与独立董事制度建设》，《中国金融》2000年第9期。

管理层侵占股东的利益，以外部独立董事形成对内部人管理者一定的监督制约力量，这与美国的劳资关系是相适应的。

3. 对比

虽然不同的社会、经济、文化和制度背景决定了各国采用不同的公司治理模式，但是公司治理模式的相同点都是为了解决公司内部各要素利益冲突，防止强势利益主体对弱势利益主体的侵占，从而调动各要素所有者的积极性。

美国公司的股权结构极度分散，一般不存在控股股东，分散的小股东对管理层的控制和监督非常弱。因此在美国公司中，管理者是强势主体，并容易造成管理层利用控制权对股东的侵占。美国试图用市场治理的方式来解决管理者的代理问题，高度发达的证券市场使股东可以通过"用脚投票"的方式来抛出股票，从而迫使管理者为规避公司被并购接管的风险而强化管理。但是这种通过外部市场的监督方式作用毕竟有限，而且往往具有事后性，因此代理问题仍然是公司治理的中心问题。于是英美公司便在原有单层制的框架下，创设了独立董事制度来监督管理层的控制权。那么美国为什么没有设置一个像德国一样的监事会制度？原因在于这样的监事会会由于股东的弱化促使董事会被置于其他内部人比如劳动者的控制之下，从而造成劳动者的强势，这与现阶段美国拆解工会力量的初衷相左，同时也会打破劳资的平衡。所以独立董事制度是符合美国的劳资关系的。

与美国公司相比，德日公司股权集中程度很高。银行的环境较为宽松，大公司倾向于向银行借贷资金，发行的股票则由银行认购；主银行模式与家族股东使德国没有形成像英美一样高度发达的证券市场，但是银行和家族股东作为核心股东，有能力也有动力对管理层的控制权进行监督。因此代理问题不是德国公司治理的重点。德国公司内部容易出现的是控股股东与管理层联盟侵占其他要素所有者的利益。要解决这个问题，就不能寄希望于仅在股东会下的董事会里设独立董事就能解决控股股东的问题。于是，一个常设的专门监督机构便应运而生。如果这个监事会是设置于股东会之下的，那么监事会就不能有效监督控股股东；因此德国的这个监事会是上位机关，董事会是下位机关，监事会有任免董事的权限。同时很重要一点是强大的工会力量作为制衡控股股东的约束力量，促使公司中股东和职工代表选举产生监事，监事会任免董事会成员，监督董事会执行具体业务，董事会任免管理层。监事会插入股东会与董事会之间，以此来打破控制性股东与管理层可能的联盟，从而减少控制性股东对其他要素所有者的利益侵占。

（三）我国公司治理结构造成强者结盟的原因

我国现在的问题是股权过度集中造成上市公司管理层和控股股东的联盟，从而控制性股东对其他要素所有者的侵占，特别是中小股东与劳动者。我国的公司治理结构应该设计来解决此问题。虽然我国公司治理结构，不仅学习了德国的监事会制度，还引入了英美体系的独立董事会制度；但是我国监事会的权力既不像德国监事会有任命董事的权利，独立董事制度也由于不存在像美国那样的股权结构而丧失独立性。

1. 公司治理的"英美"倾向：董事会独立性不强与独立董事的尴尬

我国公司股权高度的集中，公众股东过于分散且力量弱小；同时以股东利益最大化为目标"英美倾向"的公司治理结构，很容易造成董事会由控股股东操纵。董事由股东会选举，并由出席股东会持有代表表决权的半数以上即可通过。虽然实行了累积投票制度，可以在一定程度上保护中小股东的利益，但是中小股东一般都无心参与管理，因此造成了代表控股股东利益的董事还是在董事会占多数。由于董事会的决议表决方式是代表全部表决权的半数以上即可通过，因此造成了董事会也是在控股股东控制之下。同时，有些企业董事会与管理层高度重合，董事（长）兼任总经理、经理的现象十分普遍。即使是损害了小股东的利益，或者是损害了员工的利益的方案仍然会通过。因此，我国董事会独立性不强。

国内学者对独立董事制度研究都一致表明独立董事的"不独立"，国内学者也为此提出了很多建议，但都没有抓住独立董事不独立的根源。本书认为独立董事的"不独立"主要原因还是由于强势主体控股股东以及控股股东与管理层的结盟制约了独立董事的独立性。

虽然《公司法》规定"上市公司董事会、监事会、单独或者合并持有上市公司已发行股份1%以上的股东可以提出独立董事候选人"①,但是独立董事的任命是经股东大会决议聘任,这个决议通过的表决方式是出席会议的股东所持表决权过半数通过,那么由控股股东所操作的股东会对独立董事的人选认定有直接的影响。同时,由于管理层与控股股东结盟,管理层为了联盟的利益隐藏信息,从而使独立董事获取信息产生困难。因此,独立董事的软约束造成了独立董事作为沉默的旁观者,有些甚至加入控股股东与管理层的结盟。

因此,美国实行独立董事制度是由于美国的股权分散所造成的代理问题,独立董事的责任是监督失控的内部管理层,从而保护分散的弱势股东的利益。而我国公司大多存在控股股东,由于大股东与管理者结盟形成了强势利益主体,设立独立董事制度并不能在其联盟中打下一个楔子。独立董事多为大股东邀请的现实,其最多是一个控股股东与管理者联盟的旁观者。如果寄望独立董事能够监督大股东与管理者在公司中的行为,拆解大股东与管理者的结盟,其结果必然是徒劳的。

2. 公司治理的"德国"框架的修改:监事会的不作为

我国监事会的监督职能没有得到切实发挥,有两个主要原因:一是监事会人员构成不合理,监事大多数由股东大会选举产生、对股东(大)会负责。这一举措本身就是站在控股股东的利益之上的,控股股东可以通过控制股东(大)会筛选监事会人员,从而控制监事会。监事监督董事和高级管理人员,而大部分监事是由控股股东选的,这一举措不仅使监事会无法实行监督的职能,同时还使控股股东与管理层的结盟更加紧密,因为监事会无法对这个联盟的侵占行为进行监督。于是对公司的监督只能寄希望于"监事中的职工代表不少于1/3,职工代表由职代会选举产生",但是同时又规定了监事会的表决方式为"全体监事过半数通过",那么这1/3的职工代表在监事会中无法作

---

① 《中华人民共和国公司法》,中华人民共和国政府网(http://www.gov.cn/ziliao/flfg/2005-10/28/content_ 85478. htm)。

为，导致监事会无力监督。二是监事会缺乏监督手段，《公司法》虽有监事会职权的规定，但缺乏可操作性，例如监事"可以"列席董事会，但并不是"必须"，造成了对董事会做出损害中小股东或者员工的方案的信息缺失。

我国监事会与董事会均为平行独立的公司机关，都对股东大会负责，这种做法与德国不同；因为监事会对董事无任免权，所以监事会并无法抑制董事与控股股东的结盟。因此，监事会也就形同虚设，流于形式，沦为管理层的"橡皮图章"。本书认为监事会扮演的角色可以通过董事会的重新构造来实现。

一个放之四海而皆准的公司治理模式是不存在的，任何公司治理的安排都必须考虑与要素主体谈判力的适应性；相反，那种认为西方某些国家的公司治理模式就是我国应该采用的最佳实践模式的研究思路是不会取得满意效果的，其中许多学者只是将"公司治理"的概念引入我国，忽视了我国与西方国家研究公司治理问题的区别。

综上所述，美国公司治理是基于平衡各要素所有者之间利益，最后形成了对弱势股东利益进行保护的结构；在这种模式下又形成自由竞争的、相当完备的市场体系与之相辅相成。德国公司治理主要是制约控股股东有可能与管理层的结盟，因此工会的强大与治理结构的双层机制是其选择。我国存在控股股东问题，我国公司治理结构不但没有抑制大股东的权利，反而是加强了大股东与管理者的联盟，并形成了强大的利益主体；这样公司赖以生存的经理市场、金融市场、资本市场都很难起到监督作用并且很难迅速发育，因此控股股东侵占中小股东的利益，侵占员工的利益就成为市场常态。

三 金融法规与劳资谈判结构

我国金融法规不但没能培育起制衡控股股东的力量，相反抑制了这些力量的形成。例如我国金融法规《证券投资基金运作管理办法》对基金投资有严格的规定，最重要的就是通常所说的"双十"限制。即"一只基金持有一家上市公司的股票，其市值不能超过基金资产净值的百分之十；同一基金管理人管理的全部基金持有一家公司发行的证券，不得超过该证券的百分之十"①。因此，这样的"双十"规定，决定了公募基金必须同时持有 10 支以上的股票来进行分散风险，持有股票的数量众多。这一做法和美国对基金的限制相似，这也是为什么在经济总量上，美国基金持有美国股份数一半以上，但是基金公司所持有每家公司的股份所占比例非常微小的原因。然而我国没有像美国一样的分散股权环境，相反我国是股权集中的状态。因此，基金法制约了机构投资者的发展，阻止了中小股东隐身结盟的形成。本书认为小股东的结盟可以在一定程度上改变劳资的谈判力，机构投资者可以改变公司股东大会的力量构成，从而成为抑制和监督控股股东的力量。

相关金融法规的不完善，造成了除劳资要素之外的其他要素主体联盟的困难，例如代理投票制度。在德国，代理投票制度是小股东汇集力量用来制衡控股股东的一支重要力量，代理人通常是银行。我国《公司法》一百〇六条虽然也规定："股东可以委托代理人出席股东大会，代理人应向公司提交股东授权书，并在授权范围内行使表决权。"实践操作中这一规定一般是参与股东大会的股东来行使，并且每次都要出具授权委托书；而小股东无暇参与股东大会，所以小股东很少行使用这样的权利。因此，要让小股东行使代理投票权，就必须有明确具体的操作程序和方式，而且这些程序应该是简单且容易操作的。

综上所述，《劳动法》《社会保障法》《工会法》《公司法》《证券投资基金法》等法律法规都是相辅相成的，如果只是加强其中一种法律对劳动的保护，没有其他法律系统性配合平衡劳资谈判力，那么法律条文就仅仅只局限于法律条文；并且法律条文不用过细地去规定劳资细节，因为在劳资双方谈判力相差悬殊的情况下，只有强势利益主体才有对不完全合同的解释力。因此，政府应当从平衡劳资谈判力的角度出发来出台相关的制度。

---

① 《证券投资基金运作管理办法》，百度百科（http://baike.baidu.com/view/435118.htm）。

第三章

案例分析

第一节 谈判力失衡劳资谈判：个体
冲突到群体冲突的转化

我国政府以行政命令建立自上而下建立工会并强制推行劳资集体谈判制度，以法律的手段介入劳资合同的具体标准，以及当劳资发生冲突转化为社会冲突时进行调节，这些做法都没能有效地促进谈判力平衡的形成。同时，由于我国政府职能偏差反而加剧了我国劳资谈判力的失衡。因此，我国的劳资谈判是一种政府介入偏差的劳资谈判力失衡的自主演化模式。劳资自主形成平衡谈判力的过程是一个长期曲折的过程，是一个从充满个体冲突到群体冲突，由偶发到频发再到全面爆发的转化过程。

2007年以前是我国群体冲突的初期阶段，劳动者偶发发生上访、集会、请愿、游行、停工、罢工等群体性事件，据统计资料显示，从1993年到2003年，我国群体性事件数量由1万起增加到6万起，参与人数也由约73万人增加到约307万人。2007年已经超过8万起。[1]

2008年至今是群体冲突扩张时期，有学者把这个时期称为"群体性事件发生及引人关注的第一个浪尖"，有专家认为这个时期是"劳资矛盾引发群体性事件的高发期"。这个时期群体性事件表现为工人开始形成自发的组织，群体冲突之前也有一定的策划性，例如有事前

---

[1] 谭扬芳:《网络媒体在群体性事件中的影响与思考》，中国社会科学网（http://www.cssn.cn/sf/bwsf_cb/201310/t20131022_447648.shtml）。

的横幅和标语；并且与以往的静坐堵路不同，工人改为分期分批地走上街头，形成对资方持续性压力，但这一时期的群体冲突也表现出一定的失控性，例如打砸工厂、流血冲突、甚至是死人的刑事案件。

表6-6　　　　2008—2015年劳资群体冲突大事件

2008年11月	重庆出租车罢运事件
12月	广东东莞劳资纠纷事件
2009年4月	河北保定棉纺厂千名职工沿国道"徒步进京旅游"事件
7月	武汉锅炉厂千名工人3次堵路事件
	吉林通钢事件7个高炉一度停产、1名企业高管被殴致死
8月	河南林钢事件市国资委副主任被软禁90小时
11月	重庆嘉陵机器厂工人发生"罢工"
2010年1月	苏州联建科技因劳资纠纷引发2000多名员工集体抗议
2月	台升家具有限公司（东莞）三条生产线2000多名工人集体罢工
5月	郑州平棉纺织集团5000多名工人罢工
	深圳横岗荷坳百达五金塑胶厂2000多名员工集体大罢工
	日资上海夏普公司工人罢工
	南海本田1900名工人罢工
6月	惠州亚成电子厂2000多名工人罢工
	江西九江台资厂思麦博运动器材有限公司7000工人罢工
	上海台资企业统宝光电公司有近2000名员工罢工
2011年1月	深圳联创科技园爆发1000人罢工
3月	山西沂州联通员工不满待遇集体罢工
6月	东莞冠利精密2000员工罢工
	广州世门手袋厂4000多工人罢工
7月	深圳爱普生5000人罢工
10月	深圳西铁城冠星精密2000人罢工
11月	东莞台资鞋厂7000人罢工
	深圳精模电子厂3000工人罢工
12月	上海新资企业赫比电子1000人罢工抗议裁员
	南京LG8000员工罢工 抗议年终奖被区别对待
2012年1月	深圳三洋电机3000多名工人因企业并购补偿问题罢工
2月	深圳勤兴软胶公司700余名工人因资方秘密搬迁问题罢工
3月	深圳奥兰若科技因搬迁补偿问题1800名工人罢工

续表

2012年3月	深圳欧姆电子700多名工人因薪酬补贴问题罢工
4月	江苏的波尔威技术公司的1000多名工人因公司收购的工人补偿问题罢工
6月	广州西铁城精密公司3000多名工人因公司清算罢工
9月	上海伟创力工业园6000多名工人因经济补偿金问题罢工
11月	深圳三洋华强激光电子有限公司工人因资方的裁员补偿金问题罢工
	江苏昆山市的力圣电子公司2000多名工人因加班问题罢工堵路
	深圳捷和百得电机公司6000多名工人因公司股权变更补偿问题罢工堵路
	矢崎总业公司汕头工厂3000多名工人因工厂搬迁问题罢工堵路
	武汉晨鸣汉阳纸业股份有限公司的1000多名工人因工厂关闭时资方的安置问题堵路示威
12月	深圳华高王氏科技公司4000多名工人因收购的补偿金问题罢工游行
2013年2月	浙江杭州天马轴承集团约2000名工人罢工追讨搬迁补偿
4月	浙江三门县亚达科技公司约1000名工人因工厂倒闭欠薪问题罢工堵路
5月	深圳南山区中兴通讯下属睿德电子厂约1000名工人因资方搬迁补偿问题罢工堵路
6月	深圳市宝安区港资企业璇玫塑胶公司约1000名工人罢工堵路抗议资方侮辱员工、变相裁员、搬迁拒赔
	深圳坂田安特塑胶厂全厂因搬迁补偿问题约1000名工人罢工
7月	广东广州番禺区大龙玻璃厂数百工人因拖欠工资问题罢工
8月	广东惠州市天缘电子公司因老板跑路欠薪数百工人堵路讨薪
9月	浙江宁波康达鞋业数百名工人因欠薪问题罢工堵路
	浙江宁波雅戈尔集团数百人因搬迁赔偿问题罢工堵路
10月	苏州台企可成科技因搬迁赔偿问题约1000名工人罢工
	深圳盐田先进微电子厂因搬迁赔偿问题约5000名工人罢工
11月	深圳明炜皮革厂约400名工人因公司倒闭堵路求偿
	深圳宝安区成霖洁具厂约4000名工人因工厂转卖问题罢工
	东莞市十和田电子有限公司因搬迁补偿问题约2000名工人罢工
	深圳艾默生全厂约1700名工人因搬迁补偿问题罢工
12月	浙江丽水先丰合成革有限公司约300名工人堵路讨薪
2014年3月	IBM公司深圳工厂约1000名工人因工厂被收购的工薪补偿问题罢工
	湖南常德沃尔玛店员因公司关店问题维权
	深圳龙岗区赐昱鞋厂约1000名工人因公司降薪、克扣加班工资等问题罢工堵路

续表

2014年4月	广东东莞裕元鞋厂因社保和养老金问题约40000名工人罢工
	格兰仕（中山）电器约2000名工人因工资低于招工承诺标准问题打砸工厂
	上海三星广电电子厂约1000名工人因搬厂赔偿罢工
5月	上海松江区TOTO工厂约1000名工人因减薪传闻罢工
	东莞恒宏眼镜厂约1000名工人罢工因欠缴社保、不缴住房公积金等问题罢工
6月	郎酒集团古蔺二郎镇生产总部约1000名工人因工薪问题罢工
	上海开联制衣厂约2000名工人因欠薪、欠缴养老保险等问题罢工
8月	广东中山惠亚集团皆利士多层线路板公司约5000名工人因社保工薪问题罢工
9月	广东东莞万士达液晶显示器公司约1000名工人因福利问题罢工
	上海青浦区京东商城第一物流中心仓库约160名工人因搬迁赔偿问题罢工
2015年3月	数百名美的工人罢工讨薪
	约400名海信科龙工人罢工抗议搬厂
	广东东莞兴昂、兴雄鞋业约8000名工人因住房公积金问题罢工
	广东中山欣昌鞋业等3家鞋厂近10000名工人因住房公积金问题罢工游行
4月	利得鞋厂约2700工人因搬厂补偿问题罢工
	广东东莞厚宏制衣约1000名工人因老板跑路游行讨薪
	深圳东志科技公司龙岗工厂约400名工人因工厂欠薪罢工
5月	广州标卓家私约200名工人因工厂破产游行讨薪
	深圳宝安区松晖实业公司约300名工人因公司倒闭静坐讨薪
6月	深圳家声运动器材公司约500名工人因老板跑路集会讨薪
7月	德棉股份约2000名工人因公司亏损游行讨薪
8月	华东红剑集团约1800名工人因公司倒闭游行讨薪
10月	东莞市锱联鑫电子厂约500名工人因老板跑路维权讨薪
	手机零配件生产商深圳福昌电子、深圳中显微电子、惠州的创仕科技纷纷倒闭或停产，数千名工人维权讨薪
11月	陕西勉县汉钢集团停工，数百工人游行讨薪

资料来源：作者根据新闻资料整理填制。

因此，劳动者用了几十年的时间通过联盟来增强自己的谈判力，通过群体冲突来显示自己谈判力的增加，以此对资方产生威胁，并逼迫其参与集体谈判。这个重复博弈花费的时间不仅较长，整个过程充满着劳资冲突,并且劳资冲突也由个体转化为群体,由偶发转化到频发。

第二节 谈判力平衡的劳资谈判:政府介入的偶然成功个案

从新河羊毛衫行业集体谈判发展起来的"温岭模式",其成功不是由于理论指导下的政策推行,而是在无数的劳资冲突中,政府介入劳资关系的一个偶发成功的个案;是在整个失衡劳资谈判的大背景下的一次偶然"惊跳"。因此本书将从经济学的角度系统地分析这个模式成功的经验。

一 政府介入的偶然成功个案

案例6-2 新河羊毛衫行业集体谈判[①]

浙江温岭市新河镇,20世纪90年代开始兴起羊毛衫产业;直到2002年,羊毛衫企业发展到113家,年产值超过500万元上规模的仅有12家,其余企业基本上都是家庭作坊。新河羊毛衫行业每年产值10亿元,行业工人有12000多人,其中90%是外来务工人员。从资方的结构与劳方的构成性质可以看出,双方自主形成联盟以及集体谈判是非常困难的。

(一)政府不介入:谈判形成的困难

1. 行业协会的自主形成的失败

由于新河羊毛衫企业在产品市场上是趋于完全竞争状态。这些企业要结成联盟,如果没有外力的作用,那么这个联盟将是不稳定的。首先分析没有外力作用下行业协会的形成状态。

[①] 参见闻效仪《集体谈判的内部国家机制——以温岭羊毛衫行业工价集体谈判为例》,《社会》2011年第1期。

1999年年底，几个大羊毛衫企业之间进行了价格联盟，希望通过建立行业自律机制解决雇主之间在工价上的无序竞争，然而这样的企业联盟是不稳定的，因为其他未在联盟中的100多家羊毛衫企业，依然哄抬工价造成工人退出价格联盟中的企业，也即是夏普利值中所讲到的联盟外部的吸引力。因此，雇主们开始意识到必须建立覆盖全行业的大联盟，才能解决企业之间的恶性竞争。以统一全行业和全地区羊毛衫企业的工价为目标，2000年新河镇羊毛衫行业协会成立，2002年温岭市羊毛衫行业协会成立，但是新的行业协会依然不稳定。

因此，在没有外力的作用下，在完全竞争市场上，由资方自主形成稳定的联盟是非常困难的。虽然这个联盟的目的不是为了劳资谈判，但是资方内部结构造成了竞争大于合作的状态，决定了其联盟的困难。

2. 劳方联盟自主形成的困难

新河羊毛衫企业90%是外来务工人员。农民工"候鸟"式的打工生涯和极高的职业流动性使他们难以形成跨越血缘、地缘关系的，以生产关系为基础的稳定的阶级关系，然而这种关系恰恰是发达工业国家工人抗争行为的基础（蔡禾，2009）。[1]

因此，由劳方自主形成联盟也是非常困难的。劳方联盟形成的困难不仅在于劳动者的性质，还在于资方对这个联盟形成的阻挠。因此，劳方联盟的自主形成是一个充满劳资对抗重复博弈的长期过程。

3. 劳资冲突的必然

2001年以来，新河羊毛衫企业每年八九月份无一例外地要集中上演罢工、上访的悲剧。新河镇劳动和社会保障所的资料显示，自2002年8月27日到9月6日，有8个企业168人就拖欠工资问题上访，其中一个企业有40人包车上访。2002年、2003年两年间，大的、小的、好的、坏的工厂都有罢工，有的工厂一年遇到几次，有的罢工差不多持续20天。工人为了讨工资，动不动就罢工、找政府，有时候

---

[1] 蔡禾、李超海、冯建华：《利益受损农民工的利益抗争行为研究》，《社会学研究》2009年第1期。

几个工厂一起罢工，甚至破坏机器，劳资冲突不可避免。

政府如果不介入劳资关系，劳资双方连谈判的主体都很难形成，更别提劳资谈判了。因此，在资强劳弱的状态下，政府应该发挥应有的作用。本书认为政府的作用不是干预谈判的具体内容，而是要建立引导双方的谈判力平衡的制度。如果不尊重市场规律，政府用行政手段干预劳资谈判，那么就算是短期内达到一定的结果，那么这个结果也是不稳定的。因此，政府在劳资谈判中的作用是引导双方的谈判力平衡。

（二）政府介入劳资谈判：平衡谈判力的形成

在"相对弱资本、绝对弱劳动"的背景下，不仅劳方及工会的力量相对薄弱，资方也处于无序竞争，因此要有效促使劳资集体谈判的开展需要通过政府推动。2003年6月13日，新河镇召开"羊毛衫行业职工工资恳谈会"，13位职工代表与8位企业老板坐下来谈工价，市劳动部门和镇工会的官员在场帮助协调指导。

劳资双方在谈判前，都有一个最低能接受的谈判底线，政府在恳谈会前为形成有交集的谈判区域，进行了充分价格信息的调查，从而缩短谈判进程。政府进行了反复多次价格问讯，使劳资双方逐渐形成可供谈判的区间，减少了集体谈判的回合，为劳资双方达成协议奠定了基础。

为了保证这一次工价的统一实施，政府扩大了集体谈判的覆盖率，使小企业也受此次谈判的约束。2003年8月8日，新河镇工会与羊毛衫行业协会签署了《2003年下半年羊毛衫行业职工工资（工价）集体协商协议书》。因此，小企业无法抬高工价而使员工脱离以前的企业，保证了联盟的稳定，但是政府使用的方法是行政强制措施"如果不签，可以让你一个工人都招不到"。

这次恳谈会并不是真正意义上的集体谈判，谈判双方主体不具有独立性与代表性。劳工谈判的主体不是工会，而是劳工代表，并且资方有劳工代表人选认定的选择权；资方谈判主体不是行业工会而是大企业的代表。由于劳资的谈判力不平衡，就连谈判过程中的劳资讨价还价也是由政府插手的。因此，这次恳谈的实质是政府主导的一次协商。

二　经验

由政府主导的"抛砖引玉"的恳谈会及其以后政策措施能获得成功的关键在于促进了工人为了共同利益而形成真正的结盟，并逐渐形成了平衡的谈判力，最后再把劳资双方引向了集体谈判之路。如果政府的介入没有"有助于谈判力平衡的形成"，那么恳谈会的效力会由于政府强制性消失而失效。例如：在民主恳谈的发源地——浙江温岭市松门镇，在发展协商民主制度上，领导一走，制度就松。镇党委书记一换，原有的关于渔业恳谈的结构就束之高阁。因此，没有促进形成谈判力平衡的恳谈会，会因为领导的意志决定民主协商制度的成败，不具有可持续性。①

（一）形成对等的谈判主体

2003 年政府调整了以往工会组建的模式，拆开企业之间的墙，打破行政区域界限，在区域产业集群内由政府牵头成立了新河羊毛衫行业工会。行业工会由 9 人组成，除镇工会副主席兼任主席之外，其余 8 名代表都是从"龙头"企业或一线劳动者中选出来的，这是新中国第一个非公有制企业的行业工会；并且从工会的成员身份上看，代表了员工的利益。

农民工作为分散的、流动的、原子化的个体，如果没有一个利益的指向，这个工会也不会稳定，那么这次由政府牵头成立行业工会的稳定性要看工会是否为员工谋利益。恳谈会统一了工价、凝聚了工人的共同利益，因此他们打破了乡籍和厂籍界限，形成了以工种、工序为载体的"业缘关系"，并形成了布鲁默所指出的集体磨合、集体兴奋和社会感染的循环反应过程（Blumer，1946）。

代表工人利益的行业工会的组建，而不是依托企业工会，使处于绝对弱劳动者增强了谈判力；同时行业工会的形成使资方联盟更加稳

---

① 何包钢：《协商民主：理论、方法和实践》，中国社会科学出版社 2008 年版，第 163 页。

定与紧密。由113家企业推选出与行业工会对等人数代表组成的行业协会，使恶性的价格竞争得到有效的抑制。

（二）谈判结构适合

行业级别谈判的确立，解决了企业工会面对资方"不敢谈""不会谈""不能谈"的问题；而行业工会打破了企业限制，可以更全面、准确收集谈判资料，选择行业级别的谈判模式最大限度地增加了劳动者的谈判力，在谈判桌上为劳动者争取更多的利益。

案例中集体谈判覆盖率为100%，即同行中的劳动都执行同一劳动定额标准。较高的覆盖率可以防止资方通过劳方的竞争而压低谈判工资，有助于集体谈判的推行。一旦劳资谈判力平衡形成，那么劳资双方都有愿望进行集体谈判，集体谈判制度的推行就非常容易了。自从2003年开始实行工资集体谈判之后，温岭羊毛衫行业每年进行一次集体谈判，从此谈判力对平衡状态下微小的偏离所引发的劳资对分配的异议都可以通过自主谈判而解决。集体谈判使职工工资（工价）年均增幅5%—12%，劳资纠纷引发的上访逐年减少。

（三）政策亟待改进的地方

对绝对弱劳动与相对弱资本来讲，政府引导工人结盟使绝对弱劳动的力量发生了巨大的变化；但是相对弱资本的力量没有明显的改变。有些企业主反映："如果我们都按照协议做了，工人们还是想罢工就罢工，想跳槽就跳槽。每到生产旺季员工们还会不断讨价还价，抬高工价，这让我们心里永远没底。"不受约束的工人群体行为有可能引起"资本的罢工"。因此，平衡劳资的谈判力，在增加劳方谈判力的同时要注意劳方谈判力增加后有可能的无序行为。因此地方政府还必须建立控制工人行为的机制，有序约束与引导劳工的群体行为。

Scottel（1963）认为经常参与有组织冲突的工人与那些很少追求集体行动的工人相比，无组织冲突的发生率要低些。因此工会可以使"无序的个人行动"变成"有序的集体行动"[1]。海曼（Hyman,

---

[1] ［英］理查德·海曼：《劳资关系——一种马克思主义的分析框架》，中国劳动社会保障出版社2008年版，第127页。

1975)认为工会不同于其他管理组织之处在于它明确地建立了"双向控制体系",工会在受会员控制以代表会员利益的同时也被授予具体的领导权和惩罚权,从而自上而下合法地对会员实施控制,但是这个工会必须是职工利益的代表。控制的目的就是想通过一个与雇主形成某种潜在依赖关系的工会,主动地把工人的群体抗争转变成对制度规则的遵守,在协商的框架中重构双方的冲突,最终形成一种稳定、有序的劳资关系。[①]

因此,"温岭模式"印证了我国政府构造谈判力平衡的劳资谈判机制促使劳资冲突向劳资合作的转化的理论。但是要注意平衡劳资谈判力是一个连续动态的过程,政府需要观察经济环境与劳资关系做出相应的制度选择。

---

① [英]理查德·海曼:《劳资关系———一种马克思主义的分析框架》,中国劳动社会保障出版社2008年版,第45—130页。

第七篇

政府的行为选择与构建谈判力平衡的劳资谈判

从发达国家劳资关系的历史来看，政府是推动形成劳资集体谈判框架的决定力量。劳资冲突的有效解决与劳资关系和谐发展是战后发达国家迅速发展的成功经验。中国作为后起国家，政府推动劳资关系从冲突走向合作，必须从我国劳资关系的现实情况出发，根据经济发展总体目标的要求，探索构建转型期我国劳资关系从冲突到合作的转化途径。

第一章

转变政府职能

第一节 政府角色转变

在转轨经济中，政府的行为角色发生了变化。政府由原来作为"劳动关系的管理者"直接干预劳动者的工作与生活，转变为劳资关系中"第三方主体"——劳资博弈框架的制定者。在这个框架下政府行使立法、劳动监察、舆论宣传、行政干预等职能都是为劳资博弈服务的。

政府从"劳动关系管理者"转变为"劳资博弈框架制定者"，应通过劳动法律法规的确立和相关政策的制定，明确劳资关系双方博弈的主体地位，引导劳资双方的力量平衡。政府在调整规范劳资关系时，应该明确地把权利交给工人。工人联盟作为博弈方主体，不是简单地接受政府帮助的受惠者，更重要的是劳动者要通过联盟的力量和资方进行博弈，当然这种博弈的前提是在政府提供的博弈框架下。为此，政府应推动工人的组织化，培育劳资双方的成熟，让劳资双方在市场条件下按照公平的法律规则处理劳资问题。[①]

由于我国市场化改革尚未完成，有关劳资博弈的法律并不完善。并且有关法律也没有完全得以贯彻实施；因此强势主体企业想方设法寻找漏洞，躲过法律制裁，所以应尽快建立相应的工作机构与监察机构，保证相关劳动法律法规在全社会得以真正全面实行。

---

① 常凯、邱婕：《中国劳动关系转型与劳动法治重点——从〈劳动合同法〉实施三周年谈起》，《探索与争鸣》2011 年 10 期。

由于劳方力量的弱势状况在较长一段时间还很难改变，因此工会要实现群众化、民主化还有一段距离。在工会还没有完成这种转型的前提下，公权力特别是政府介入极端、大规模的劳资纠纷进行行政干预是非常必要的。同时政府应该引导舆论宣传，一方面是直接向工会和雇主组织传达政府的政策意向；另一方面是通过各种媒介向公众宣传政府的具体政策主张，使劳资关系问题的解决在更广泛的层面上取得共识。

第二节　转变地方政府目标

中央政府从计划经济时期的劳动关系管理者转变为劳资博弈框架的制定者的过程中，具体的劳资事务处理交给了地方政府。地方政府在利益博弈中需要获取最大利益，因此地方政府与中央政府的目标形成偏差。地方政府利益目标比较复杂，并且地方政府的立场也不是一成不变的。当地方政府为了社会利益时就会偏向劳动者，当政府为了地方GDP时，政府会偏向企业。因此改变地方政府的考评指标就势在必行，考评的指标除了就业、税收、GDP等宏观经济指标，也应该考虑"劳资关系"这个指标。把资方的不良行为诸如拖欠工资、不签劳动合同、不提供劳动保护和工会的组建都置于这个指标体系之下。同时，以治吏来增加官员与企业的联盟的成本，拆解地方官员与企业结成的联盟关系。

第二章

增强劳方主体谈判力的制度安排

政府构建和谐劳资关系，最根本是要建立合理的博弈框架，构造谈判力均衡的劳资谈判以促进劳资双方由冲突走向合作。构建合理的博弈框架应该从如下几个方面入手。

第一节 完善劳动法律体系

在微观劳动关系领域中，侵害劳动者个人合法权利的案例不断增加。这几年劳动者开胸验肺、跳楼讨薪等极端事件的发生，反映了我国劳动者个人合法权益保护的严重不足。政府已经注意到这一问题，相继颁布了劳动合同法、就业促进法等法律。劳动法的颁布实施是政府完善劳动法治、强化个别劳动关系规制的重要内容，但劳资群体冲突的现状亟待政府完善相应的法律法规以保障劳动者的合法权益。

一 完善劳动法规实施细则

第一，完善法条的司法解释，提高法条可操作性。劳动法提高了用工单位用人成本，而劳务派遣降低了用工成本，因此很多企业转到"劳务派遣"这一避险条款，劳务派遣存在着被滥用的情况。大量派遣制的员工，直接从事用人单位常规性工作，但劳动者的待遇却明显下降，并无法享受劳动法赋予的权利。例如《劳务派遣暂行规定》（2014年）第四条规定："用工单位应当严格控制劳务派遣用工数量，使用被派遣劳动者数量不得超过其用工总量的10%。"但在实际操作中，传统大量使用劳务派遣工的用工单位，不排除通过设立多个关联公司或者利用集团公司下属多个子公司之间统一分配签订劳动合同的主体和签订劳务派遣协议的主体，在保证使用劳务派遣工总量不变的情形下，以此达到法律规定的比例。

第二，重视中小企业处境，避免"一刀切"的做法。中小企业在市场竞争中本来处于不利的地位，新《劳动法》的出台更是加重了其负担，不利于中小企业的发展，同时对个人创业也是一种打击。因此，完善《劳动法》实施细则，针对不同体制、规模的企业，出台相应的实施细则，避免"一刀切"的做法就非常迫切。

二 完善集体劳动关系的法律制度

虽然劳动法加大了对劳动的保护力度，但由于劳资谈判力量的悬殊造成了劳动法的法条对劳动的保护并不到位。因此，平衡劳资的力量是解决问题的根本方法。要平衡劳资关系，仅仅依靠以调整个人劳权为主的《劳动法》很难达成。到 2015 年为止，由全国人大或人大常委会出台的劳动法律共有九部，但其中除《工会法》以外，都是以个别劳动关系为主要调整对象的法律。在整个劳动法律体系中，关于集体劳动关系的法律规范还处于缺失的状态，这种立法状况与中国尚未形成集体劳动关系直接相关。因此，下一个阶段的劳动立法内容的重点将是"集体劳动关系"的法律法规。[①] 同时我国的劳动法律还没有构成一个完整的体系，现有的法律规定层级也相对较低，缺少其他法律的相辅相成，因此劳动法实施的效果也是有限的。

三 《劳动法》与《工会法》的交相呼应

《劳动合同法》规定劳资关系中的直接权利主体只能是直接劳动合同关系中的劳动者和用人单位，它不涉及工会的直接利益权利，但《劳动合同法》赋予了工会的权利是代理劳动者的权利。如果没有工

---

① 常凯、邱婕：《中国劳动关系转型与劳动法治重点——从〈劳动合同法〉实施三周年谈起》，《探索与争鸣》2011 年 10 期。

会介入,《劳动合同法》就只能是解决单个资本和劳动力的关系。由于我国"强资本,弱劳工"的局面,劳动者权益难以通过单个个体来维护,而工会作为集体劳动的代理人可以将工人联合起来。工会介入劳资关系,可以改变劳动者单个对抗资方的不利局面。因此,为了形成对劳动者有效的保护,必须要加强工会作为劳动代理人的主体地位,把分散的劳动者集合到一起形成一股力量。由于我国工会自身的缺陷,劳动者代理人的主体地位并不突出,造成了劳动法实施的效果有限。因此,劳动法和工会法必须相辅相成,缺一不可。

第二节 定位社会保障的广度与深度

全国还不存在一部统一的《社会保障法》,一个完整的社会保障体系应该包括社会保险、社会福利和社会救济这三个最基本方面。2010年出台的只是《社会保险法》,因此必须建立一部全国统一的《社会保障法》,把社会福利和社会救济也都嵌入社会保障,从而完善社会保障体系。

社会保障的广度问题是指其覆盖人群的问题,其中应特别注意覆盖一些谈判力弱势的人群。由于这些人缴费基数少,对他们的覆盖将会对社会形成强大的压力,因此社保资金的来源与社保资金的增值就是两大需要解决的问题。同时,农民工的流动性也为社保的跨区结算提出了挑战。例如,农民工在A地打工一年,在B地打工一年,最后回到C地退休,那么怎么计算退休的养老金数额以及领取的程序和办法是一个难题。因此,应加快各省市社保联网建设,尽快解决不同区域的社保转移问题。

社会保障的深度问题是指其覆盖的领域种类问题。由于我国的人口基数大,社保体系也正在逐渐完善过程中,因此社保的门类不宜过多,否则一是会增加政府的负担,二是会影响社保覆盖的广度。社保的深度以提供最低的生活、医疗保障为宜,可以适当用商业保险来补充满足有更高需求的人以实现社会保险结构的多层次。用抵税等措施积极引导企业为员工提供商业保险,以及刺激员工本人自己购买商业保险。

　　社会保障还应该发挥积极的功能,变被动提供失业保险到主动为劳动力进行技能培训并提供工作岗位的积极保障功能。

第三章

构造合理谈判结构的制度安排

第一节 《工会法》与谈判级别

集体劳动关系立法的核心是完善"劳工三权","劳工三权"即团结权、谈判权、集体争议权。"团结权"是指劳动者有权参与和组织工会的权利;"集体谈判权"是指劳动者享有联合起来与资方对等谈判的权利;"集体争议权"是指在谈判期间劳动者有罢工的权利。三者的关系是:团结权是集体谈判的前提,集体争议权是集体谈判的保障。因此,没有一个真正代表劳动者利益的工会,就不可能有真正的集体谈判。[1]

一 谈判主体地位明确

(一)明确劳方谈判主体地位

《工会法》第六条规定:"维护职工合法权益是工会的基本职责。工会在维护全国人民总体利益的同时,代表和维护职工的合法权益。"[2] 虽然《工会法》已经明确了工会是职工利益的代表,但是在实际操作中,全国总工会是一个庞大的全国性组织,而企业工会又未能把维护职工利益放在首位。因此,必须强化工会作为职工利益代言人的地位。

---

[1] 常凯、邱婕:《中国劳动关系转型与劳动法治重点——从〈劳动合同法〉实施三周年谈起》,《探索与争鸣》2011年第10期。

[2] 《中华人民共和国工会法(修正)》,中华人民共和国政府网(http://www.gov.cn/banshi/2005-08/05/content_ 20697. htm),本书《工会法》相关内容都来自此网站。

首先，要解决企业对企业工会控制的问题。现今企业已经不再公开反对员工结盟，即不再阻挠企业组建工会；但是企业从企业工会组建开始就企图对工会进行控制，从工会人员的配备到工会主席的选举，企业都会干预。由于工会人员同时也是企业员工，他们与企业有割不断的联系，他们在企业工作并领取薪酬，但同时又对企业"找茬"。企业一般会通过牢牢抓住工会主席来实施对工会的控制权。因此，上级工会必须强势介入企业工会主席与工会人员的配备。不仅应当严格制定企业工会主席的任职资格、选举流程；还应当监督企业工会主席选拔流程，以确保严格按照企业员工的民主选举来运行。

其次，工会经费来源问题。工会经费主要来自于单位每月全部职工工资总额的百分之二的拨缴，工会经费只有极少一部分由会员缴纳。当工会不是一个为职工谋利益的组织，职工既没有加入工会的愿望，也没有缴纳会费的理由。所以寄希望工会以职工缴纳会费作为运转经费，工会必须先转型，一旦成为真正为员工谋利益的组织，当加入工会这个联盟的利益大于所缴纳的会费时，工会经费的来源问题也就解决了。

（二）确认资方谈判主体

劳资谈判需要劳资双方出席。由于我国劳方组织发展没能形成强大的力量，因此作为天平另外一边的资方组织认为也无集结的必要。我国资方组织虽然形成了行业协会，但这个身份并非是劳资谈判的资方主体，而是为了互通市场信息。

集体谈判的级别不同，资方谈判主体也就有所区别。如果集体谈判在企业级别上进行，企业雇主作为谈判的资方，一般只需委派代表参加即可。如果在行业或地区级谈判，那么资方主体就是雇主协会，雇主协会应根据章程委派代表参加谈判。我国由于中小企业众多，在小企业中形成企业工会的比例非常低，因此无法形成企业级别的谈判。如果一旦确立以行业工会为代表进行中小企业劳资谈判，那么缺少资方的联盟代表，劳资谈判也找不到谈判的对象。因此促使中小企业形成可以代表资方谈判的行业协会，首先必须壮大劳方行业工会的力量，这样才能使资方认识到事态的严峻性。如果资方不集结，那么在强大的行业工会面前，自身的谈判力将是弱小的。因此，确认资方谈判主体是劳资谈判的第一步。

资方组织不仅是作为劳资谈判的另一方主体，其还有行业自律功能。当集体谈判的结果需要推广到企业时，资方组织有自查的责任，如果哪个企业没有按照协议执行，一旦被劳动监察部门查出，资方组织也会受到处罚。长此以往，资方组织的自律性就会提高，如果一旦组织内的企业没有按照协议执行，那么在整改无果的情况下，违法企业将会被行业联盟抛弃。

二 定位谈判级别

我国现行工会组织是行业工会与地方工会相结合的模式，行业工会实行以地方工会领导为主，各级工会统一在中华总工会的框架下。工会组织一元化倾向严重。我国到底是选择德国模式的"行业级别"谈判，还是选择美国模式"分散化"谈判。在选择谈判级别模式之前，必须先解决工会组织各层级的建设问题。

首先，利用"互联网+工会"组建工会网络。企业工会应该由本企业的员工自愿加入，自行管理；大型企业中工会组织内部应该呈多层级网络结构，形成一级工会委员会、二级分会、三级工作小组的三级网络结构才能充分调动人员的活力；小型企业应该扁平化网络管理。

其次，扩大行业工会的覆盖面。行业工会是指由同一行业从事相同或相近工作的人所组成的劳方联盟。行业工会作为整个行业劳动者的代表，由于集结的工人人数众多，与资方就劳动保障与福利待遇等问题进行谈判时，谈判力也比企业工会强。因此，努力构建行业工会联合会、区域性行业工会、基层行业工会三层级网络势在必行。

最后，再确定谈判级别。由于我国经济发展呈现多层次水平，企业性质、规模也有很大程度的差异，因此谈判模式也应该具有多样性，企业谈判和行业谈判交相辉映。规模较大的企业具有生产力较高、就业体系正规等特点，组建企业工会能覆盖企业中绝大多数员工，因此谈判主要集中在企业谈判，由企业工会与资方代表谈判，谈判的结果运用到本企业。在企业谈判中，需要注意的是防止企业工会被资方控制，因此坚持企业工会领导民主选举制度就非常重要。"行业谈判"主要集中在中小企业，以及非正规就业的劳动群体。吸纳就业人数众多的中小型企业工会由于组建率不高，如果选择企业谈判模式，那么这些小型企业劳方连谈判代表都没有。选择组建行业工会，通过扁平化的管理机制，能将分散的、易流动的劳动个体群体团结起来；并且行业工会能够在规模上对雇主形成更大的压力，有利于提高弱势群体的谈判力。行业工会的代表与企业联盟代表谈判，或者行业工会选取几家有代表性的企业进行谈判。这些企业提供劳动生产力数据、市场行情、产品销售情况、盈利情况来说明加薪的幅度。行业工会不仅把集体谈判结果推广到行业中的其他企业，还能对游离于行业工会之外的同行业人员起到一定的示范作用。因此，基于我国的国情，应该根据不同性质、规模、就业情况的企业选择不同的谈判模式。

三 谈判手段：可置信的"威胁"

工会在集体谈判中不会轻易使用罢工手段，有条件的罢工只是集体谈判手段——"可置信的威胁"；罢工的目的只不过为了向谈判对方施加压力，促使谈判尽快达成协议，而不是为了煽动民意与破坏稳定，因此罢工是可以由法律规制并引导的。我国宪法、劳动法和工会法不但没有明确赋予工会"罢工"的权利，而且缺乏正确引导罢工的具体流程与条件，工人罢工处于一种制度规制缺乏的状态。同时，面对目前日益高涨的罢工事件，我国地方政府对罢工等集体行动的处理缺乏法律依据与流程。因此在立法方面必须明确工人的罢工权，同时规范罢工实施的条件与步骤，使罢工可控化。在法律框架下"正规化"的罢工是一种有理、有节、有序的谈判可置信的"威胁"。

第二节 《公司法》对公司治理的重构——共同治理

一 与利益相关者共同治理的区别

1984年,弗里曼出版了《战略管理:利益相关者管理的分析方法》一书,其描述了利益相关者的基本特征,并且从战略管理的角度明确提出了利益相关者管理理论。美国学者玛格丽特·布莱尔(Blair, 1995a)认为,股东是公司所有者的说法是一种误导;股东并没有像理论所假定的那样承担全部风险,其他参与者也没有像理论假定的那样脱离风险。因此,利益相关者理论认为任何一个公司的发展都离不开各利益相关者的投入或参与,这些利益相关者投入了一定的专用性资产并承担了风险,因此企业追求的是利益相关者的整体利益,而不仅仅是某些主体的利益。[①]

利益相关者的共同治理理论使企业在做决策时充分考虑利益相关者的利益,这使利益相关者——企业、员工、供应商、社区与企业合作时可以投入更多的专用性资产而无须担心遭到企业的"敲诈"。这些因素使企业和利益相关者之间形成稳定的合作关系,从而大大减少了交易成本。因此,利益相关者理论认为共同治理是一种企业内部治理的趋势,适合所有的企业。而本书从平衡劳资关系的谈判结构角度得出共同治理的推论,并认为共同治理模式的适应性是有条件的。

利益相关者理论遭遇到"传统股东至上模式的支持者"的批评。Friedman (1962)在《资本与自由》一书中就明确申明,企业只有一个社会责任——就是从事增加利润的活动。那么为什么利益相关者理论会在美国遭遇激烈的批评,而在德国就没有呢?原因在于共同治理并非是一个放之四海而皆准的信条,其主要功能是解决要素主体的力量平衡的问题,如果忽略这一功能谈共同治理,那么将是无本之木。

[①] 陈宏辉:《企业利益相关者的利益要求:理论与实证研究》,经济管理出版社2009年版,第269页。

"共同治理"这种模式能否嵌入美国公司制度呢?在本书前述分析中,现阶段美国公司普遍存在"强管理者、弱股东"问题,公司治理更多的是需要监督管理者、经理人。股东利益至上的单层治理模式符合美国劳资关系、各要素主体间关系以及市场结构。如果现阶段美国公司也普遍实行"共同治理"那么无疑会打破这个平衡。

如果说把美国在20世纪90年代的《公司法》的修改"要求公司经理为公司的利益相关者服务"看成是利益相关者管理模式倾向,那就是被表象所迷惑。本书认为这并不表示美国公司治理的共同化倾向;其没有改变美国企业治理的原有框架,也没有把企业控制权赋予利益相关者。因此,把利益相关者写进法律,无非是让更多内部人去监督经理人这个强势主体行为,为分散的小股东承担一点责任。美国公司治理结构很多最新的变化都是为监督管理者这一目的服务,比如倡导机构投资者参与企业管理,其被认为是解决"经理人内部控制"问题的一条有效途径。

二 德国共同治理模式的经验与缺陷

(一)德国共同治理模式的经验

德国公司治理结构采用"监事会(监事委员会)、董事会(管理委员会)"的模式。监事会任免董事会成员,董事会为公司经营执行机关,在监事会中实行"共同决策"制度。

第一,公司治理中职工的共同参与是德国"共同治理"的核心。第二次世界大战后工人运动使工会异常强大,造成了职工参与公司治理的特点。监事会成员由职工代表和股东代表共同组成,根据德国法律的规定,"在2000人以下的企业,雇员代表要占管理委员会的2/3;超过2000人的企业,雇员代表占1/2。另外,对超过5名以上雇员的企业,只要雇员提出要求,就必须成立工人委员会。"[①]因此,德国公司治理中职工的共同参与使股权集中的股东无法与管理者结盟形

---

① 程延园:《当代西方劳动关系研究学派及其观点评述》,《教学与研究》2003年3期。

成更为强势的联盟。

第二，银行在德国公司治理结构中起到了对家族股东制衡的作用。第二次世界大战后，经济恢复使企业资金相当紧缺，混业经营的金融体制使企业可以快速稳定的获得资金。各种因素导致主办银行既是公司债权人又是公司的核心股东。银行一方面通过自己持股，另一方面通过代理投票制度接受小股东委托选举代理人进入董事会从而对公司经营者实行监督。据统计90年代的德国，在100家最大的股份公司中，银行在75家派驻了代表，银行代表占股东代表22.5%。可见，主办银行持股同时也形成了对家族股东的权利制衡。[①]

(二) 缺陷

德国"共同治理"模式主要缺陷源于主办银行，主办银行的存在很大程度是由历史原因造成的。由于德国银行与企业关系的紧密，很容易造成银行与企业的一荣俱荣，一损俱损。如果企业经营不好，很容易连带银行，经济危机的时候很容易造成全面的金融危机。同时企业对银行资金的依赖，造成了资本市场不发达。公司控制权被隔绝在资本市场的压力之外，不仅可以免受资本市场的约束和监督，还使公司信息披露不透明。虽然主办银行缺陷性比较明显，但其在公司治理结构中建立银行代理投票制度有利于形成股权结构制衡的做法是值得我国学习的。

三 构建我国共同治理模式的思路

我国公司治理结构中监事会形同虚设，独立董事独立性不强的原因是由于控股股东控制权所导致，因此我国在构建公司内部治理结构时，需要制衡控股股东控制权，包括制衡控股股东对董事会的控制，对独立董事的控制，对监事会的控制。怎样制衡控股股东控制权的方法包括促进小股东结盟、增强员工结盟、拆解大股东与管理者结盟、增加独立董事独立性等内容。

(一) 增加弱势要素主体小股东的结盟

研究劳资关系需要研究小股东的结盟，是由于小股东的结盟不仅

[①] 徐鸣:《西方公司治理结构比较及其借鉴》，《企业经济》1998年第12期。

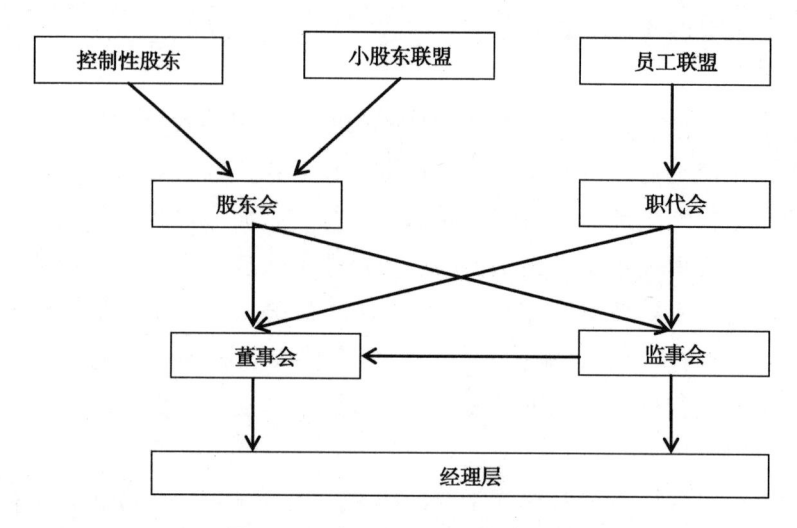

```
┌─────────────┐  ┌─────────────┐      ┌─────────────┐
│  控制性股东  │  │  小股东联盟  │      │   员工联盟   │
└──────┬──────┘  └──────┬──────┘      └──────┬──────┘
       └────────┬───────┘                    │
                ▼                            ▼
          ┌─────────┐                  ┌─────────┐
          │  股东会  │                  │  职代会  │
          └────┬────┘╲              ╱──└────┬────┘
               │      ╲            ╱       │
               ▼       ╲          ╱        ▼
          ┌─────────┐   ╲        ╱    ┌─────────┐
          │  董事会  │◄───────────────│  监事会  │
          └────┬────┘                 └─────────┘
               │
               ▼
          ┌──────────────────────────────────┐
          │              经理层               │
          └──────────────────────────────────┘
```

图 7–1　我国共同治理模式构建

分化了资方联盟并且在一定程度上可以成为制衡大股东的力量，从而对劳资关系产生影响。增加小股东联盟可以制衡控股股东对股东会与董事会的控制。小股东由于持有股份数少，对股东会的决议没有实际的影响而放弃了投票权，从而使控股股东有机会侵占中小股东的利益。为了解决这个问题，政府出台了累积投票制度，但是累积投票制度发挥作用有限，因此应增设制度把小股东集结起来。这些制度包括两类：其一是依靠委托代理投票制度，其二是形成机构投资者投资。让机构投资者行使小股东在股东会和董事会中的权力，这不仅可以监督管理者，还可以防止管理者和控股股东联盟。

　　美国的经验表明只有当机构投资者的实力增强，持股比例上升到一定程度时，机构投资者才具备参与公司治理的动机、现实性和制约大股东的能力。我国资本市场不完善，如果机构投资者仅靠市场自然形成一定的规模将会非常缓慢与困难，因此需要政府积极引导机构投资者的发展。这些引导措施包括：其一是培育资本市场、制定与完善相关法律的包括相关配套制度的建设，如投资者利益的保护、市场交易制度以及会计、审计制度的完善等；其二是扩大开放式基金规模，扩大社保基金和保险资金等长期稳定资金入市比例，以提高机构投资者的资金实力；其三是用放松金融管制等措施来引导机构投资者的积极行为，适当放宽对基金设立、上市等方面的管制，在"双十"规定的基础上适当地提高机构投资股票的比例；其四是利用"共同治理"在内部遏制大股东与管理者的结盟，以此来限制其在证券市场上的剥夺行为，只有形成证券市场合理稳定的回报，机构投资者才能有效吸引公众零散资金从而壮大规模。

增强小股东联盟可以减少控股股东对监事会的控制。由于监事会的股东代表由股东会选出，小股东联盟参与公司管理，将会使监事会中小股东的代表增加；同时，大力发展机构投资者力量，改变小股东一盘散沙的状态，以提升中小股东行使股东权利的能力。

（二）增强弱势主体员工的联盟

"共同治理"不仅使员工选举董事会中自己的代表，还可以减少控股股东对董事会的控制。学习德国经验，根据公司的规模来确定员工在董事会的席位。通过职工代表大会组织民主选举代表，并要保证董事会员工代表不被控股股东所控制，这样的"共同决策机制"才会有效率。因此在董事会中，需要小股东代表和员工代表席位从数量上和控股股东分庭抗礼。

增强员工联盟可以减少控股股东对监事会的控制。员工代表和小股东代表在监事会的数额增加，使控股股东不能通过监事会而使监督失效；同时改变监事的权限，学习日本个人"监察人"可以单独行使监察权力的制度，以人为标准而不是以会为标准行使监督的权力。

（三）拆解控股股东与管理层的结盟

董事会聘任经理、财务负责人等高级管理人员，由于"共同治理"使董事会增加了其他要素主体代表的席位，这促使管理层人员结构发生改变。如果管理层与控股股东结盟来侵害他方利益，那么其被发现后将面临解雇的危险；"共同治理"增大了管理层与控股股东结盟的成本。因此，"共同治理"使管理者更趋向保持中立的状态。没有管理者结盟的控股股东无法利用管理者的帮助来实施"隧道效应"转移公司财产，其强势地位得到有效抑制。

（四）增强独立董事"独立性"

在我国股权结构集中的背景下，让独立董事依靠自身保持独立性非常困难，只能由政府出台一系列变革措施来强化独立董事的独立性。

首先，政府应该改革独立董事的聘用制度。由于我国公司股权相对集中的特征，如果独立董事的聘用权由控股股东决定，很容易造成独立董事的不独立。政府过去只对独立董事备案进行审查，无法改变控股股东与独立董事的关系。因此变革独立董事聘用制度势在必行。建议实行"公司申请＋政府机选抽配＋公司选举"的制度，即首先由公司提出配备独立董事的申请，说明配备人数、行业、性别、年龄要求；再由政府相关机构（证交所）在独立董事资料库里进行机选，同时向机选出的候选人发出公司要求，以征询其意愿，抽配出公司申请人数的2倍候选人供公司选举；最后由公司进行独立董事的选举，并且独立董事的选任和罢免权应归于流通股东而非控股股东，以此来强调独立董事的独立性。

其次，政府应该改革独立董事的津贴机制。现行独立董事的津贴是由上市公司自行发放，这在一定程度上制约了独立董事的独立性。应考虑由公司按期缴存于指定账户，形成独立于上市公司之外的基金，此项基金由政府来监管。由基金集中发放独立董事的津贴，以降低独立董事受制于公司，增强其独立性。

最后，强化独立董事尽职监督与考核，完善独立董事资料库，建立不合格独立董事退出信息库的机制。完善独立董事在公司尽职的信息披露，以形成对独立董事的有效评价。这些尽职的信息包括独立董事亲自参加及委托他人参加董事会的次数；对公司那些事项提出异议；对公司中小股东以及员工有损害的事件未及时提出异议意见的原因。

那么能否通过独立董事数量的增设，而不通过共同治理模式来拆解控股股东与管理层的联盟，同时抑制控股股东呢？首先，由于我国企业文化与部分企业的家族模式造成我国控股股东在较长的历史时期仍然会持续，因此像英美那样分散的股权结构并不存在，即独立董事大有作为的前提条件并不存在；其次，如果不改变公司的治理结构，控股股东与管理者的强强联盟就不会得到抑制，那么强大的内部人可以通过隐藏、虚构、歪曲信息使其他一切外部性监督形同虚设。

政府构建谈判力平衡的劳资谈判是一个系统工程。在这个转轨时期，政府提高了单个劳权的保护措施，但却没能形成有效的谈判。这不但会加重企业的成本，还会加剧劳资的摩擦。由于我国长期劳资谈判力失衡造成劳动力与企业的双边投资下降，影响了企业的竞争力与长期发展，导致了企业的抗风险能力差。特别是在经济危机时期，企业如果无法通过劳资谈判使员工与企业同舟共济度过"寒冬"，那么裁员、降薪就成为企业为了生存的措施，但这无疑损害了劳动者的权益。因此在经济危机时期，政府为了让企业"过冬"，不仅应该用积极的财政政策与货币政策来减轻企业的负担，增加企业的剩余以满足联盟的整体理性要求；还应该用结构性减税与减少企业融资成本来保障企业联盟的稳定性。

参考文献

[1]《资本论》，人民出版社1975年版。

[2]《马克思恩格斯文集》，人民出版社2009年版。

[3]［英］亚当·斯密：《国民财富的性质和原因的研究》，郭大力等译，商务印书馆1972年版。

[4]［美］萨缪·鲍尔斯：《微观经济学：行为、制度和演化》，江艇等译，中国人民大学出版社2006年版。

[5]［美］赫伯特·西蒙：《基于实践的微观经济学》，孙涤译，上海人民出版社2009年版。

[6]［美］约翰·冯·诺依曼、奥斯卡·摩根斯坦：《竞赛论与经济行为》，王建华译，科学出版社1963年版。

[7]［美］范里安：《微观经济学：现代观点》，费方域译，上海人民出版社2007年版。

[8]［美］西尔特：《企业行为理论》（第二版），李强译，中国人民大学出版社2008年版。

[9]［美］邓肯·J. 瓦茨：《小小世界——有序与无序之间的网络动力学》，陈禹等译，中国人民大学出版社2006年版。

[10]［美］罗杰·B. 迈尔森：《博弈论矛盾冲突分析》，于寅等译，中国经济出版社2001年版。

[11]［美］托马斯·谢林：《冲突的战略》，赵华等译，华夏出版社2011年版。

[12]［美］哈罗德·W. 库恩：《博弈论经典》，韩松等译，中国人民大学出版社2004年版。

[13]［美］阿伯西内·穆素：《讨价还价理论及其应用》，管毅

平等译，上海财经大学出版社 2005 年版。

［14］［加］杨荣基、［俄］彼得罗相、李颂志：《动态合作——尖端博弈论》，中国市场出版社 2007 年版。

［15］［美］约翰·克劳奈维根：《交易成本经济学及其超越》，朱舟等译，上海财经大学出版社 2002 年版。

［16］［美］道格拉斯·C. 诺思：《制度、制度变迁与经济绩效》，杭行译，上海人民出版社 2008 年版。

［17］［美］哈特：《企业、合同与财务结构》，费方域译，上海人民出版社 2006 年版。

［18］［英］理查德·海曼：《劳资关系——一种马克思主义的分析框架》，黑启明译，中国劳动社会保障出版社 2008 年版。

［19］［美］科斯、［美］哈特、［美］斯蒂格利茨、［瑞典］拉斯·沃因、［瑞典］汉斯·韦坎德：《契约经济学》，李风圣等译，经济科学出版社 1999 年版。

［20］［美］路易斯·普特曼、［美］兰德尔·克罗茨纳：《企业的经济性质》，孙经纬译，上海财经大学出版社 2003 年版。

［21］［美］哈罗德·德姆塞茨：《所有权、控制与企业——论经济活动的组织》，段毅才等译，经济科学出版社 1999 年版。

［22］［日］青木昌彦：《比较制度分析》，周黎安译，上海远东出版社 2001 年版。

［23］［日］青木昌彦：《企业的合作博弈理论》，郑江淮等译，中国人民大学出版社 2005 年版。

［24］［美］杰弗里·N. 戈登、［美］马克·J. 罗：《公司治理：趋同与存续》，赵玲译，北京大学出版社 2006 年版。

［25］［美］迈克尔·詹森：《企业理论——治理、剩余索取权和组织形式》，童英译，上海财经大学出版社 2008 年版。

［26］［英］乔纳森·查卡姆：《公司长青：英美法日德公司治理的比较》，郑江淮等译，中国人民大学出版社 2005 年版。

［27］［美］巴泽尔：《产权的经济分析》，费方域等译，上海人民出版社 1997 年版。

[28] [美] 埃里克·弗鲁博顿、[德] 鲁道夫·芮切特：《新制度经济学——一个交易费用分析范式》，罗长远译，上海人民出版社2006年版。

[29] [美] 奥利·阿申费尔特、[美] 戴维·卡德：《劳动经济学手册》，宋玥等译，经济科学出版社2011年版。

[30] [美] 马克·罗伊：《公司治理的政治维度：政治环境与公司影响》，陈宇峰等译，中国人民大学出版社2007年版。

[31] [美] 波蒂特、[美] 马可·A.詹森、[美] 埃莉诺·奥斯特罗姆：《共同合作——集体行为、公共资源与实践中的多元方法》，路蒙佳译，中国人民大学出版社2007年版。

[32] [美] 哈里·C.卡茨、[美] 托马斯·A.科钱、[美] 亚历山大·J.S.科尔文：《集体谈判与产业关系概论》，李丽林等译，东北财经大学出版社2010年版。

[33] [美] 托马斯·寇肯、[美] 哈瑞·卡兹、[美] 罗伯特·麦克西：《美国产业关系的转型》，朱飞等译，中国劳动社会保障出版社2008年版。

[34] [美] 何维·莫林：《合作的微观经济学——一种博弈论的阐释》，童乙伦译，格致出版社2011年版。

[35] [美] 罗伯特·阿克塞尔罗德：《合作的复杂性——基于参与者竞争与合作的模型》，梁捷等译，上海世纪出版集团2008年版。

[36] [爱尔兰] 特伦·斯麦克唐纳、[美] 迈克·尔里奇：《当代资本主义及其危机》，童珊译，中国社会科学出版社2014年版。

[37] 国际劳工局：《2014/2015全球工资报告：工资和收入不平等》，国际劳工出版社2015年版。

[38] 盛洪：《现代制度经济学》（上卷），北京大学出版社2003年版。

[39] 费方域：《企业的产权分析》，上海人民出版社2006年版。

[40] 陈郁：《所有权、控制权与激励——代理经济学文选》，上海人民出版社2006年版。

[41] 汪丁丁：《新政治经济学评论》，浙江大学出版社2009

年版。

[42] 张维迎:《产权、激励与公司治理》,经济科学出版社 2005 年版。

[43] 张维迎:《企业的企业家——契约理论》,上海人民出版社 1995 年版。

[44] 常凯:《劳权保障与劳资双赢——劳动合同法论》,中国劳动社会保障出版社 2009 年版。

[45] 程延园:《劳动关系》(第二版),中国人民大学出版社 2007 年版。

[46] 程延园:《劳动合同法及实施条例理解与应用》,中国劳动社会保障出版社 2008 年版。

[47] 郎咸平:《郎咸平学术文选》(全二册),人民出版社 2007 年版。

[48] 郎咸平:《公司治理》,社会科学文献出版社 2004 年版。

[49] 杨瑞龙、周业安:《企业共同治理的经济学分析》,经济科学出版社 2001 年版。

[50] 杨其静:《市场、政府与企业:对中国发展模式的思考》,中国人民大学出版社 2010 年版。

[51] 杨其静:《企业家的企业理论》,中国人民大学出版社 2005 年版。

[52] 张朋柱:《合作博弈理论与应用》,上海交通大学出版社 2006 年版。

[53] 刘培杰:《博弈论精粹》,哈尔滨工业大学出版社 2008 年版。

[54] 易余胤:《基于演化博弈论的企业合作与背叛行为研究》,经济科学出版社 2009 年版。

[55] 董保民、王运通、郭桂霞:《合作博弈论——解与成本分摊》,中国市场出版社 2008 年版。

[56] 谢逢洁:《复杂网络上的博弈》,清华大学出版社 2016 年版。

[57] 谢识予：《经济博弈论》（第二版），复旦大学出版社 2006 年版。

[58] 马艳、周扬波：《劳资利益论》，复旦大学出版社 2009 年版。

[59] 聂辉华：《声誉、契约与组织》，中国人民大学出版社 2009 年版。

[60] 陈宏辉：《企业利益相关者的利益要求：理论与实证研究》，经济管理出版社 2009 年版。

[61] 唐宗明、蒋位：《大股东控制——中国上市公司实证研究》，上海交通大学出版社 2005 年版。

[62] 万良勇：《内部资本市场、外部融资与投资者保护——基于中国上市公司的实证研究》，经济科学出版社 2008 年版。

[63] 郑志刚：《投资者之间的利益冲突和公司治理机制的整合》，中国金融出版社 2007 年版。

[64] 于国安：《我国现阶段收入分配问题研究》，中国财政经济出版社 2010 年版。

[65] 童盼：《融资结构与企业投资：基于股东—债权人冲突的研究》，北京大学出版社 2007 年版。

[66] 张立君：《论企业利益相关者共同治理》，上海财经大学出版社 2008 年版。

[67] 王国顺、周勇、汤捷：《交易、治理与经济效率——威廉姆森交易成本经济学》，中国经济出版社 2005 年版。

[68] 孙永祥：《公司治理结构：理论与实证研究》，上海人民出版社 2002 年版。

[69] 胡晓阳：《企业控制权的理论解释与实证分析》，经济科学出版社 2005 年版。

[70] 陈赤平：《公司治理的契约分析》，中国经济出版社 2006 年版。

[71] 卢周来：《缔约视角下的企业内部权力之谜》，中国人民大学出版社 2009 年版。

[72] 张玉棠:《利益论:关于利益冲突与协调问题的研究》,武汉大学出版社 2001 年版。

[73] 周剑云:《美国劳资法律制度研究 (1887—1947)》,中央编译出版社 2009 年版。

[74] 吕楠:《撒切尔政府劳资政策研究》,社会科学文献出版社 2009 年版。

[75] 刘金祥:《基于二元所有权架构的企业劳资关系研究》,中国劳动社会保障出版社 2008 年版。

[76] 贺建刚:《大股东控制、利益输送与投资者保护》,东北财经大学出版社 2009 年版。

[77] 袁振兴:《股权结构与小股东法律保护对现金股利政策的影响研究——基于利益侵占的视角》,经济科学出版社 2007 年版。

[78] 胡希宁:《当代西方经济学流派》,中共中央党校出版社 2004 年版。

[79] 王永乐:《激励与制衡:企业劳资合作系统及其效应研究》,经济科学出版社 2010 年版。

[80] 翁杰:《企业中的人力资本投资研究——基于雇佣关系稳定性的视角》,经济科学出版社 2010 年版。

[81] 石岿然:《企业组织结构治理与组织模式选择的演化研究》,经济管理出版社 2009 年版。

[82] 宁向东:《公司治理理论》,中国发展出版社 2005 年版。

[83] 荣兆梓:《通往和谐之路:当代中国劳资关系研究》,中国人民大学出版社 2010 年版。

[84] 曾煜:《社会保障战略目标下的工会参与》,中国社会出版社 2008 年版。

[85] 陈郁:《企业制度与市场组织——交易费用经济学文选》,上海人民出版社 2006 年版。

[86] 罗建兵:《合谋的生成与制衡—理论分析与来自东亚的证据》,合肥工业大学出版社 2008 年版。

[87] 罗宁:《中国转型期劳资关系冲突与合作研究》,经济科学

出版社 2010 年版。

[88] 刘大可:《出资者主导下的利益相关者论》,经济科学出版社 2005 年版。

[89] 刘汉民:《企业理论、公司治理与制度分析》,上海人民出版社 2007 年版。

[90] 樊纲:《现代三大经济理论体系的比较与综合》,上海人民出版社 2006 年版。

[91] 杨松等:《股东之间利益冲突研究》,北京大学出版社 2007 年版。

[92] 高传胜、高春亮:《劳动经济学:理论与政策》,武汉大学出版社 2011 年版。

[93] 杨瑞龙、周业安:《一个关于企业所有权安排的规范性分析框架及其理论含义》,《经济研究》1997 年第 1 期。

[94] 杨瑞龙、杨其静:《专用性、专有性与企业制度》,《经济研究》2001 第 3 期。

[95] 杨瑞龙、周业安:《论利益相关者合作逻辑下的企业共同治理机制》,《中国工业经济》1998 年第 1 期。

[96] 刘小玄:《现代企业的激励机制:剩余支配权》,《经济研究》1996 年第 6 期。

[97] 董保民、郭桂霞:《机场博弈与中国起降费规制改革——一个合作博弈论评价》,《经济学》2006 年第 7 期。

[98] 张衔、黄善明:《员工效用函数、员工剩余控制权与企业治理结构创新》,《经济与改革》2001 年第 3 期。

[99] 杨其静:《合同与企业理论前沿综述》,《经济研究》2002 年第 1 期。

[100] 周其仁:《市场里的企业:一个人力资本与非人力资本的特别合约》,《经济研究》1996 年第 6 期。

[101] 蔡昉:《发展阶段转折点与劳动力市场演变》,《经济学动态》2007 第 12 期。

[102] 蔡昉:《劳动力无限供给结束》,《金融经济》2008 年第

12 期。

[103] 蔡彤:《工会与集体谈判理论研究述评》,《经济学动态》2009 第 6 期。

[104] 蔡卫星、高明华:《终极股东的所有权、控制权与利益侵占:来自关联交易的证据》,《南方经济》2010 年第 2 期。

[105] 程延园:《当代西方劳动关系研究学派及其观点评述》,《教学与研究》2003 年第 3 期。

[106] 常凯、邱婕:《中国劳动关系转型与劳动法治重点——从〈劳动合同法〉实施三周年谈起》,《探索与争鸣》2011 年第 10 期。

[107] 陈宏辉、贾生华:《信息获取、效率替代与董事会职能的改进》,《中国工业经济》2002 年第 2 期。

[108] 夏小林:《私营部门:劳资关系及其协调机制》,《管理世界》2004 年第 6 期。

[109] 徐晓红:《正视矛盾、构建平衡、合作共赢——"劳资关系与社会和谐学术研讨会"综述》,《教学与研究》2012 年第 1 期。

[110] 徐晓红:《劳资关系与经济增长——基于中国劳资关系库兹涅茨曲线的实证检验》,《经济学家》2009 年第 10 期。

[111] 凌云、杨河清:《经济危机下对劳动关系的影响及对策研究》,《经济与管理研究》2010 年第 3 期。

[112] 江永众、程宏伟:《劳动关系研究的多学科比较——基于劳动经济学和人力资源管理学的视角》,《学术研究》2012 第 5 期。

[113] 吕景春:《论劳资合作博弈中利益的帕累托改进——基于"和谐劳动关系"的分析视角》,《经济学家》2009 年第 4 期。

[114] 陈志松、丁可、王慧敏:《基于心理契约的劳资博弈模型研究》,《中国管理科学》2007 年第 10 期。

[115] 崔向阳:《转轨经济中构造劳资合作制度的博弈分析》,《当代财经》2007 年第 10 期。

[116] 任小平、许晓军:《劳资博弈:工资合约中的制度救济与工会行为》,《学术研究》2009 年第 2 期。

[117] 崔晓丽、孙绍荣:《无固定期限劳动合同制度下劳资博弈

及临界点研究》,《企业经济》2009 年第 6 期。

［118］唐松莲、袁春生：《机构投资者角色发凡：2004—2007 年部分上市公司样本》,《改革》2012 年第 1 期。

［119］徐幼民：《基于合作博弈的企业分配理论》,《湖南大学学报》（社会科学版）2006 年第 9 期。

［120］程承坪：《企业所有权谈判力的影响因素分析》,《当代经济管理》2006 年第 10 期。

［121］陈享光：《论我国微观收入分配中的公平》,《经济学动态》2008 年第 8 期。

［122］王中汝：《论马克思主义收入分配理论在当代中国的创新与发展》,《当代世界与社会主义》2011 年第 3 期。

［123］吕永霞、吕永成等：《浅析我国现阶段私营企业中的劳资关系》,《前沿》2005 年第 6 期。

［124］陈仕华、李维安：《中国上市公司股票期权：大股东的一个合法性"赎买"工具》,《经济管理》2012 年第 3 期。

［125］赵小仕：《劳动关系中的集体谈判机制研究》,《当代经济管理》2009 年第 7 期。

［126］严也舟：《外部治理环境、内部治理结构与合谋侵占实证分析》,《管理评论》2012 年第 4 期。

［127］詹宇波、张军、徐伟：《集体议价是否改善了工资水平：来自中国制造业企业的证据》,《世界经济》2012 年第 2 期。

［128］李丽林、陈力闻：《20 世纪 90 年代以来德国劳动关系的变化》,《教学与研究》2010 年第 1 期。

［129］黄燕东、杨宜勇：《美、德、日集体谈判制度的比较研究》,《首都经贸大学学报》2006 年第 6 期。

［130］张捷：《东亚企业的融资模式、治理结构和金融危机》,《世界经济》2000 年第 8 期。

［131］鄢圣文、谭叙：《劳动合同法实施一年以来相关研究述评》,《首都经贸大学学报》2011 年第 4 期。

［132］杨琳：《劳动监察要突破什么》,《瞭望新闻周刊》2011

年第 9 期。

[133] 杨伟国、代懋:《中国就业管制的变迁与测量》,《中国人民大学学报》2012 年第 1 期。

[134] 张庆伟:《劳资关系的含义:三种不同的经济学解读》,《当代经济》2007 年第 11 期。

[135] 李玉燕:《我国私营企业劳资博弈的囚徒困境及其求解》,《西安财经学院学报》2011 年第 5 期。

[136] 王兴华:《高流动性对我国企业劳资冲突的影响——基于完全非完美信息动态博弈模型的分析》,《华东经济管理》2010 年第 8 期。

[137] 袁凌、李健:《中国企业劳资关系内在属性与冲突处理研究》,《华东经济管理》2010 年第 2 期。

[138] 陆雪琴、张旭昆:《工会和集体谈判对工资、就业的影响研究综述》,《首都经贸大学学报》2011 年第 2 期。

[139] 周扬波:《私有制企业劳资博弈与利益均衡机制》,《经济论坛》2011 年第 9 期。

[140] 赵红:《基于合作博弈的企业利益相关者和谐治理分析》,《管理观察》2009 年第 5 期。

[141] 刁慧娜:《新劳动法的公平性以及对企业发展影响分析》,《法制与经济》2011 年第 2 期。

[142] 黄亚南:《公司治理的本质和形式:日本的经验教训》,《上海经济研究》2009 年第 4 期。

[143] 平萍:制度转型中的国有企业:产权形式的变化与车间政治的转变——关于国有企业研究的社会学述评》,《社会学研究》1999 第 3 期。

[144] 刘建洲:新形势下国有企业劳动关系研究:一个管理者视角的分析》,《学术探索》2006 年第 8 期。

[145] 丁晓钦:《当代世界劳资关系的政治经济学观察——世界政治经济学学会第二届论坛综述》,《马克思主义研究》2008 年第 2 期。

[146] 陈微波：《公营部门劳动关系：对我国国有企业劳动关系的重新定位》，《现代经济探讨》2011年第12期。

[147] 陈微波：《论劳动关系的调节机制——以劳动契约和心理契约融合为视角》，《山东社会科学》2005年第1期。

[148] 游正林：《管理控制与工人抗争——资本主义劳动过程研究中的有关文献述评》，《社会学研究》2006第4期。

[149] 康静萍：《改制后的国有企业劳动关系特征及其协调机制研究——基于公平分配的视角》，《教学与研究》2012年第4期。

[150] 张军：《中西保障文化下社会保障制度模式比较分析——基于中国、日本、美国、瑞典四国的考查》，《探索》2011年第5期。

[151] 许峰：《我国民营企业劳资现状、问题及对策》，《经济纵横》2004年第8期。

[152] 姚先国：《民营经济发展与劳资关系调整》，《浙江社会科学》2005年第2期。

[153] 王荣武、李红：《集体协商谈判与劳动力市场效率》，《商业研究》2002年第8期。

[154] 丁晓钦：《当代世界劳资关系的政治经济学观察——世界政治经济学学会第二届论坛综述》2008年第2期。

[155] 姜颖、杨欣：《论劳务派遣中劳动者权益保障——基于"劳动合同法调研问卷"的实证分析》，《国家行政学院学报》2011年第2期。

[156] 赵红：《企业相关者之间的合作博弈与均衡》，《财经理论与实践》2007第4期。

[157] 陈伟凯、刘凤义：《国外政治经济学研究的新进展》，《政治经济学评论》2016年第3期。

[158] 孟捷、李怡乐：《改革以来劳动力商品化和雇佣关系的发展》，《政治经济学评论》2016年第5期。

[159] 简新华：《发展和运用中国特色社会主义政治经济学引导经济新常态》，《经济研究》2016年第3期。

[160] 许清清、张衔：《劳资谈判博弈的演化路径与稳定策略》，

《统计与决策》2014年第6期。

［161］许清清、常璟，孙继国：《劳资谈判力的解释：一种基于非合作与合作博弈的分析框架》，《山东大学学报》2016年第4期。

［162］许清清：《劳资关系相对平衡的演化路径分析——基于政府行为选择的视角》，《现代经济探讨》2015年第11期。

［163］张衔、许清清：《基于非对称博弈模型的劳资关系研究》，《财经问题研究》2015年第5期。

［164］Joseph A. McCartin, *Labor's Great War*, Carolina: The University of North Carolina Press, 1997.

［165］James B. Atleson, *Values and Assumptions in American Labor Law*, Amherst: The University of Massachusetts Press, 1983.

［166］Dunlop, John T., *Wage Determination Under Trade Unionism*, New York: Macmillan, 1944.

［167］Fossum, John A., *Labor Relations: Development, Structure, Process, Remediation*, Dallas: Business Publications, 1982.

［168］Scheuch, Richard, *Labor in the American Economy*, New York: Harper & Row, 1981.

［169］Rubin, Jeffrey Z., Bert Brown, *The Social Psychology of Bargaining and Negotiation*, New York: Harcourt, Brace, Jovanovich, 1975.

［170］R. Hyman, *Industrial Relation: A Marxist Introduction*, London: MacMillan Publishing Company, 1975.

［171］McDonough, Terrence, Reich, Michael and Kotz, David M. ed., *Contemporary Capitalism and Its Crises: Social Structure of Accumulation Theory for the 21st Century*, New York: Cambridge University Press, 2010.

［172］Anat Levy, Lloyd S. Shapley, "Individual and Collective Wage bargaining", *International Economic Review*, Vol. 38, No. 4, 1986.

［173］Boyer, R., "A World of Contrasted but Interdependent Inequality Regimes: The Latin America Paradox", *Review of Political Econo-*

my, Vol. 48, No. 1, 2016.

[174] Boyer, R., "A World of Contrasted but Interdependent Inequality Regimes: China, United States and the European Union", *Review of Political Economy*, Vol. 47, No. 1, 2015.

[175] Butcher K. F., C. E. Rouse, "Wage Effects of Unions and Industrial Councils in South Africa", *Industrial & Labor Relation Review*, Vol. 54, No. 2, 2001.

[176] Flanagan, "Macroeconomic Performance and Collective Bargaining", *Journal of Economic Literature*, Vol. 37, No. 3, 1999.

[177] Katz, Harry C., "The Decentralization of Collective Bargaining: A Literature Review and Comparative Analysis", *Industrial & Labor Relations Review*, Vol. 47, No. 10, 1993.

[178] Livernash, E. Robert, "The Relation of Power to the Structure and Process of Collective Bargaining", *Journal of Law and Economics*, Vol. 6, No. 1, 1963.

[179] Leap L., Grigsby W., "A Conceptualization of Collectives Bargaining Power", *Industrial and Labor Relations Review*, Vol. 39, No. 2, 1986.

[180] Jack Fiorito, W. E. Hendricks, "Union Characteristics and Bargaining Outcomes", *Industrial and Labor Relations Review*, Vol. 40, No. 4, 1987.

[181] William Samuelson, "Bargaining under Asymmetry Information", *Econometrica*, Vol. 52, No. 4, 1984.

[182] Lindbloom, Charles E., "Bargaining Power in Price and Wage Determination", *Quarterly Jouanal of Economics*, Vol. 62, No. 3, 1948.

[183] Toke Aidt, Zafiris Tzannatos, "Trade Unions, Collective Bargaining and Macroeconomic performance: A Review", *Industrial Relations Journal*, Vol. 39, No. 4, 2008.

[184] Zingales, Luigi, "The Future of Securities Regulation",

Journal of Accounting Research, Vol. 47, No. 2, 2009.

[185] Rajan, Zingales, Luigi, "Power in a Theory of The Firm", *The Quarterly Journal of Economics*, Vol. 113, No. 2, 1999.

[186] Zingales, Luigi, "In Search of New Foundations", *The Journal of Finace*, Vol. 55, No. 4, 2000.

后　记

劳资关系作为一种复杂的生产关系，其实质是不同要素所有者在相互结合进行生产活动并获得收益的一系列过程中所形成的冲突与合作的关系。劳资关系的演化与一个国家的经济变迁、社会转型有着密切关联。近年来，中国经济发展出现阶段性转换，进入新常态阶段。劳资群体冲突的加剧已经严重影响企业运行的效率，劳资群体冲突已经演化成为不可忽视的社会问题。"新常态"的提出对劳资关系的转型提供了契机，一方面是因为劳资关系需要寻找到一个适应经济体系转型的新常态，另一方面劳资关系走向新常态也会对整个经济体系走向新常态发挥积极的促进作用。

将"构建劳资合作关系新常态的路径选择"作为本书的选题，不仅源于现实的紧迫，还源于笔者长期一系列的研究积累。本书在博士论文基础上深化而成，并得到了教育部人文社科青年基金（16YJC7901115），青岛市社会科学规划研究项目（QDSKL1501055）的资助。

本书得以顺利完稿，我要衷心感谢导师张衔教授。和先生一直很有缘，从本科到研究生再到博士，师徒情分已有数十载。回想这么多年，您就像一盏明灯，一直在那里！任世间的明争暗夺，任世间的流光浮华，您就是您，不慌不忙，不争不抢，不紧不慢，以淡定从容的姿态笔直站立，安静地绽放自己的精深的学识，笃定地守着"严谨治学，教书育人"的崇高品德。为我们照亮前行的路……先生授业解惑、指点人生，让我受益终生，我将铭记于心、感恩于表。

感谢蒋永穆教授对本书的指导，特别是您强调把政府作为一个行为主体，研究劳资关系没有政府干预时的自主演化；与劳资关系有政府干预时的演化，并形成一个比较制度的思路让我受益匪浅。

  我要感谢我的家人。我的父母不远千里来照顾我和宝宝；对老人来讲，面对完全陌生的环境，抛弃以前的饮食习惯与生活，是多大的困难与付出。正是由于您们的不辞辛劳才让我有时间来完成学业与工作！感谢我的爱人为这个家任劳任怨的打拼，繁重的工作你没有一丝怨言，只为创造美好的将来。感谢我的宝宝们，你们的到来虽然打乱了妈妈的求学与工作计划；但是你们的欢笑是世界上最宝贵的礼物，你们让妈妈更加有勇气与责任感去面对生活。

  最后，感恩所有关心和帮助过我的良师益友！

许清清

2016 年 1 月 青岛